Objekt-orientierte Datenbanken: Modelle und Sprachen

von
Prof. Dr. Georg Lausen,
Universität Freiburg
Prof. Dr. Gottfried Vossen,
Universität Münster

R. Oldenbourg Verlag München Wien 1996

Die Deutsche Bibliothek - CIP-Einheitsaufnahme

Lausen, Georg:
Objekt-orientierte Datenbanken : Modelle und Sprachen / von
Georg Lausen ; Gottfried Vossen. - München ; Wien :
Oldenbourg, 1996
  ISBN 3-486-22370-4
NE: Vossen, Gottfried:

Gesamtherstellung: R. Oldenbourg Graphische Betriebe GmbH, München

ISBN 3-486-22370-4

Inhaltsverzeichnis

3 Ein formaler Rahmen für Struktur und Verhalten   83

II Sprachen   109

4 Fallstudien   111

5 Standardisierungsaktivitäten   159

III   Theoretische Konzepte   189

6 Algebraische Operationen auf Datenbanken   191

7 Objekt-Orientierung und Regeln   209

Literaturverzeichnis   227

Index   233

Vorwort

Objekt-orientierte Datenbanken werden seit etwa 15 Jahren in der Forschung untersucht und sind rund halb so lange auch schon kommerziell verfügbar. Das Paradigma der Objekt-Orientierung steht heute in vielen Bereichen der Informatik im Mittelpunkt. Bei Datenbanken bewirkt die Einführung der Objekt-Orientierung eine Abkehr von zahlreichen Beschränkungen, die dem Anwender durch die vorher verfügbare (insbesondere die relationale) Technologie auferlegt wurden; exemplarisch seien nur zwei genannt:

- Durch eine Aufgabe des Zwangs, daß Daten und ihre Beziehungen untereinander unausweichlich in (normalisierter) Tabellenform zu repräsentieren sind, ergibt sich für viele Anwendungen eine erheblich angemessenere Modellierung und Verarbeitung.

- Aus der Sicht des Software Engineering und der Anwendungsentwicklung findet ein Bruch statt, wenn ein gesamter Entwurf objekt-orientiert durchgeführt wird, das unterliegende Datenbanksystem jedoch relational ist. Ist auch das Datenbanksystem objekt-orientiert, läßt sich die Datenverwaltung nahtlos in die Methodik der Softwaretechnik einpassen.

Darüber hinaus kann man feststellen, daß die im Zeitalter der globalen Vernetzung immer bedeutender werdende verteilte Informationsverarbeitung, welche auf Aspekte wie Interoperabilität, Kooperation, Kollaboration oder Integration abzielt, auf Objekt-Orientierung basiert, da man erkannt hat, daß ein verteiltes Objekt-Management ein hierfür vielversprechender Ansatz ist. In diesem Kontext ist es sinnvoll, auch die Datenverwaltung objekt-orientiert zu organisieren.

Im vorliegenden Buch wählen wir zur Motivation objekt-orientierter Datenbanken den Aspekt der angemessenen Modellierung und Verarbeitung. Wir behandeln vornehmlich die benutzernahen Aspekte der Modelle und Sprachen objekt-orientierter Datenbanken; wir schreiben über systemnahe Aspekte nur dann, wenn es zum Verständnis erforderlich ist.

Ein charakteristisches Merkmal dieses Buches ist seine Ausrichtung an SQL und die Berücksichtigung der aktuellen Standardisierungsbemühungen im Bereich der objekt-orientierten Datenbanken. Die relationale Sprache SQL ist seit vielen Jahren der Standard für Datenbanken, und es ist heute abzusehen, daß sich weitere Entwicklungen hieran orientieren und stark anlehnen werden; da dies ein Buch über objekt-orientierte *Datenbanken* und nicht etwa

ein Buch über persistente Programmiersprachen ist, erscheint eine Betonung
von SQL gerechtfertigt. Ferner ist heute unbestritten, daß Standards eine hohe Bedeutung haben; speziell im Datenbankbereich ist jedoch die für die Zukunft endgültige Richtung, bei der Definition von SQL3 oder bei der Arbeit
der ODMG, noch nicht eindeutig absehbar. Daher behandeln wir das Thema
Standards etwas breiter, so daß im Hinblick auf ODMG auch der stabilere
OMG-Hintergrund aufgegriffen wird.

Unter diesen Prämissen geht es uns im vorliegenden Text vor allem um eine kompakte Darstellung von *Modellen* und von *Sprachen* für objekt-orientierte
Datenbanken. Wir fahren über eine längere Strecke zweigleisig; wir betrachten
die Kernaspekte sowohl aus einer informalen, an Beispielen orientierten, von
den möglichen Anwendungen getriebenen Sicht, als auch aus einem formalen
Blickwinkel, aus dem die zentralen Aspekte soweit präzisiert werden, daß ihr
Zweck und ihre Wechselwirkungen klar erkennbar werden. Dabei nehmen wir,
im Unterschied zu anderen Büchern zum gleichen Thema, ganz bewußt keinen
Rundumschlag vor; wir bieten stattdessen eine sicher subjektive Stoffauswahl,
in der allerdings unserer Meinung nach nichts Wesentliches über Modelle und
Sprachen fehlt.

Das Buch besteht aus drei Teilen. In Kapitel 1 von Teil I geben wir eine
Einführung in den hier relevanten Datenbankkontext mit seiner bisherigen Evolution bei Datenmodellen und Datenbanksystemen und beschreiben die wesentlichen Eigenschaften der Objekt-Orientierung im allgemeinen und der objekt-
orientierten Datenbanken im besonderen. In den Kapiteln 2 und 3 stecken wir
den Rahmen der weiteren Betrachtungen genauer ab und behandeln in Kapitel
2 die zentralen Eigenschaften objekt-orientierter Datenbank*sprachen*, jedoch
noch nicht in bezug zu einer konkreten Sprache bzw. einem Produkt. In Kapitel 3 untersuchen wir die Modelleigenschaften objekt-orientierter Datenbanken
genauer und stellen einen formalen Rahmen her, in welchem sich die diversen,
zuvor informal diskutierten Zusammenhänge präzisieren und Probleme lösen
lassen.

Teil II behandelt sodann in Kapitel 4 verschiedene *Fallstudien*, um an
diesen die unterschiedlichen Realisierungsmöglichkeiten objekt-orientierter Datenbanken studieren zu können; die keinen Anspruch auf Vollständigkeit erhe-
bende Systemauswahl umfaßt Vertreter der derzeit wichtigsten Entwicklungs-
linien, nämlich objekt-orientierte Systeme in Datenbank- bzw. in Program-
miersprachentradition sowie objekt-relationale Systeme. Kapitel 5 ist aktuellen
Standardisierungsaktivitäten gewidmet, denn es ist zu hoffen und zu erwarten,
daß SQL3 sowie die OMG und die ODMG für eine weitere Vereinheitlichung
im Bereich objekt-orientierter Datenbank-Sprachen sorgen werden.

In Teil III wollen wir den auch an formalen Untersuchungen interessierten
Leser in einige *theoretische Konzepte* einführen, welche im Zusammenhang mit
objekt-orientierten Datenbank-Sprachen relevant sind. In Kapitel 6 behandeln
wir algebraische Ansätze zum Sprachentwurf; in Kapitel 7 kontrastieren wir

diese mit regelbasierten Konzepten.

Das Buch ist ursprünglich aus einem Tutorium hervorgegangen, welches wir 1993 an verschiedenen Orten für die Deutsche Informatik-Akademie gehalten haben; darüber hinaus haben wir Material verarbeitet, das wir auch in der universitären Lehre verwenden. Dementsprechend richtet sich das Buch an Leserinnen und Leser, die mit Grundlagen von Datenbanken vertraut sind und sich lediglich mit objekt-orientierten Datenbanken näher beschäftigen wollen; solche Vorkenntnisse besitzt man z.B. als Informatik-Studentin oder -Student nach dem Vordiplom.

Wie stets bei solchen Gelegenheiten sind wir zahlreichen Leuten zu Dank verpflichtet. Herrn Klaas Kruithoff danken wir für das sorgfältige Anfertigen der Abbildungen, unsern Mitarbeitern Margret Groß-Hardt, Paul-Thomas Kandzia und Heinz Uphoff für die Durchsicht von Teilen dieses Buches. Wir bedanken uns bei unserer Lektorin Margarete Metzger für die Geduld, die sie diesem Projekt (das schon längst abgeschlossen sein sollte) entgegen gebracht hat. Schließlich danken wir unseren Familien für das Verständnis, mit welchem unsere Arbeit an diesem Buch selbst an sonnigen Sonntagen im Breisgau begleitet wurde.

Freiburg und Münster, im November 1995

Georg Lausen, Gottfried Vossen

Teil I

Grundlagen

Kapitel 1

Objekt-Orientierung in Datenbanken

In diesem einführenden Kapitel wird die Verwendung von Objekt-Orientierung in Datenbanken und Datenbanksystemen motiviert, um so den Rahmen für die nachfolgenden Betrachtungen abzustecken. Dazu wollen wir zunächst Datenbanken und deren typische Einsatzgebiete skizzieren, um so insbesondere Anforderungen an Datenbanksysteme abzuleiten. Die historische Entwicklung von Datenmodellen und Datenbanksystemen läßt erkennen, in welcher Weise unterschiedliche Systemgenerationen diese Anforderungen erfüllen. Von besonderer Bedeutung sind heute *relationale* Datenbanken, die jedoch insbesondere in neueren Datenbank-Anwendungen an ihre Grenzen stoßen. Dies wiederum motiviert speziell die Einbeziehung objekt-orientierter Konzepte in Datenbanken, sowie die Entwicklung eigenständiger *objekt-orientierter Datenbanksysteme*. Wir geben eine Charakterisierung derartiger Systeme und diskutieren die Probleme und Aufgaben, die zum Zwecke einer angemessenen Integration von Objekt-Orientierung und Datenbanken zu lösen sind. In nachfolgenden Kapiteln wird sich dann unter anderem zeigen, welcher Stand heute erreicht bzw. für die nahe Zukunft absehbar ist.

1.1 Einführung

Datenbank-Management spielt heutzutage eine zentrale Rolle in Anwendungen, in welchen große Datensammlungen in adäquater und effizienter Weise organisiert, erzeugt, unterhalten und verwaltet werden müssen und welche sich demzufolge auf ein rechnerbasiertes *Informationssystem* abstützen. Datenbanksysteme werden seit rund 30 Jahren erforscht, entwickelt und eingesetzt, und zwar in Anwendungen unterschiedlichster Natur und Zielsetzung.

Ein *Datenbanksystem* (DBS) basiert, grob gesehen, auf der Idee, Daten und zugehörige Programme zu *trennen*, und unterscheidet sich damit wesentlich von einem Dateisystem. Es sei allerdings bemerkt, daß ein zentrales An-

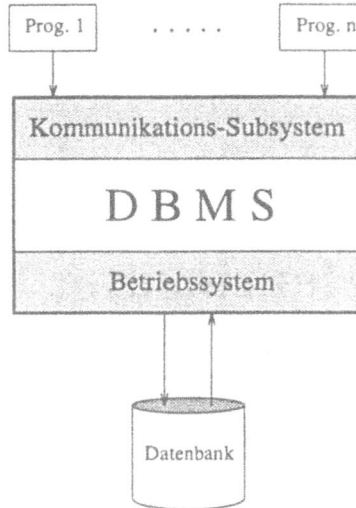

Abbildung 1.1: Generische Sicht eines DBMS.

liegen objekt-orientierter Datenbaken wiederum die *Integration* von Daten und Programmen ist, die jetzt aber in einem angemessenen methodischen Rahmen (abstrakte Datentypen) vorgenommen wird.

Ein Datenbanksystem besteht aus Software, dem *Datenbankmanagementsystem* (DBMS), sowie einer oder mehreren *Datenbanken*. Das DBMS ist ein Programmsystem, welches im Hauptspeicher eines Rechners unter der Kontrolle des jeweiligen Betriebssystems abläuft. Eine Datenbank ist eine Sammlung von Daten, die Informationen über eine spezielle Anwendung der realen Welt repräsentieren, die aufgrund ihres Umfangs typischerweise im Sekundärspeicher gehalten wird. Das DBMS agiert dann als Schnittstelle zwischen den Benutzern und einer Datenbank; es stellt sicher, daß Benutzer auf die Daten in angemessener und effizienter Weise zugreifen können, und daß die Daten selbst gegen Hard- und Softwarefehler resistent sind und unabhängig von den Programmen, die auf sie zugreifen, über lange Zeiträume hinweg persistent gespeichert werden können.

Technisch gesehen ist ein DBMS im allgemeinen eingebettet in den Software-Kontext eines Rechnersystems in der in Abbildung 1.1 gezeigten Weise. Nach außen ist es angebunden an das Kommunikationssubsystem des betreffenden Rechners, nach innen arbeitet es unter der Kontrolle des Betriebssystems.

Die Unterscheidung zwischen einer Datenbank und dem sie verwaltenden DBMS ermöglicht mindestens zwei Arten der Betrachtung eines DBS:

(1)   aus der Benutzersicht,

(2)   aus der Entwicklersicht.

Abstraktionsebenen   zugeordnete Sprachen

Externe Ebene

| Ext. | | Ext. |
| Schema 1 | ** | Schema n |

Daten-Definition

konzeptionelle Ebene

konz. Schema

Daten-Manipulation

interne Ebene

int. Schema

Daten-
Administration

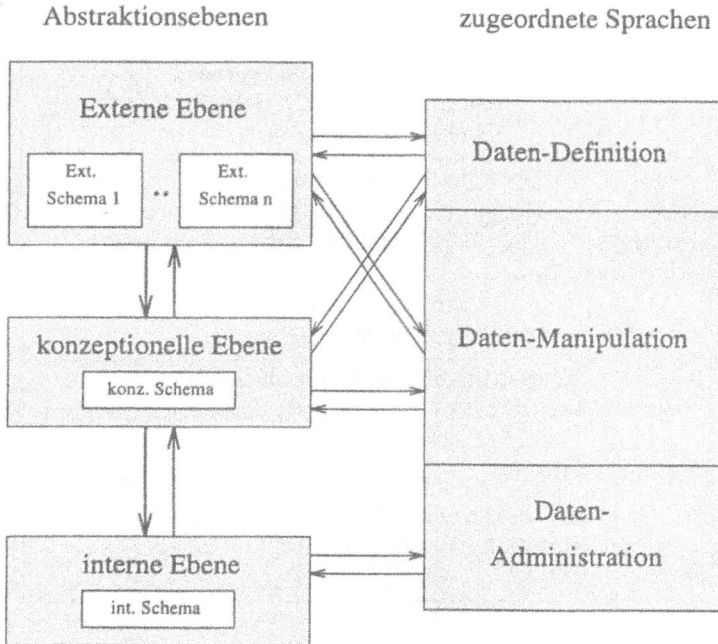

Abbildung 1.2: 3-Ebenen-Datenbank-Architektur nach ANSI/SPARC.

Aus der Sicht eines *Benutzers* wird eine Datenbank im allgemeinen auf unterschiedlichen Abstraktionsebenen gesehen, auf denen unterschiedliche Arten von Daten identifiziert werden können. So kennt z.B. das allgemein akzeptierte ANSI/SPARC-Modell die drei in Abbildung 1.2 gezeigten Abstraktionsebenen, welche auf die Erzielung logischer und physischer *Datenunabhängigkeit* ausgerichtet sind. Die (unterste) *interne Ebene* behandelt die physische Definition und Organisation von Daten (in Form adäquater Datenstrukturen mit zugehörigen Zugriffspfaden). Die nächst höhere *konzeptionelle Ebene* beschreibt die zeitinvariante globale Struktur einer Datenbank im konzeptionellen *Schema* und in der Sprache eines spezifischen *Datenmodells*, welches von den Details der physischen Ebene abstrahiert. Die höchste, *externe Ebene* gibt einzelnen Benutzern oder Benutzergruppen die Möglichkeit, Teile des konzeptionellen Schemas für ihre speziellen Anwendungen in Form eines externen Schemas zu definieren.

Zentral für diese Sichtweise einer Datenbank ist die konzeptionelle Ebene und ihr Datenmodell. Grundsätzlich hat ein Datenmodell eine *Spezifikationskomponente*, welche die Beschreibung struktureller Aspekte einer Anwendung und deren Semantik ermöglicht, sowie eine *operationale Komponente*, welche eine Manipulation dieser Strukturen erlaubt. Dies stellt sich dem Benutzer in Form spezifischer *Sprachen* dar, mit welchen er Datenbank-Strukturen defi-

Schnittstellen-Ebene
Datenmodell und Anfragesprache
Wirtssprachen-Schnittstellen
Andere Schnittstellen

Schnittstellen-Ebene
Datenmodell und Anfragesprache
Wirtssprachen-Schnittstellen
Andere Schnittstellen

Sprachverarbeitungs-Ebene
Sichten-Verwaltung   Sprach-Compiler
Semantische Integritätskontrolle   Sprach-Interpreter
Autorisierung   Anfragezerlegung
Anfrageoptimierung
Zugriffsplanerzeugung

Transaktionsverarbeitungs-Ebene
Zugriffsplanausführung   Transaktionserzeugung
Mehrbenutzerkontrolle
Pufferverwaltung   Fehlerbehandlung

Sekundärspeicherverwaltungs-Ebene
Physische Datenstruktur-Verwaltung
Plattenzugriff

Abbildung 1.3: Funktionale DBMS-Ebenen.

nieren, manipulieren und verwalten kann. Diese Sprachen bzw. Sprach-Anteile sind in Abbildung 1.2 mit ihrer Zuordnung zu den jeweiligen Ebenen angedeutet.

Aus der Sicht eines *Systementwicklers* muß ein DBMS eine umfangreiche Funktionalität abdecken, welche sich teilweise direkt aus der Benutzersicht ergibt. Grundsätzlich kann die Funktionalität eines DBMS als in vier Ebenen organisiert betrachtet werden (vgl. Abbildung 1.3). Die *Schnittstellen-Ebene* stellt Schnittstellen für die verschiedenen Klassen von Benutzern bereit, darunter der Datenbank-Administrator, Ad-hoc-Benutzer und Anwendungsprogrammierer. Die *Sprachverarbeitungs-Ebene* hat die verschiedenen Arten von Aufträgen an eine Datenbank (wie Anfragen oder Änderungen) zu behandeln. So wird z.B. eine Anfrage im allgemeinen zerlegt in eine Reihe elementarer Datenbank-Operationen, welche einer *Optimierung* unterzogen werden können mit dem Ziel einer Vermeidung von Ausführungen mit schlechter Laufzeit. Eine ausführbare Anfrage bzw. ein ausführbares Programm wird an die *Transaktionsverarbeitungs-Ebene* übergeben, welche zeitlich überlappte Zugriffe auf eine von vielen Anwendern gemeinsam benutzte Datenbank kontrolliert (Mehrbenutzerkontrolle, *Concurrency Control*) und das System gleichzeitig resistent gegen gewisse Arten von Fehlern macht (Fehlerbehandlung, *Recovery*). Die *Sekundärspeicherverwaltungs-Ebene* schließlich ist zuständig für physische

Datenstrukturen (wie z.B. Dateien, Seiten oder Indexe) und führt Plattenzu-
griffe aus.

Aus dieser groben Beschreibung der zwei zentralen Sichtweisen einer Datenbank lassen sich bereits die vier größeren Bereiche identifizieren, auf welche
sich die Datenbank-Forschung und -Entwicklung in den vergangenen 25 Jahren
konzentriert hat:

(1)   *Datenmodelle:*
        Datenmodelle stellen geeignete Konzepte zur Abstraktion von Realwelten
        und der damit verbundenen Modellierung von Struktur und Semantik von
        Daten bereit. Datenmodelle haben bis heute eine umfangreiche Evolution
        durchlaufen (vgl. Abbildung 1.5).

(2)   *Datenbanksprachen:*
        Gegenstand ist hier die Bereitstellung von Sprachen, mit welchen insbe-
        sondere in geeigneter Weise auf Datenbanken operiert bzw. zugegriffen
        werden kann. Wesentlich war z.B. die Erkenntnis, daß Datenbankspra-
        chen im Vergleich zu höheren Programmiersprachen nur über eine einge-
        schränkte Ausdruckskraft verfügen können, da aus praktischer Sicht der
        Aspekt der effizienten Auswertbarkeit von hoher Bedeutung ist. Sprachen
        wie der relationale Standard SQL (vgl. Abschnitt 1.3) besitzen unter an-
        derem keine Schleifen-Kontrollstruktur. Bei Bedarf ist es jedoch möglich,
        die Anfragesprache des DBS in eine höhere Programmiersprache *einzu-
        betten*, welche ja stets über Kontrollstrukturen verfügt und so „Turing-
        Berechenbarkeit" gewährleistet. Hierbei stößt man jedoch in der Regel
        auf den sogenannten *Impedance Mismatch*, da Datenbanken und Pro-
        grammiersprachen unterschiedliche Datentypen besitzen. In einer Pro-
        grammiersprache existiert beispielsweise ein Datentyp „Menge" im all-
        gemeinen nicht; Mengenoperationen auf der Datenbank sind daher auf
        der Ebene der Programmiersprache unter Verwendung eines *Cursors* in
        Tupel-Operationen auf den Elementen der Menge zu zerlegen. Die „Ab-
        straktionsebene" der Datenbanksprache geht an dieser Stelle verloren.

(3)   *Transaktionen und Mehrbenutzerkontrolle:*
        Da es Benutzern einer Datenbank möglich sein soll, zeitlich verzahnt auf
        einem gemeinsamen Datenbestand zu operieren, müssen Synchronisations-
        und Wiederanlauf-Strategien bereitgestellt werden, die dieses ermögli-
        chen. In Datenbanksystemen wird hierzu das Transaktionskonzept her-
        angezogen, welches sich in unterschiedlicher Weise präzisieren und zum
        Entwurf entsprechender Protokolle einsetzen läßt.

(4)   *Datenstrukturen:*
        Da ein Datenbanksystem über eine Sekundärspeicherverwaltung verfügen
        muß, ist die Entwicklung entsprechender Datenstrukturen und Zugriffs-
        techniken für diese wesentlich. Auch hier verfügt man heute über ein um-

fangreiches Wissen, welches in konkreten Systemen zur effizienten Speicherung und Wiederauffindung von Daten verwendet wird.

Die Entwicklung und Untersuchung dieser Teilaspekte wurde stets durch Anforderungen aus den verschiedenen Anwendungsbereichen von Datenbanksystemen gesteuert bzw. beeinflußt. Von besonderer Bedeutung waren dabei kommerzielle Anwendungen, insbesondere in Wirtschaft und Verwaltung, von denen wir beispielhaft die folgenden erwähnen:

- Banken und Versicherungen,

- öffentliche Verwaltungen,

- Bibliotheken,

- Buchungs- und Reservierungssysteme (*START* und *AMADEUS*),

- Materialwirtschaft und -verwaltung, Lagerhaltung,

- Personalverwaltung,

- Auftragserfassung und Rechnungswesen,

- Einwohnermelde- und Auskunftswesen,

- Produktionsplanung und -steuerung.

Diese Bereiche haben zahlreiche gemeinsame Charakteristika, die erlauben, daß Datenbank-Technologie tatsächlich zu einem wirksamen Hilfsmittel wird, z.B.:

- einfache, fest-formatierbare Datensätze, welche insbesondere durch satz- bzw. record-orientierte Datenmodelle auf logischer Ebene angemessen beschreibbar sind,

- einfache Datentypen für die Wertebereiche der Felder bzw. Attribute eines Datensatzes (numerische sowie alphanumerische Typen reichen häufig aus),

- viele parametrisierbare, vorformulierbare Anfragen, welche in einer solchen Anwendung häufig wiederkehrende Aufträge an die Datenbank beschreiben,

- Änderungen an Ort und Stelle („In-Place-Updates"), durch welche alte Werte durch neue ersetzt werden, ohne den jeweiligen alten Wert noch zu erhalten,

- kurze Transaktionen, welche die an die Datenbank gerichteten Aufträge (Anfragen oder Änderungs-Operationen) in interner Form repräsentieren und welche im allgemeinen mit hoher Rate (z.B. 1.000 Transaktionen pro Sekunde) ausführbar sein müssen.

Aus denselben Gründen, die vor über 20 Jahren in den gerade genannten Anwendungsbereichen den Übergang von Datei- zu Datenbanksystemen motivierten, also z.B.

- physische und logische Datenunabhängigkeit,

- redundanzfreie Speicherung,

- zentrale Integritätskontrollen,

- auf hohem Abstraktionsniveau angesiedelte Sprachen,

verlangen heute auch zunehmend wissenschaftlich-technische Bereiche nach einer DBS-Unterstützung. Exemplarisch seien hier genannt:

- die CAx-Bereiche, also z.B. CAD, CAM, CAE, CASE oder auch CIM,

- Büro-Informationssysteme,

- geographische Informationssysteme,

- Versuchsdatenerfassung und -auswertung,

- Multimedia-Systeme (für Bilder, Texte, Sprache, Daten).

Diese haben eigene Charakteristika, die von traditionellen DBS bisher nicht oder nur schlecht unterstützt werden, wobei man anwendungs*spezifische* Charakteristika von anwendungs*unabhängigen* unterscheiden muß; zu den letzteren zählen insbesondere:

(1)   die Notwendigkeit der Modellierung hochstrukturierter Information, d.h. die Darstellbarkeit komplexer Objekte und Datentypen,

(2)   der Wunsch der Modellierung von Verhalten, d.h. von objekt- bzw. typspezifischen Operationen auf den Strukturen, die durch das jeweilige Datenmodell beschreibbar sind.

Wenn man berücksichtigt, daß häufig die einem Datenmodell mitgegebenen Möglichkeiten zur Beschreibung von Struktur stark eingeschränkt sind gegenüber dem, was höhere Programmiersprachen in dieser Richtung erlauben, so verwundert es nicht, daß im Bereich der Datenmodelle seit längerem versucht wird, von Programmiersprachen her bekannte Paradigmen auch für Datenbanken nutzbar zu machen. Besonderes Interesse hat in diesem Zusammenhang *Objekt-Orientierung* erlangt, um die es in diesem Text gehen soll.

Buch	InvNr	ErstAutor	WeitAut	Titel	...
	123	Date	n	Intro DBS	
	234	Jones	y	Algorithms	
	345	King	n	Operating Syst.	

Leser	LeserNr	Name	...
	225	Peter	
	347	Laura	

Ausleihe	InvNr	LeserNr	AusleihEnde
	123	225	07-22-94
	234	347	08-02-94

Abbildung 1.4: Beispiel einer relationalen Datenbank.

1.2 Historische Entwicklung

Die historische Entwicklung von Datenbanksystemen kann in drei Generationen eingeteilt werden. Die erste Generation (zeitlich den späten 60er sowie den 70er Jahren zuzuordnen) war durch die Einführung einer ersten Trennung von *logischer* und *physischer* Information gekennzeichnet. Datenmodelle wurden erstmals zur Beschreibung physischer Strukturen aus logischer Sicht eingesetzt. Speziell wurden das *hierarchische Modell* sowie das *Netzwerk-Modell* auf der Grundlage von Graphenkonzepten entwickelt. Da diese Modelle aus heutiger Sicht nur noch wenig interessant sind, gehen wir auf sie hier nicht weiter ein.

Die zweite Systemgeneration ist geprägt durch relationale Systeme, die zu Beginn der 80er Jahre kommerziell verfügbar wurden. *Relationale* Systeme basieren auf einem neuen und einfacheren Ansatz zur Datenorganisation, der *Relation* bzw. *Tabelle*, welcher eine erheblich klarere Unterscheidung zwischen einem logischen und einem physischen Datmodell ermöglicht. Relationale Systeme bieten insbesondere einen hohen Grad an physischer Datenunabhängigkeit und verfügen über mächtige, wenn auch berechnungsmäßig eingeschränkte Sprachen. Physische Datenunabhängigkeit bedeutet dabei, daß die physische Speicherung von Daten für einen Benutzer transparent (im Sinne von unsichtbar) ist und daher im Prinzip verändert werden kann, ohne daß sich die logische Sicht auf die Daten ebenfalls verändern müßte. Relationale Sprachen sind *mengen-orientiert* (anstelle von satz-orientiert) und können daher nicht-prozedural oder *deklarativ* sein. In einer relationalen Datenbank sieht ein Benutzer die Daten als Tabellen. Als Beispiel zeigt Abbildung 1.4 eine kleine Datenbank für eine Bibliotheks-Anwendung: Die *Buch*-Relation beschreibt die in einer Bibliothek vorhandenen Bücher, die *Leser*-Relation die der Bibliothek bekannten Benutzer, die *Ausleihe*-Relation stellt Bücher mit Lesern in Beziehung. Mengen-orientierte Verarbeitung bedeutet nun, daß die Tabellen einer relationalen Datenbank durch spezielle Operatoren als Ganzes angesprochen werden können; man braucht also nicht durch eine Relation Tupel für Tupel zu iterieren. Da Relationen ein wichtiges und bekanntes mathematisches Konzept sind und auch z.B. als Prädikate der mathematischen Logik aufgefaßt werden können, hat diese Datenbanksystem-Generation eine intensive Durchdringung aus theoretischer Sicht erfahren, welche bereits in den frühen 70er Jahren begann, kurz nachdem das Modell von Codd vorgeschlagen worden war.

Während Datenbanksysteme zunächst hauptsächlich in Anwendungen mit betriebswirtschaftlichem Hintergrund eingesetzt wurden, wurde in den frühen 80er Jahren auch für wissenschaftliche, technische und andere Bereiche der durch Datenbanken erzielbare Nutzen erkannt. Relationale Systeme stoßen in Anwendungen wie z.B. CAD, CASE oder CIM jedoch aus einer Reihe von Gründen an ihre Grenzen, so daß hier eine Weiterentwicklung notwendig ist. Diese ist heute in vollem Gange; insbesondere ist mit *objekt-orientierten,* *objekt-relationalen* sowie mit *erweitert-relationalen Datenbanksystemen* inzwischen eine dritte Generation verfügbar, die über die Möglichkeiten rein relationaler Systeme weit hinausgeht und unter anderem auf eine angemessene Integration von Programmiersprachen und Datenbanken abzielt.

Neben dieser Systemevolution kann eine zweite, eng verwandte Evolutionslinie im Datenbankbereich verfolgt werden, die sich auf *Datenmodelle* konzentriert. Die Evolution von Datenmodellen ist in Abbildung 1.5 überblicksartig gezeigt. Motivation für die Entwicklung des Entity-Relationship-Modells (ER-Modells), semantischer Modelle bzw. von Komplex-Objekt-Modellen war unter anderem der Wunsch nach graphischen Hilfsmitteln für den Datenbankentwurf, eine Abkehr von satz-orientierter Denkweise, die Herstellung einer klareren Trennung von logischen und physischen Konzepten, eine Reduzierung semantischer Überladung von Beziehungs-Typen durch explizite Einführung entsprechender Konstrukte (z.B. IS-A-Typ-Beziehungen, d.h. *Spezialisierungen*, im Unterschied zu Komponenten-Beziehungen, d.h. *Aggregationen*) sowie eine manchmal nur indirekte Verfügbarkeit zentraler Abstraktionsmechanismen in satz-orientierten Modellen.

Während das geschachtelte Relationenmodell sich als direkte Verallgemeinerung des flachen Relationenmodells ergibt, gehen das ER-Modell und nachfolgend entwickelte semantische Modelle anders vor bei der Beschreibung von gegebenen Anwendungen. Wesentliches Ziel war zunächst die Herstellung von Möglichkeiten einer adäquateren Beschreibung von Objekten mit komplexer Struktur sowie die Erfassung von semantischer Information. Dies leisten auch die sogenannten Komplex-Objekt-Modelle, die sich von semantischen Modellen allenfalls in der Verfügbarkeit von Typ-Konstruktoren unterscheiden. Den vorläufigen Abschluß der Evolution von Datenmodellen bilden objekt-orientierte Modelle, die neben einer Struktur-Modellierung auch eine Modellierung von Objekt-Verhalten erlauben.

```
                        ┌──────────────┐
                        │ File-Systeme │
                        └──────────────┘
                                │
                                ▼
                     ┌────────────────────┐
                     │ Bachman-Diagramme  │
                     └────────────────────┘
                        ╱              ╲
                       ▼                ▼
        ┌─────────────────────┐   ┌──────────────────┐
        │ hierarchisches Modell│   │  Netzwerk-Modell │
        └─────────────────────┘   └──────────────────┘
                       ╲                ╱
                        ▼              ▼
                  ┌──────────────────────┐
                  │ flaches Relationenmodell│
                  └──────────────────────┘
                     ╱              ╲
                    ▼                ▼
  ┌──────────────────────────┐   ┌──────────────────────────┐
  │ geschachteltes Relationenmodell│ │ Entity-Relationship-Modell │
  └──────────────────────────┘   └──────────────────────────┘
               │                            │
               ▼                            ▼
  ┌──────────────────────┐      ┌──────────────────────┐
  │ Komplex-Objekt-Modelle│      │ semantische Datenmodelle│
  └──────────────────────┘      └──────────────────────┘
                  ╲                    ╱
                   ▼                  ▼
              ┌──────────────────────────┐
              │ objekt-orientierte Modelle │
              └──────────────────────────┘
```

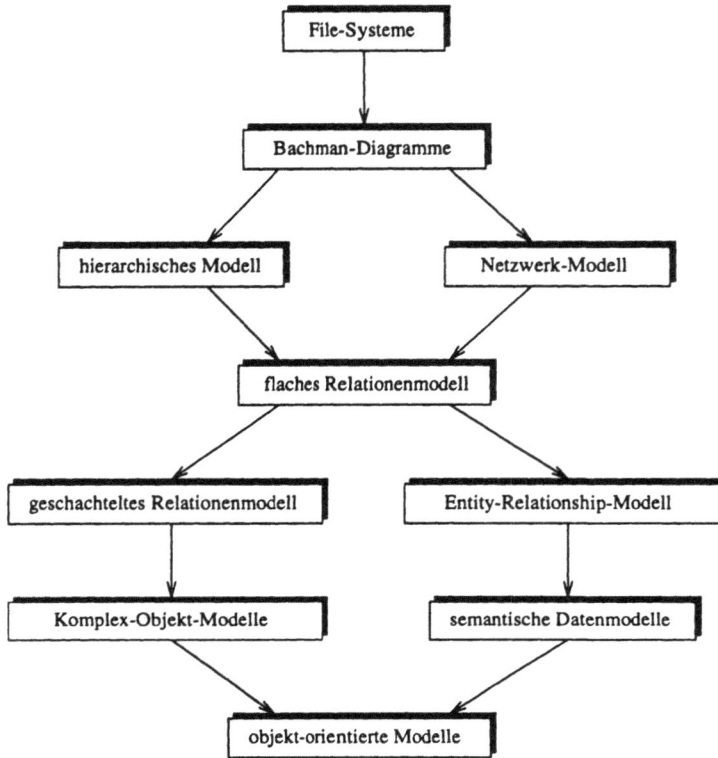

Abbildung 1.5: Evolution von Datenmodellen.

1.3   Relationale Datenbanken und SQL

Ein systematisches Studium der Grundlagen von Datenbanken begann mit der Einführung des relationalen Modells. Wie jedes andere Datenmodell verfügt auch das relationale über einen strukturellen Anteil (Schemata mit Abhängigkeiten) und einen operationalen Anteil (die Relationenalgebra). Im relationalen Modell sind die logische und die physische Betrachtungsebene (im Sinne des ANSI/SPARC-Modells) unabhängig voneinander. Auf der logischen Ebene existiert als einziges Grundkonstrukt die *Relation*; Relationen können den Benutzern anschaulich in Form einer Tabelle präsentiert werden (vgl. Abbildung 1.4). Wir wollen in diesem Abschnitt einige gebräuchliche Konzepte des Relationenmodells und der Sprache SQL einführen. Dies soll einmal als Motivation für die Betrachtung objekt-orientierter Datenbanken dienen und zum anderen berücksichtigen, daß aller Voraussicht nach SQL, entsprechend erweitert, auch für objekt-orientierte Datenbanken eine große Rolle spielen wird.

1.3.1   Strukturelle Aspekte

Eine relationale Datenbank wird auf konzeptioneller Ebene durch ein *Schema* beschrieben, in welchem die strukturellen Aspekte der Datenbank festgelegt sind. Ein relationales Datenbankschema besteht aus einer Menge von Relationenschemata, welche über interrelationale Bedingungen miteinander in Beziehung stehen. Ein Relationenschema wiederum besteht aus einem Namen, einer Menge von Attributen und ihren Wertebereichen sowie einer Menge intrarelationaler Bedingungen; eine Relation über diesem Schema besteht aus Tupeln, welche die Datenwerte enthalten und die inter- sowie intrarelationalen Bedingungen erfüllen. Eine Relation wird im allgemeinen als Tabelle dargestellt. Die in SQL für Relation, Tupel bzw. Attribut üblichen Bezeichnungen sind *table* (Tabelle), *row* (Zeile) bzw. *column* (Spalte).

Das zentrale SQL-Kommando zur Daten-Definition ist das Kommando CREATE TABLE, mit welchem neue Relationenschemata (im Kontext eines zuvor deklarierten Datenbankschemas) definiert werden können. Für jedes solche Schema können als Integritätsbedingungen zumindest Schlüssel-Definitionen, Entity- und referentielle Integrität unterschieden werden. Die Syntax dieses Kommandos lautet:

```
CREATE TABLE table-name
   ( column-name-1 type [ NOT NULL | UNIQUE ]
   [, column-name-2 ... ]
      .
      .
   [, UNIQUE ( list-of-column-names ) [, UNIQUE ... ] ]
   [, PRIMARY KEY ( list-of-column-names ) ]
   [, FOREIGN KEY ( list-of-column-names )
         REFERENCES table-name-2 [( list-of-column-names )]
   [, FOREIGN KEY ... ] ]
   [, CHECK ( condition ) [, CHECK ... ] ]   )
```

Verschiedene, uns hier nicht weiter interessierende Optionen einer Tabellen-Definition sind dabei nicht angegeben. In einem solchen Kommando werden also zunächst Attributnamen und deren Typ festgelegt; daneben kann jedes Attribut optional als frei von Nullwerten oder als eindeutig (d.h. alle Werte sind verschieden) deklariert werden. Als Datentypen stehen z.B. die folgenden zur Verfügung: CHAR, VARCHAR, INT, SMALLINT, DEC, FLOAT, BIT, DATE, TIME, TIMESTAMP.

Nach obiger Syntax kann eine Integritätsbedingung in der Definition einer Tabelle insbesondere eine Primärschlüssel-Definition, eine Fremdschlüssel-Definition oder eine Check-Klausel sein; daneben kennt SQL Domain- sowie Attribut-Bedingungen sowie sogenannte „Assertions". Wir beschränken uns hier auf die Beschreibung von Schlüsseln und Fremdschlüsseln.

Allgemein wird unter einem *Schlüssel* (PRIMARY KEY) ein Attribut oder eine Attributkombination verstanden, deren Werte die Tupel einer Relation eindeutig identifizieren. Ein *Fremdschlüssel* (FOREIGN KEY) in einer Relation R bezeichnet demgegenüber ein Attribut bzw. eine Attributkombination, welche in einer *anderen* Relation S Schlüssel ist (REFERENCES); die Bedeutung einer Fremdschlüssel-Beziehung zwischen R und S über Attribute X ist dann, daß der X-Anteil von R eine Teilmenge des X-Anteils von S zu sein hat. Eine Fremdschlüssel-Definition legt also insbesondere eine Inklusionsabhängigkeit zwischen zwei Tabellen fest. Dabei kann in SQL sogar angegeben werden, wie zu verfahren ist, falls die durch eine solche Abhängigkeit geforderte Teilmengen-Bedingung zwischen den betreffenden Tabellen durch eine Lösch- oder eine Änderungs-Operation verletzt wird.

1.3.2   Änderungen und Anfragen in SQL

Nach einer Einrichtung von Tabellen wird man zunächst Daten in diese Tabellen eintragen wollen; dazu steht das INSERT-Kommando zur Verfügung, welches in der einfachsten Form folgende Gestalt hat:

```
INSERT INTO table-name
    [ ( list-of-column-names ) ]
    VALUES ( data-items )
```

Über dieses Kommando wird ein (neues) Tupel in eine Tabelle eingefügt. Die Werte dieses Tupels werden als „data-items" durch Kommata getrennt. Falls nur für bestimmte, aber nicht für alle Attribute neue Werte eingetragen werden sollen, so sind die betreffenden Spalten explizit anzugeben; in den nicht angegebenen Spalten wird das Tupel vom System mit Null- oder gegebenenfalls Default-Werten (Voreinstellungen) aufgefüllt.

Die folgenden Kommandos zum Löschen bzw. Ändern eines Tupels oder all solcher Tupel, die einer bestimmten Bedingung genügen, sind im wesentlichen selbsterklärend:

```
DELETE FROM table-name
    [ WHERE condition ]
```

```
UPDATE table-name
    SET column-name-1 = expression-1
    [, column-name-2 = expression-2 ] ...
    [ WHERE condition ]
```

SQL kennt nur ein Kommando zur Formulierung von Anfragen an eine Datenbank: das SELECT-Kommando bzw. den select-expression. Dieses Kommando kennt viele Optionen zum Aufbau einfacher oder komplexer Anfragen, von denen wir hier nur auf einige grundlegende eingehen wollen. Das SELECT-Kommando hat die sehr einfache Grundstruktur

```
SELECT    Attribut-Liste      (* Ausgabe *)
FROM      Relationen-Liste    (* Eingabe *)
WHERE     Bedingung
```

Die SELECT-Klausel gibt dabei an, auf welche Attribute projiziert werden soll, d.h. welche Spaltennamen das Ergebnis haben soll. Die FROM-Klausel gibt an, aus welchen Relationen diese Attribute und deren Werte zu entnehmen sind, d.h. welche Operanden zur Beantwortung der Anfrage angesprochen werden. Die (optionale) WHERE-Klausel gibt Selektionsbedingungen an, denen das Ergebnis zu genügen hat, oder Verbundbedingungen, nach denen Tupel aus verschiedenen Relationen zusammengesetzt werden.

Die Auswertung eines SELECT-Kommandos verläuft im wesentlichen in folgenden drei Schritten:

(1)   Es wird ein Kartesisches Produkt der in der FROM-Klausel angegebenen Operanden-Tabellen gebildet;

(2)   auf dem in Schritt (1) erzeugten Zwischenergebnis werden die in der WHERE-Klausel angegebenen Verbund- bzw. Selektionsbedingungen ausgewertet;

(3)   das Zwischenergebnis aus Schritt (2) wird auf die in der SELECT-Klausel angegebenen Attribute projiziert; durch den Zusatz DISTINCT werden mögliche Duplikate im Ergebnis ausgeschlossen.

Die Wirkung des SELECT-Kommandos wollen wir hier lediglich an einigen Operationen illustrieren, welche aus der Relationenalgebra stammen:

(1)   Sei R ein Relationenschema mit Attributmenge X und $\{A_1, \ldots, A_k\} \subseteq X$. Die *Projektion* von R auf $\{A_1 \ldots A_k\}$ wird ausgedrückt durch

```
SELECT DISTINCT A1, ... , Ak FROM R
```

(2)   Sei R wie unter (1) mit $A, B \in X$. Die *Selektion* von R anhand der Bedingung $A = a$ wird ausgedrückt durch

```
SELECT DISTINCT * FROM R WHERE A = a
```

Analog wird die Selektion anhand der Bedingung $A = B$ ausgedrückt durch

```
SELECT DISTINCT * FROM R WHERE A = B
```

(3)   Sind R und S Relationenschemata mit gleicher Attributmenge, dann wird
        die *Vereinigung* von R und S ausgedrückt durch

```
SELECT DISTINCT * FROM R
   UNION SELECT DISTINCT * FROM S
```

        Analog wird die *Differenz* von R und S ausgedrückt durch

```
SELECT DISTINCT * FROM R
   EXCEPT SELECT DISTINCT * FROM S
```

(4)   Sei R ein Relationenschema mit den Attributen $A_1, \ldots, A_n, B_1, \ldots, B_m$
        und S ein solches mit den Attributen $B_1, \ldots, B_m, C_1, \ldots, C_l$. Dann wird
        der *natürliche Verbund* von R und S, welcher Tupel verbindet, die auf
        den gemeinsamen Attributen gleiche Werte haben, explizit ausgedrückt
        durch

```
SELECT DISTINCT A1, ..., Am, R.B1, ..., R.Bm, C1, ..., Cl
FROM R, S
WHERE R.B1 = S.B1 AND ... AND R.Bm = S.Bm
```

In der SELECT-Klausel wird die Vereinigung der beiden Attributmengen
beschrieben, wobei es in diesem Fall unerheblich ist, ob man die gemeinsamen Attribute aus R oder aus S wählt. Da jedoch Namensgleichheiten
zwischen Attributen aus verschiedenen Relationenschemata vorkommen,
muß durch den Zusatz des Relationennamens in der Form „$R.A$" eindeutig spezifiziert werden, welches Vorkommen des betreffenden Attributs
gemeint ist. In der WHERE-Klausel wird die Überprüfung auf gleiche Werte für die gemeinsamen Attribute explizit und vollständig gefordert. Eine
einfachere Formulierung dieser Operation, welche in SQL2 erlaubt ist,
lautet:

```
SELECT * FROM R NATURAL JOIN S
```

Im nächsten Abschnitt werden wir konkrete Beispiele für die Verwendung von
SQL geben, um daran Beschränkungen insbesondere des relationalen Datenmodells aufzuzeigen.

1.4   Eine Beispiel-Anwendung

In diesem Abschnitt wird eine Beispiel-Anwendung beschrieben, auf welche in
den nachfolgenden Abschnitten und Kapiteln häufig zurückgegriffen werden
wird. Sie soll uns einerseits eine Reihe von Unzulänglichkeiten speziell des Relationenmodells und relationaler Systeme aufzeigen helfen und damit neuartige

Modellierungsmöglichkeiten in Datenbanksystemen, wie sie gerade von objekt-
orientierten geboten werden, motivieren. Die Anwendung soll ferner bei der
Erläuterung der Eigenschaften objekt-orientierter Datenbanken zu Illustrationszwecken herangezogen werden.

In unserer Beispiel-Anwendung soll eine Datenbank über Fahrzeughersteller aufgebaut werden, in welcher Informationen über *Firmen*, die Fahrzeuge
herstellen, über *Fahrzeuge* und insbesondere *Automobile*, die aktuell hergestellt
werden, ferner über *Personen*, die Fahrzeuge besitzen, und über *Angestellte*,
die bei einer Firma beschäftigt sind, enthalten sein sollen.

Wir wollen zunächst diese Grobbeschreibung weiter präzisieren und geben
dazu Attribute an, durch welche die gerade genannten Entitäten gekennzeichnet sein sollen:

(1)   *Firmen* haben einen Namen, einen Hauptsitz, diverse Niederlassungen
      und einen Präsidenten,

(2)   *Niederlassungen* haben einen Namen, einen Sitz, einen Manager sowie
      Angestellte,

(3)   *Fahrzeuge* haben eine Modellbezeichnung, eine Farbe und einen Herstel-
      ler,

(4)   *Automobile* sind zusammengesetzt aus einem Antrieb und einer Karosse,
      wobei der Antrieb aus einem Motor und einem Getriebe besteht und ein
      Motor durch eine PS-Zahl und einen Hubraum gekennzeichnet ist,

(5)   *Personen* haben einen Namen, ein Alter, einen Wohnsitz und verfügen
      über einen privaten Fuhrpark,

(6)   *Angestellte* sind Personen mit spezifischen Qualifikationen, einem Gehalt
      und Familienmitgliedern.

1.4.1   Darstellung im Relationenmodell

Wir wollen diese Anwendung anhand der oben gegebenen Beschreibung auf
abstrakter Ebene darstellen und stellen dazu zunächst fest, daß das relationale
Datenmodell dies nur unzureichend unterstützen kann, denn

(1)   zusammengesetzte Attribute (wie z.B. die Adresse einer Person oder einer
      Firma) sind nicht darstellbar, sondern ihre Komponenten müssen einzeln
      als Attribute deklariert werden,

(2)   *mengenwertige* Attribute (wie z.B. die Niederlassungen einer Firma) sind
      von einwertigen zu unterscheiden und strukturell anders darzustellen,

(3)   *Zusammensetzungen* (wie der Antrieb in einem Automobil) erfordern
      mehrere Relationenschemata,

(4)   *Spezialisierungen* (wie Angestellte im Unterschied zu Personen) erfordern
        eigene Relationenschemata sowie spezielle Integritätsbedingungen,

(5)   es wird die Einführung künstlicher Schlüssel erforderlich, falls die an-
        gegebenen Attribute zur eindeutigen Identifikation nicht ausreichen (z.B.
        kann der Name einer Firma generell nicht als Schlüssel dienen, da Firmen
        etwa in verschiedenen Ländern gleiche Namen besitzen können).

Betrachten wir hierzu als Beispiel *Firmen*: Das Attribut *Name* bereitet in relationaler Darstellung keine Probleme, falls z.B. der Datentyp VARCHAR ausreicht.
Das Attribut *Hauptsitz* soll hier als eine Adreßangabe verstanden werden, bestehend aus *Straße* und *Ort*. Da eine solche Strukturierung im Relationenmodell nicht darstellbar ist, muß *Hauptsitz* eliminiert und durch *Straße* und *Ort*
ersetzt werden. Da eine Firma mehrere *Niederlassungen* haben kann, ist dieses Attribut mengenwertig. Um dann Redundanzen auf der Ebene von Tupeln
zu vermeiden (Wiederholung aller Firmenangaben für jede Niederlassung), ist
die Verwendung einer zweiten Relation erforderlich, in welcher lediglich die
Niederlassungen für jede Firma notiert werden. Um dann jedoch den Bezug
zwischen den Niederlassungen einer Firma und ihren weiteren Daten herstellen
zu können, erfordert diese Zerlegung die Einführung eines (hier künstlichen)
Schlüssels; wir wählen zu diesem Zweck ein neues Attribut *FirmenID*. Niederlassungen sind nun ihrerseits weiter strukturiert wie oben angegeben; dabei
kann in gleicher Weise verfahren werden wie bei Firmen-Attributen, wobei
jedoch das mengenwertige Attribut *Angestellte* ein drittes Relationenschema
erfordert. Der *Präsident* einer Firma soll insbesondere ein Angestellter dieser
Firma sein, und Angestellte sind spezielle Personen. Wir modellieren dies relational durch Vergabe einer *AngNr* (Angestellten-Nummer) zur eindeutigen
Identifikation von Angestellten, so daß diese auch Firmen-Präsidenten identifizieren kann.
    Mit diesen Überlegungen gelangt man zu folgender Darstellung von Fir-
men-Information im relationalen Modell:

```
CREATE TABLE Firma
   (FirmenID INT NOT NULL,
    Name VARCHAR NOT NULL,
    Strasse VARCHAR NOT NULL,
    Ort VARCHAR NOT NULL,
    Praesident INT NOT NULL,
    PRIMARY KEY (FirmenID),
    FOREIGN KEY (Praesident)
       REFERENCES Angestellter (AngNr)
   );

CREATE TABLE Niederlassung
   (FirmenID INT NOT NULL,
```

```
        NameNdlg VARCHAR NOT NULL,
        Strasse VARCHAR NOT NULL,
        Ort VARCHAR NOT NULL,
        Manager INT NOT NULL,
        PRIMARY KEY (FirmenID, NameNdlg),
        FOREIGN KEY (FirmenID) REFERENCES Firma,
        FOREIGN KEY (Manager)
            REFERENCES Angestellter (AngNr)
    );

CREATE TABLE NdrlssgAng
    (FirmenID INT NOT NULL,
    NameNdlg VARCHAR NOT NULL,
    Ang INT NOT NULL,
    PRIMARY KEY (FirmenID, NameNdlg, Ang),
    FOREIGN KEY (FirmenID) REFERENCES Firma,
    FOREIGN KEY (NameNdlg) REFERENCES Niederlassung,
    FOREIGN KEY (Ang) REFERENCES Angestellter (AngNr)
    );

CREATE TABLE Angestellter
    (AngNr INT NOT NULL,
    Name VARCHAR NOT NULL,
    . . . );
```

Es sei bemerkt, daß die oben angegebene nicht die einzig mögliche relationale Darstellung dieser Anwendung ist; so lassen sich z.B. unter Verwendung geeigneter Domain-Deklarationen bereits gewisse Vereinfachungen vornehmen. Dennoch ist eine Darstellung in dieser Form unumgänglich, speziell dann, wenn man gewissen Qualitätsanforderungen (wie sie etwa durch die Normalformen gegeben sind) Rechnung tragen will.

Als Konsequenz aus einem solchen Schema-Entwurf ergibt sich für das Arbeiten mit der resultierenden Datenbank, daß gewisse Anfragen aufwendig zu formulieren sein werden: Will man z.B. festellen, ob in der Genter Niederlassung der Firma Ford ein Angestellter mit dem Namen „Lacroix" arbeitet, so lautet dies in SQL etwa wie folgt:

```
SELECT AngNr
FROM Firma, Niederlassung, NdrlssgAng, Angestellter
WHERE Firma.Name = 'Ford'
    AND Firma.FirmenID = Niederlassung.FirmenID
    AND Niederlassung.Ort = 'Gent'
    AND Niederlassung.FirmenID = NdrlssgAng.FirmenID
    AND Niederlassung.NameNdlg = NdrlssgAng.NameNdlg
```

```
    AND Ndrlssg.Ang = Angestellter.AngNr
    AND Angestellter.Name = 'Lacroix';
```

Diesen Ausdruck kann man sich wie folgt ausgewertet vorstellen. Es wird zunächst zur Firma Ford die Niederlassung im Ort Gent bestimmt; für diese wird die Menge ihrer Angestellten abgeglichen mit der Menge *aller* Angestellten um herauszufinden, ob sich in ersterer eine Person mit Namen Lacroix befindet.

1.4.2   Nicht-relationale Darstellung

Wir verlassen jetzt den relationalen Rahmen und deuten an, zu welcher adäquateren Darstellung dieser Anwendung man gelangen kann, wenn seitens des Datenmodells zumindest die folgenden Voraussetzungen erfüllt werden:

(1)   *Typdeklarationen* können ähnlich frei wie in höheren Programmiersprachen aufgestellt werden;

(2)   *Wiederverwendung* von Informationen ist möglich, indem

- Informationen von unterschiedlichen Stellen aus *referenziert* werden können, so daß aus bereits vorhandener Information neue Information *zusammengesetzt* werden kann. Man bezeichnet dies auch als *Aggregation*.

- zwischen einzelnen Informationseinheiten *Spezialisierungen* gebildet werden können, die eine *Vererbung* von Struktur und Verhalten erlauben.

Wir verwenden dementsprechend im folgenden eine an Typdeklarationen in Programmiersprachen angelehnte Notation zur Strukturbeschreibung, wobei wir folgende Bezeichnungen verwenden:

Notation	Bedeutung
[.....]	Tupeltyp
{.....}	Mengentyp

Weiter unterstellen wir vereinfachend die Verfügbarkeit der Basistypen `String` (für Zeichenreihen) und `Integer` (für ganze Zahlen). Firmen beschreiben wir damit wie folgt: Als Firmen*name* lassen wir Zeichenketten zu; der *Hauptsitz* wird jetzt beschrieben als *Adresse*, welche wir zum Zwecke der Wiederverwendbarkeit (etwa bei Personenangaben) separat erfassen. Analog verfahren wir mit den Attributen *Niederlassungen* und *Präsident*. Wir notieren dies wie folgt:

```
Firma: [
    Name: String,
    Hauptsitz: Adresse,
```

```
            Niederlassungen: { Niederlassung },
            Praesident: Angestellter ]

     Niederlassung: [
            Name: String,
            Sitz: Adresse,
            Manager: Angestellter,
            Angestellte: { Angestellter } ]

     Adresse: [
            Strasse: String,
            Ort: String ]
```

Bemerkenswert ist hier die Möglichkeit, *Komponentenbeziehungen* direkt auszudrücken bzw. zu einem Objekt *Unterobjekte* angeben zu können. Praesident
ist eine Komponente von Firma. Wir drücken dies aus, indem wir Firma ein
Attribut mit Namen Praesident und Typ Angestellter zuordnen. Für eine
konkrete Firma ist der Wert dieses Attributes eine Referenz auf denjenigen
konkreten Angestellten, der gerade Präsident dieser Firma ist.

Bei *Personen* wollen wir diejenigen auszeichnen, die gleichzeitig Angestellte sind; insbesondere unterscheiden diese sich von gewöhnlichen Personen
durch weitere, spezielle Eigenschaften. Eine solche *Spezialisierung* modellieren
wir als IS-A-Beziehung („ist ein"), was wir wie folgt notieren:

```
     Person: [
            Name: String,
            Alter: Integer,
            Wohnsitz: Adresse,
            Fuhrpark: { Fahrzeug } ]

     Angestellter is-a Person: [
            Qualifikationen: { String },
            Gehalt: Integer,
            Familienmitglieder: { Person } ]
```

Man beachte, daß hier mittels eines Vererbungsmechanismus Wiederverwendbarkeit der Struktur von Personen für Angestellte erreicht wird. Schließlich
beschreiben wir Fahrzeug-Information in analoger Weise gemäß den oben angegebenen Charakteristika:

```
     Fahrzeug: [
            Modell: String,
            Hersteller: Firma,
```

```
        Farbe: String ]

    Automobil is-a Fahrzeug: [
         Antrieb: FahrzeugAntrieb,
         Karosse: String ]

    FahrzeugAntrieb: [
         Motor: OttoMotor,
         Getriebe: String ]

    OttoMotor: [
         PS: Integer,
         ccm: Integer ]
```

1.4.3 Erkenntnisse

Wir erkennen an den obigen Betrachtungen unseres Beispiels, daß bereits bei
der Datenmodellierung in traditionellen Anwendungen Modelle wie das relationale an ihre Grenzen stoßen, speziell dann, wenn man *angemessen* modellieren
möchte. Als besonders problematisch beim Relationenmodell kann die Tatsache
angesehen werden, daß lediglich zwei Konstruktoren zur Darstellung von Information vorhanden sind (Tupel und Menge), wobei der Mengenoperator zur
Bildung einer Relation gerade einmal angewendet werden darf. Darüber hinaus
haben wir gesehen, daß Referenzierbarkeit, Spezialisierung und flexible Typisierung einer angemessenen Informationsdarstellung entgegenkommen, jedoch
im Relationenmodell nicht vorhanden sind.

Das Fehlen der Möglichkeit, Komponenten-Beziehungen direkt zu modellieren und entsprechend zusammengesetzte Objekte als Ganzes zu referenzieren, führt zu kompliziert strukturierten Datenbankschemata und entsprechend aufwendig zu formulierenden Anfragen. Die Verwendung von künstlichen
Schlüsseln, die lediglich zu Identifikationszwecken dienen, wirft das Problem
auf, daß ihre Werte vom *Benutzer* vergeben und verwaltet werden müssen und
somit nicht eine vom System garantierte Unabhängigkeit von Schlüsselwerten
und Objektwerten vorliegt.

Als weiterer wichtiger Aspekt sei erwähnt, daß konventionelle Datenbanken einen Zugriff auf gespeicherte Information nur über die Operatoren der jeweiligen Benutzersprache zulassen. Dagegen ist es nicht möglich, an bestimmte
Entitäten oder Informationseinheiten *spezielle* Operatoren oder gar Prozedu-
ren zu binden, über welche ein Zugriff erfolgen kann oder sogar zu erfolgen hat.
Als Beispiel denke man wieder an Firmen-Information: Ein relationales System
kennt lediglich die tabellarische Darstellung von Relationen; es ist höchstens
auf dem Umweg über ein Anwendungsprogramm möglich, dem Benutzer z.B.
eine Landkarte anzuzeigen, auf welcher der Hauptsitz der Firma markiert ist.

Derartige Überlegungen leiten von strukturellen Aspekten einer gegebenen Anwendung über zu verhaltensmäßigen; gerade letztere können im Kontext höherer Programmiersprachen heute angemessen berücksichtigt werden über das Konzept der *abstrakten Datentypen*, welche Struktur und Verhalten *kapseln* und der Außenwelt nur in bestimmter Weise zugänglich machen. Auch hiervon können Datenbanksysteme profitieren, wenn sie sich diese Konzepte zunutze machen.

1.5 Objekt-orientierte Datenbanken

Die Diskussion des letzten Abschnitts zeigte die Probleme beim Einsatz traditioneller Datenbanken. Wir argumentieren jetzt, daß *objekt-orientierte* Datenbanksysteme zur Lösung dieser Probleme besser geeignet sind. Dazu stellen wir zunächst die sich unmittelbar ergebenden Anforderungen an Datenbanken zusammen. Als (eine mögliche) Antwort beschreiben wir sodann das Paradigma der Objekt-Orientierung sowie die zentralen Eigenschaften eines objekt-orientierten Datenbanksystems. Den Abschluß des Abschnitts bildet eine Diskussion der Konzepte, auf welchen diese neuartigen Datenbanksysteme basieren.

1.5.1 Anforderungen

Vor dem Hintergrund der im letzten Abschnitt beschriebenen Beispiel-Anwendung ist von einem geeigneten Datenbanksystem zumindest die folgende Funktionalität zu erwarten:

(1) Die Struktur von zu modellierenden Entitäten kann beliebig verschachtelt werden; verschiedene solche Strukturen können sich gegenseitig referenzieren bzw. als Spezialisierungen von anderen eingeführt werden.

(2) Entitäten können mit spezifischem Verhalten ausgestattet werden, welches bestimmte Operationen an diese Entitäten in exklusiver Weise bindet.

(3) Man kann die Struktur *und* das Verhalten von Entitäten in hierarchischer Weise vererben.

Darüber hinaus wird man sich weitergehende Funktionalität wünschen, wie z.B.:

(1) Bereits fertiggestellte Struktur-, aber auch Verhaltensdefinitionen sind *erweiterbar* in einem logischen Sinne, d.h. man kann auch nach abgeschlossenem Datenbankentwurf neue Attribute sowie neue Operationen definieren und zur Menge der bereits existierenden hinzufügen.

(2)   Es wird Objekt-Identität unterstützt in dem Sinne, daß einzelne, in der
        Datenbank repräsentierte Individuen der gegebenen Anwendung wohlun-
        terscheidbar sind, und zwar *nicht* nur über die Werte ihrer Schlüsselat-
        tribute.

(3)   Es gibt eine einheitliche Sprache für

   •   Daten-Definition,

   •   Daten-Manipulation,

   •   Daten-Verwaltung,

   •   die Betriebssystem-Schnittstelle

   •   und die Anwendungs-Programmierung.

1.5.2 Das Paradigma der Objekt-Orientierung

Objekt-Orientierung in Datenbanken führt allgemein Einflüsse sowie Konzepte
aus unterschiedlichen Bereichen der Informatik zusammen; hierzu sind zumindest die folgenden zu zählen:

(1)   aus dem Bereich der *Programmiersprachen*: abstrakte Datentypen sowie
        das Prinzip der Kapselung, ferner Vollständigkeit einer Programmierspra-
        che im Sinne der Berechenbarkeitstheorie.

(2)   aus dem Bereich der *Softwaretechnik*: Code-Erweiterbarkeit sowie -Wie-
        derverwendbarkeit und das Prinzip der Modularisierung.

(3)   aus der *Künstliche Intelligenz*: Ideen und Ansätze zur Wissensrepräsen-
        tation, Techniken und Methoden der Klassifikation.

(4)   aus dem Bereich der *Datenbanken*, genauer der *Datenmodellierung*: ge-
        schachtelte Relationen bzw. Verallgemeinerungen des Relationenmodells,
        wie sie etwa im Zusammenhang mit semantischen Datenmodellen vorge-
        schlagen wurden.

Zum ersten dieser Punkte sei bemerkt, daß Datenbanksprachen im allgemeinen
nicht vollständig sind, da sie nicht alle prinzipiell berechenbaren Anfragen an eine Datenbank auszudrücken gestatten. Erweiterungen herkömmlicher Sprachen
sind unter Umständen ineffizient, Programmiersprachen-Einbettungen hingegen leiden unter einem Verlust an Abstraktion. Die Verwendung von Objekt-
Orientierung in Datenbanken hat unter anderem zum Ziel, diese Probleme zu
überwinden. Insbesondere geht es darum, den in Abschnitt 1.1 bereits erwähnten *Impedance Mismatch* zwischen Datenbanksprachen und Programmiersprachen zu verkleinern oder ganz zu eliminieren.

     In Kurzform basiert Objekt-Orientierung als Paradigma auf den folgen-
den fünf Prinzipien:

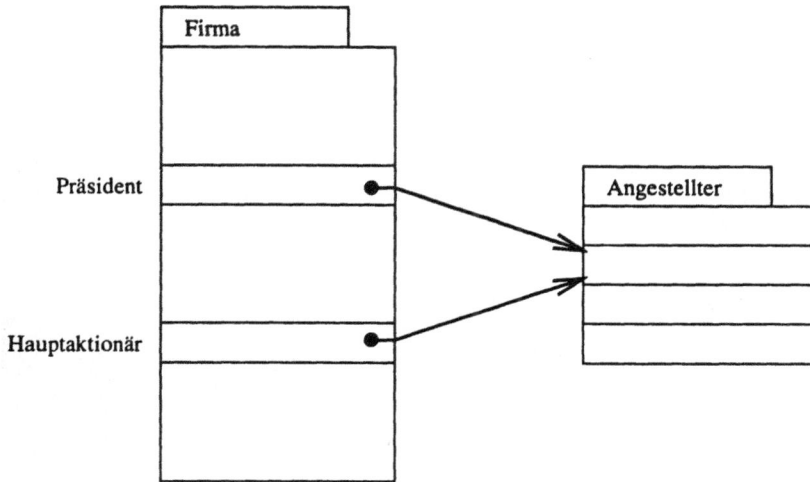

Abbildung 1.6: Prinzip der Mehrfachreferenzierung.

(1)   Jede Entität einer gegebenen Anwendung wird modelliert als *Objekt* mit
       eigener *Identität*, welche sowohl logisch als auch physisch (d.h. durch das
       zugrundeliegende System) vom *Wert* des Objekts unterschieden wird. Da-
       durch wird also systemseitig unterstützt, Objekte aus anderen Objekten
       zusammenzusetzen und einzelne Objekte von mehreren anderen aus zu
       referenzieren; im letzteren Fall spricht man von *Mehrfachreferenzierung*
       (*Object Sharing*).

       Als Beispiel zu diesem Aspekt zeigt Abbildung 1.6 zwei Klassen, *Firma*
       und *Angestellter* (in die Zeilen seien Objekte eingetragen). Ein Angestell-
       ter der Firma ist deren *Präsident*; falls es sich um eine Aktiengesellschaft
       handelt, ist einer der Hauptaktionär. Wesentlich ist, daß diese beiden Per-
       sonen identisch sein können (wenngleich der Hauptaktionär einer Firma
       nicht notwendig auch deren Angestellter ist).

(2)   Jedes Objekt *kapselt Struktur* und *Verhalten*. Die Struktur eines Objekts
       wird beschrieben durch sogenannte *Instanz-Variablen* bzw. durch *Attri-
       bute*, deren Werte einfach, zusammengesetzt oder Referenzen auf andere
       Objekte sein können. Die Menge der Werte eines Objektes ergeben den
       (in der Regel zeitabhängigen) *Zustand* des Objektes. Das Verhalten eines
       Objekts ergibt sich aus den *Methoden*, welche auf dem Objekt ausführbar
       sind. Hierzu sei bemerkt, daß vielfach zwischen Attributen und Methoden
       lediglich auf der Modellebene, nicht jedoch auf der Sprachebene unter-
       schieden wird.

(3)   Auf den Zustand eines Objekts kann durch Verschicken von *Nachrich-
       ten* (*Messages*) zugegriffen werden, wobei ein Zugriff auf den Zustand

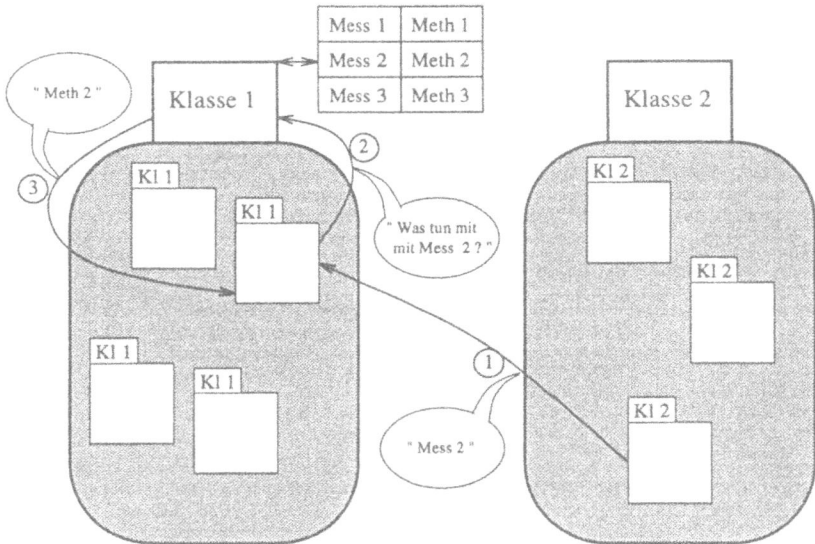

Abbildung 1.7: Prinzip des Nachrichtenaustauschs.

ausschließlich oder optional in dieser Form erfolgt. Empfängt ein Objekt
eine Nachricht, welche es versteht, so wird die Ausführung einer zugeordneten Methode veranlaßt. Objekte kommunizieren also grundsätzlich
miteinander durch einen Austausch von Nachrichten; man spricht auch
von *Message Passing*.

(4)   Objekte mit gemeinsamer Struktur und gemeinsamem Verhalten werden
       in *Klassen* gruppiert; jedes Objekt ist im allgemeinen *Instanz* einer Klasse.
       Der gerade erwähnte Nachrichtenaustausch zwischen Objekten verläuft
       also unter Rückgriff auf von der Klasse zentral gehaltener Information.

       Ein typischer Ablauf beim Nachrichtenaustausch ist in Abbildung 1.7 il-
       lustriert. In dieser Abbildung ist die Situation dargestellt, daß ein Objekt
       aus `Klasse 2` die Nachricht `Mess 2` an ein Objekt aus `Klasse 1` schickt.
       Der Empfänger fragt seine Klasse, wie auf diese Nachricht zu reagieren
       ist; da `Klasse 1` zu `Mess 2` eine Implementierung, die Methode `Meth 2`,
       kennt, antwortet sie dem Objekt mit dieser Methode, welche dann durch
       das Objekt ausgeführt wird.

(5)   Eine Klasse kann als Spezialisierung einer oder mehrerer anderer Klas-
       sen definiert werden. Die untergeordneten Klassen werden *Unterklassen*
       bzw. *Subklassen* und die übergeordneten *Oberklassen* bzw. *Superklassen*
       genannt. Unterklassen *erben* Struktur und Verhalten ihrer Oberklassen.
       Im Falle eines Nachrichtenaustauschs bezeichnen wir diejenige Klasse als
       Empfängerklasse, welche die Implementierung der auf die Nachricht rea-

gierenden Methode bereitstellt.

Es sei bemerkt, daß es Ausnahmen von diesem grundsätzlichen Vorgehen gibt: Manchmal ist *zusätzlich* auch die Vererbung von Werten, sogenannte *Standardannahmen* oder Voreinstellungen (*Defaults*), realisiert. Andererseits werden *Klassenattribute*, d.h. Attribute, die nicht für Einzelobjekte, sondern für die Menge *aller* Objekte anwendbar sind, sowie Klassenmethoden unter Umständen *nicht* vererbt.

Man beachte, daß es speziell bei einer Mehrfachvererbung (*Multiple Inheritance*) zu *Konflikten* kommen kann: Erbt eine Klasse z.B. von zwei Oberklassen Attribute mit gleichem Namen, aber unterschiedlichem Typ, so liegt ein Konflikt vor, welcher z.B. durch den Benutzer aufgelöst werden muß. Analog kann es bei der Vererbung von Methoden mit gleichem Namen und unterschiedlicher Implementierung zu Konflikten kommen.

Die gerade beschriebenen Eigenschaften charakterisieren das *Paradigma* der Objekt-Orientierung, wie es in der Informatik in unterschiedlichen Kontexten Anwendung findet, z.B. in Programmiersprachen, Betriebssystemen oder Datenbanken. Speziell für Datenbanken ist wesentlich, das Paradigma an sich mit den charakteristischen Eigenschaften von Datenbanken in angemessener Weise zu kombinieren. Daher kommen wir als nächstes auf die zentralen Eigenschaften objekt-orientierter *Datenbanken* zu sprechen; diese lassen sich einteilen in *objekt-orientierte Eigenschaften* (OO-Eigenschaften), welche Datenmodell- und Sprach-Eigenschaften abdecken, sowie in *Datenbanksystem-Eigenschaften* (DB-Eigenschaften), welche sicherstellen, daß ein objekt-orientiertes Datenbanksystem insbesondere ein Datenbanksystem ist. Hierauf gehen wir der Reihe nach ein.

1.5.3 OO-Eigenschaften

Als Eigenschaften objekt-orientierter Datenmodellierung sind zunächst die folgenden vier wesentlich:

(1)   Modellierbarkeit komplexer Objekte,

(2)   Unterstützung von Objekt-Identität,

(3)   Unterscheidung von Typen und Klassen,

(4)   Unterstützung von Klassenhierarchien.

Wir erläutern diese Eigenschaften im folgenden genauer. Vereinfacht ausgedrückt handelt es sich um eine Übertragung der Deklarationsmöglichkeiten für Strukturen, wie sie in höheren Programmiersprachen üblich sind – insbesondere im Bereich abstrakter Datentypen (Kapselung von Verhalten und Struktur) – auf den Datenbankbereich.

Komplexe Objekte

Komplex strukturierte bzw. kurz *komplexe Objekte* entstehen aus atomaren
oder bereits konstruierten Objekten durch die Anwendung von Konstruktoren.
Dabei sind die einfachsten Objekte z. B. vom Typ `integer` (ganze Zahlen),
`character` (einzelne Buchstaben oder Zeichen), `string` (endliche Zeichenreihen), `boolean` (Boolesche Wahrheitswerte) oder `real` (reelle Zahlen). Als Konstruktoren finden z. B. `tuple` (Tupel, Bildung Kartesischer Produkte), `set`
(ungeordnete Menge, Potenz- oder Teilmengenbildung), `bag` (Multimenge, d.h.
Menge mit eventuell mehrfach vorkommenden Elementen), `list` (geordnete
Liste) oder `array` (Feld) Anwendung. Die oben beschriebene Beispielanwendung zeigte bereits, daß zumindest Tupel- und Mengenkonstruktor wesentlich
sind, denn Mengen sind eine natürliche Darstellungsform für (ungeordnete)
Kollektionen von Dingen in der realen Welt und Tupel sind eine naheliegende
Darstellungsform für die Eigenschaften einer Entität. Listen benötigt man z.B.
für die Beschreibung von Ordnung.

Konstruktoren sollten in *beliebiger* Weise („orthogonal") auf Objekte anwendbar sein (also nicht z.B. wie im relationalen Modell, wo der Set-Konstruktor
nur auf Tupel und der Tupel-Konstruktor nur auf atomare Werte anwendbar
ist). Schließlich muß eine Unterstützung komplexer Objekte auch geeignete
Operatoren zu deren Behandlung bereitstellen; insbesondere muß es möglich
sein, auf ganzen Objekten oder auf Teilen eines Objekts zu operieren.

Anschaulich besitzen komplexe Objekte eine innere Struktur, d.h. sie setzen sich (unter Umständen rekursiv oder über mehrere Stufen) aus einfacheren
Komponenten zusammen. Hierbei können einmal die Komponenten als Wert
Teil des Wertes des Objektes sein (*komplexer Wert*), oder sie können über Referenzen zu ihnen mit dem Objekt verbunden sein (*Aggregation*). Der Vorteil
der letzteren Vorgehensweise ist die Möglichkeit der Wiederverwendung von
Information über Mehrfachreferenzierungen.

Komplexe Objekte kommen in fast natürlicher Weise in den meisten neuartigen Anwendungen für Datenbanksysteme vor. Man denke etwa an den Aufbau eines VLSI-Schaltkreises, einer Automobilkarosserie oder eines Flugzeug-
flügels. In relationalen Systemen sind derartige Strukturen in extremer Weise
zu verflachen, d.h. auf Sammlungen flacher Tupel abzubilden. Ein Anspre-
chen der Objekte insgesamt wird dadurch unnötig erschwert, da die relevante
Information im allgemeinen aus mehreren Relationen zusammengesetzt werden muß. Die Modellierung komplexer Objekte ist jedoch keineswegs an neuere Datenbank-Anwendungen gebunden; auch in konventionellen Anwendungen
(wie es unser laufendes Beispiel darstellt) entstehen komplexe Objekte bereits
aus dem Wunsch heraus, die gegebene Realität möglichst detailliert und exakt
auf Datenbankstrukturen abzubilden.

Es sei bereits an dieser Stelle bemerkt, daß heute verfügbare objekt-
orientierte Datenbanksysteme in ihren Definitionssprachen die Beschreibbar-
keit komplexer Objekte weitgehend unterstützen und es insbesondere erlau-

ben, Konstruktoren *orthogonal* auf bereits existierende Datentypen anzuwenden. Komplexe Strukturen können also unter Verwendung der vorhandenen atomaren Typen, der gegebenen Konstruktoren und der bereits definierten Typen weitgehend beliebig gebildet werden. Gegebenenfalls vorhandene, systemspezifische Einschränkungen sind dabei durchaus tolerabel.

Objekt-Identität

Jedes Objekt in der realen Welt hat im allgemeinen eine Existenz bzw. eine *Identität*, welche unabhängig ist von seinen aktuellen Werten. Wenn man weiter unterstellt, daß ein Datenbankobjekt auch komplex, also aus anderen Objekten zusammengesetzt, sein kann, so ist es wesentlich, einzelne Objekte auch im Datenbankkontext eindeutig unterscheiden zu können. Diesem Zweck dient eine systemunterstützte Identität, durch welche jedem Objekt ein eindeutiger *Identifikator* (*Object Identifier*) zugeordnet wird. Die einem Objekt zugeordnete Identität muß über die gesamte Lebensdauer des Objekts hinweg unverändert bleiben; bereits aus diesem Grund ist die Identität verschieden vom Wert **eines** Objekts, welcher im allgemeinen Änderungen unterworfen ist.

In Programmiersprachen erfüllen Zeiger (Speicheradressen) eine der Objekt-Identität ähnliche Funktion; ein Identität unterstützendes Datenbanksystem geht jedoch einen Schritt weiter, indem es im Idealfall Identität nicht länger an eine Speicherlokalität bindet.

Mit der Einführung von Identitäten für Objekte wird es unmittelbar möglich zu unterscheiden, ob zwei Objekte *gleich* oder *identisch* sind: Im ersten Fall („das gleiche ") haben sie gleiche Werte, im zweiten („dasselbe") handelt es sich um *ein* Objekt. Zwei Gegenbeispiele aus dem relationalen Modell sollen diese Unterscheidung verdeutlichen: Wir betrachten zunächst eine Änderung, welcher aus der Tabelle

Angestellter	*Name*	*Gehalt*
	Peter	50K
	Susan	60K

die Tabelle

Angestellter	*Name*	*Gehalt*
	Peter	60K

macht; es gibt dann unterschiedliche Hintergründe dieser Veränderung, welche aus dem reinen Effekt nicht nachvollziehbar sind, wie z.B.:

- Peters Gehalt hat sich verändert und Susan wurde entlassen.

- Peter und Susan wurden entlassen, ein neuer Angestellter namens Peter mit neuem Gehalt wurde eingestellt.

Wären andererseits die einzelnen Angestellten als Personen-Objekte mit eindeutiger Identität (zusätzlich zu ihren Werten) versehen, so wäre der Veränderungsvorgang eindeutig nachvollziehbar. Als zweites Beispiel erwähnen wir die Tatsache, daß in einer Relation (als Menge) doppelte Elemente nicht vorkommen können. Will man also z.B. in der Tabelle

Elternteil	*Kind*
Peter	Laura
Susan	Laura

zum Ausdruck bringen, daß eine weitere Mutter namens Susan ein Kind namens Laura hat (oder daß Laura das Kind von Peter und Susan ist), so ist die Einführung eines Schlüsselattributs erforderlich, über welches die gewünschten Bezüge explizit gemacht werden können. In einem Datenbanksystem, welches Objekt-Identität unterstützt, sind derartige (häufig künstliche) Schlüssel entbehrlich.

Eine Unterstützung von Objekt-Identität hat nach dieser Diskussion (mindestens) zwei nützliche Implikationen:

(1) *Mehrfachreferenzierung:* Zwei *verschiedene* Objekte können *gemeinsame* (identische) Unterobjekte als Komponenten haben; anschaulich ist ein komplexes Objekt damit als ein *Graph* darstellbar, dessen Knoten Objekt-Identitäten und dessen Kanten Objekt-Referenzen darstellen.

(2) *Änderungen:* Veränderungen an gemeinsam verwendeten Subobjekten können einmalig am betreffenden Subobjekt ausgeführt werden und wirken dann sofort auf alle Oberobjekte.

Es sei nochmals erwähnt, daß diese Implikationen auch mit den oben erwähnten künstlichen Schlüsseln erzielt werden können; der wesentliche Unterschied ist, daß Objekt-Identität *systemseitig* bereitgestellt wird und den Benutzer dadurch entlastet.

Typen und Klassen

Die Begriffe *Typ* und *Klasse* werden in objekt-orientierten Datenbanken dem Bereich der Programmiersprachen entlehnt und bilden auf einer abstrakten Ebene die Unterscheidung zwischen einem *Wert* und einem *Objekt* nach.

Ein *Typ* ist eine zeitinvariante Beschreibung einer Menge von möglicherweise komplexen Werten. Ein Typ kann also ein Basistyp (z.B. `integer`, `real` oder `boolean`) oder strukturiert sein; an einen Typ sind außer generischen (wie z.B. „+" für den Typ `integer`) keine spezifischen Operationen gebunden. In der Sprechweise relationaler Datenbanken stellt ein Typ ein Relationenschema dar, welches festlegt, von welcher Form die zulässigen Relationen sein können.

In dieser Tradition stehend beschreibt in einem objekt-orientierten Datenbanksystem ein Typ lediglich den strukturellen Anteil einer Klasse. Eine

Klasse kapselt allerdings Struktur *und* spezifisches Verhalten. Sie ist ferner ein „Laufzeit-Begriff" in der Weise, daß ihr die Menge der zu einem gegebenen Zeitpunkt existierenden Objekte, die sogenannten *Instanzen*, als *Extension* zugeordnet werden kann. Insbesondere sind für Klassen Operationen zum Erzeugen und zum Löschen von Objekten vorgesehen.

In unserem laufenden Beispiel werden wir die in Abschnitt 1.4.2 bereits genannten Strukturen als Klassen ansehen. Dies bedeutet, daß man mit jedem der gegebenen Klassennamen (z.B. *Person* oder *Firma*) Objekte assoziieren kann. Dies ist insofern willkürlich, als wir hier nicht weiter unterscheiden zwischen Klassen und benannten Typen; man wird z.B. nicht unbedingt jede einzelne Adresse (einer Firma oder einer Person) als ein Objekt ansehen wollen.

Vererbung

Das Schema einer Datenbank beschreibt auf einer abstrakten Ebene einen gegebenen Realweltausschnitt, der Objekte umfaßt, die im allgemeinen miteinander in Beziehung stehen. Eine Art, Beziehungen auszudrücken, haben wir in Form einer Aggregation bereits kennengelernt; eine weitere besteht darin, bestimmte Objekte als *Spezialisierungen* anderer bzw. bestimmte Klassen als untergeordnet zu anderen zu definieren. Während Aggregationen Komponenten-Beziehungen zwischen Objekten ausdrücken, steht eine Spezialisierung für eine *IS-A*-Beziehung.

Ist ein Objekt spezieller als ein anderes, so hat es in der Regel Eigenschaften, welche für das allgemeinere nicht zutreffen. Ein Beispiel sind *Angestellte*, welche sich von *Personen* etwa durch ein *Gehalt* unterscheiden. In anderen Worten, jeder Angestellte *ist (auch) eine* Person, jedoch mit zusätzlichen, spezielleren Eigenschaften. In objekt-orientierten Datenbanken steht zur adäquaten Modellierung derartiger Zusammenhänge das Konzept der *Vererbung* bzgl. einer *Klassenhierarchie* zur Verfügung: Sind die Objekte einer Klasse K_1 spezieller als die einer Klasse K_2, so wird man K_1 als Unterklasse von K_2 definieren mit der Bedeutung, daß die Struktur (und das Verhalten und gegebenenfalls die Standardannahmen) von K_2 an K_1 vererbt wird; jedes Objekt der Klasse K_1 besitzt damit alle Eigenschaften, die für die Klasse K_2 definiert wurden und möglicherweise zusätzliche speziellere Eigenschaften, die für die Klasse K_1 definiert wurden. Auf Vererbung und mit ihr verbundene Probleme gehen wir in Abschnitt 2.4 ausführlicher ein.

Betrachten wir exemplarisch folgende Anwendung: Eine Universitätsverwaltung unterhalte Daten über Angestellte und Studenten, wobei jedes dieser Objekte durch gewisse Attribute charakterisiert sei und bestimmte Operationen auf sie anwendbar seien. In einem System ohne Vererbung (z.B. einem relationalen System) käme man grob zu folgender Darstellung:

Angestellter			Student	
Name	stirbt		Name	stirbt
Alter	heiratet		Alter	heiratet
Gehalt	wird_bezahlt		{ Noten }	wird_benotet

Es sind somit sechs Programme zu schreiben.

Demgegenüber käme man in einem Vererbung ermöglichenden objekt-orientierten System zu folgender Darstellung, welche den gemeinsamen Charakteristika Rechnung trägt:

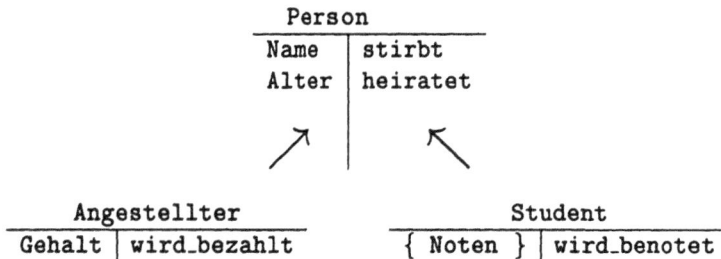

Person	
Name	stirbt
Alter	heiratet

Angestellter			Student	
Gehalt	wird_bezahlt		{ Noten }	wird_benotet

Es sind jetzt nur noch vier Programme zu schreiben.

Auch in unserem laufenden Beispiel werden wir von Vererbung an zwei Stellen Gebrauch machen, was weiter oben bereits durch die Andeutung einer IS-A-Beziehung angekündigt wurde: *Angestellte* sind spezielle *Personen*, *Automobile* sind spezielle *Fahrzeuge*.

Eine Zwischenbilanz

Ein objekt-orientiertes Datenbanksystem muß nach dieser Diskussion insbesondere ein *Datenmodell* bereitstellen, welches die bereits genannten Modellierungseigenschaften abdeckt. Als Anforderungskatalog für ein solches Datenmodell können wir somit bis hierhin festhalten:

(1)   Es muß die Darstellbarkeit komplexer Objekte ermöglichen.

(2)   Objekte müssen mit einer eigenen Identität versehen werden können.

(3)   Das Schema einer Datenbank besteht aus Klassen, denen durch getypte Attribute und Methoden Struktur und Verhalten zugeordnet ist.

(4)   Klassen können in einer Hierarchie angeordnet werden und sich darüber hinaus gegenseitig (und sogar zyklisch) referenzieren.

Wir werden diesen Katalog in den nächsten Unterabschnitten noch weiter vervollständigen. Zuvor wollen wir uns an unserem laufenden Beispiel die Bedeutung dieser Eigenschaften ansehen.

Wir bemerken zunächst, daß wir die weiter oben gegebene Beschreibung unserer Anwendung unverändert in einem objekt-orientierten Datenmodell darstellen können; dazu muß es lediglich möglich sein, Klassen*namen* als Typen zu verwenden, wie dies in heutigen Systemen im allgemeinen der Fall ist. Als Beispiel betrachten wir noch einmal die bereits angegebene Beschreibung von *Firmen*:

```
Firma: [
        Name: String,
        Hauptsitz: Adresse,
        Niederlassungen: { Niederlassung },
        Präsident: Angestellter ]
```

Wir können dies auffassen als die Definition einer Klasse mit dem Namen *Firma*, deren Objekte die vier angegebenen Attribute, hier zu einem Tupeltyp zusammengefaßt, haben sollen. Der Typ des Attributs *Name* ist dabei atomar, alle anderen Attributtypen stellen Referenzen auf Objekte anderer Klassen dar; dies wird lediglich dadurch zum Ausdruck gebracht, daß der Name der jeweiligen Klasse als Typ des betreffenden Attributs genannt wird. Firmen*objekte*, d.h. Instanzen der Klasse *Firma*, sind einzeln durch eine Identität sowie durch einen Wert für jedes dieser Attribute gekennzeichnet, wobei jeweils der Wert des Attributs Niederlassungen eine Menge von Referenzen auf Objekte aus der Klasse Niederlassung ist.

Insgesamt können wir die Schemastruktur unserer Beispielanwendung „Automobilvertrieb" durch den in Abbildung 1.8 gezeigten Graphen beschreiben. Hierbei steht ein einfacher Pfeil für eine Aggregation, ein doppelter Pfeil für eine Spezialisierung, und ein * bezeichnet ein mengenwertiges Attribut. Bei Unterklassen sind nur die speziellen Attribute, nicht jedoch auch die ererbten gezeigt. Abbildung 1.9 zeigt mögliche Extensionen zu den Klassen dieses Schemas; Objekt-Identitäten sind in der Form #n geschrieben, wobei n eine natürliche Zahl ist.

Neben Modellierungseigenschaften (komplexe Objekte, Objekt-Identität, Typen und Klassen, Klassenhierarchie) muß ein objekt-orientiertes Datenbanksystem gewisse Spracheigenschaften besitzen; hierunter werden die folgenden fünf verstanden:

(1)   Unterstützung des Kapselungsprinzips: Es muß möglich sein, Struktur und Verhalten eines Objekts zu kapseln, d.h. jede Klassendefinition umfaßt neben einer Strukturspezifikation eine Spezifikation derjenigen Methoden, die auf den Objekten der Klasse ausführbar sein sollen.

(2)   Ermöglichung von Überladen, Überschreiben und daher spätem Binden: Methodennamen können in der Klassenhierarchie überladen werden; durch ein Überschreiben werden die entsprechenden Implementierungen ihrem jeweiligen Kontext angepaßt.

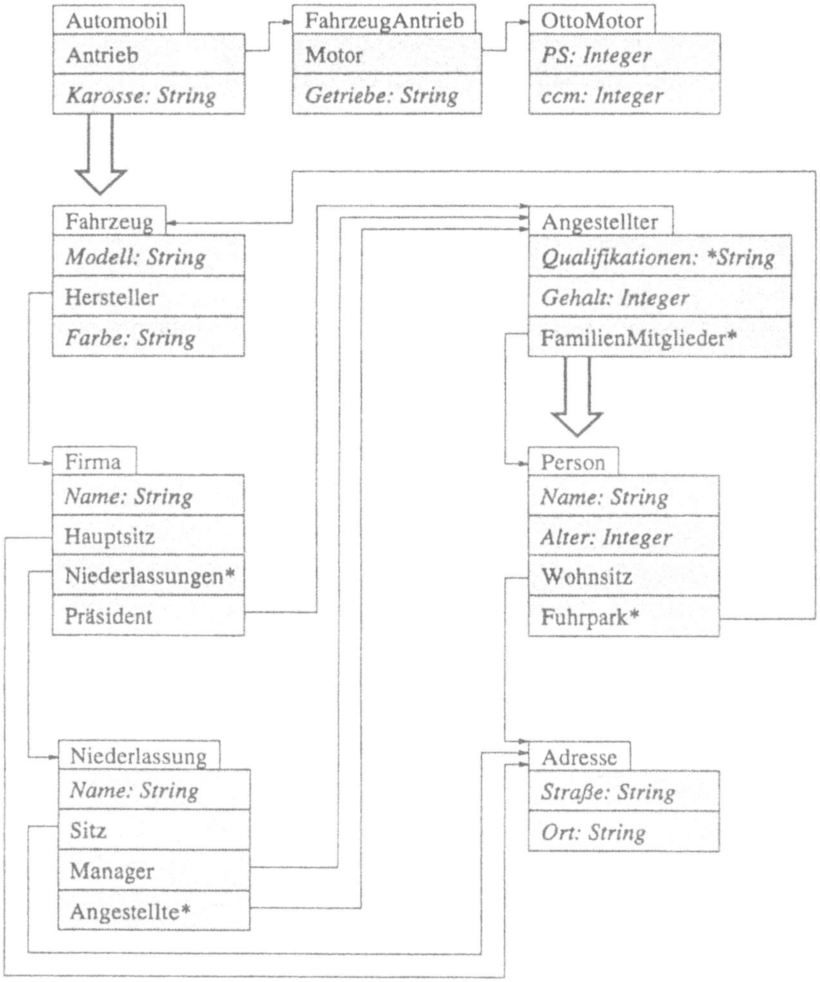

Abbildung 1.8: Klassenstruktur des Automobilvertriebs.

Fahrzeug			
	Modell	Hersteller	Farbe
#10	Golf	#41	rot
#11	323	#42	blau
#12	R4	#43	grün
#13	Kutsche	#44	schwarz

Automobil		
	Antrieb	Karosse
#10	#20	Limousine
#11	#21	Fließheck
#12	#22	Limousine

FahrzeugAntrieb		
	Motor	Getriebe
#20	#30	Schaltung
#21	#31	Automatik
#22	#30	Automatik

OttoMotor		
	PS	ccm
#30	80	1600
#31	70	1800

Firma				
	Name	Hauptsitz	Niederlassungen	Präsident
#41	VW	#80	{ #50, #51 }	#60
#42	Mazda	#81	{ #52 }	#61
#43	Renault	#82	{ #53 }	#62
#44	Wunder	#82	{ }	#62

Niederlassung				
	Name	Sitz	Manager	Angestellte
#50	Haupt	#80	#60	{ #68, ...}
#51	Süd	#83	#65	{ #65, ...}
#52	D	#84	#66	{ #66, ...}
#53	RFA	#84	#67	{ #67, ...}

Adresse		
	Straße	Ort
#80	Fabrik 1	Berlin
#81	Adzam 5	Tokio
#82	1'rue Oui	Paris
#83	Solarweg 1	Kehl
#84	Asiaweg 7	Münster

Person				
	Name	Alter	Wohnsitz	Fuhrpark
#60	Schlank	40	#80	{ #10, #11 }
#61	Rundlich	50	#81	{ }
⋮	⋮	⋮	⋮	⋮
#68	Dünn	35	#82	{ #12 }

Angestellter			
	Qualifikationen	Gehalt	Familienmitglieder
#65	{ Abitur }	8000	{ #61 }
#66	{ Lehre }	9000	{ #63, #64, #68 }
#67	{ Diplom, Promotion }	8500	{ }
#68	{ KursA }	7000	{ }

Abbildung 1.9: Mögliche Extensionen zu den Klassen aus Abbildung 1.8.

(3)   Möglichkeit des Stellens von Ad-hoc-Anfragen,

(4)   gleichzeitig Gewährleistung voller Berechenbarkeit in Analogie zu einer
        Programmiersprache,

(5)   Erweiterbarkeit, insbesondere in einem logischen Sinne: Falls das betref-
        fende Modell vordefinierte Typen bereitstellt und ein Benutzer diesen
        neue hinzufügt, werden beide Kategorien gleichbehandet.

Kapselung

Kapselung (*Encapsulation*) dient in höheren Programmiersprachen im allgemeinen zwei Zwecken: einerseits der Unterscheidung zwischen der *Spezifikation*
und der *Implementierung* einer Operation, einer Prozedur oder eines Moduls,
andererseits dem Streben nach Modularität. Die wesentliche Idee dabei ist, *Abstraktionen* zu bilden, durch welche nach außen bestimmte Details, etwa der
Implementierung, *verborgen* werden.

Ein anschauliches Beispiel für das Kapselungsprinzip aus dem täglichen
Leben ist das *Radio*: An seinem Gehäuse sind gewisse Knöpfe angebracht, et-
wa zum Ein- bzw. Ausschalten, zur Senderwahl und zur Lautstärkeregelung.
Der Benutzer des Radios braucht lediglich zu wissen, welcher Knopf für welche
Funktion vorgesehen ist; er braucht sich andererseits nicht dafür zu interessie-
ren, wie diese Funktionen innerhalb des Radios realisiert werden.

Im Bereich der Programmiersprachen ist das Kapselungskonzept insbesondere im Zusammenhang mit *abstrakten Datentypen* (ADTs) entwickelt und
untersucht worden, wobei es bei ADTs speziell der Unterscheidung zwischen
der nach außen sichtbaren Schnittstelle und der internen Implementierung einer speziellen Datenstruktur (wie z.B. einem Kellerspeicher) dient. Im Kontext objekt-orientierter Datenbanken bedeutet dieses Konzept auf der Schema-
Ebene, daß eine Klasse sowohl strukturelle Information (in Form des gewähl-
ten Typs) als auch *Verhalten* beinhaltet. Letzteres heißt konkreter, daß einer
Klasse *Methoden* zugeordnet werden können, welche die Objekte der Klasse
verstehen. Nach außen ist dieses Verhalten in Form einer Menge von Nachrichten (*Messages*), genauer sogar nur Nachrichten*namen*, erkennbar, welche
der Klasse gesendet werden können. Wenn eine Klasse eine solche Nachricht
empfängt, führt sie die der Nachricht zugeordnete Methode aus.

Es sei bemerkt, daß man auf diese Weise *logische Datenunabhängigkeit*
erreichen kann, da eine Methoden-Implementierung verändert werden kann,
ohne auch die nach außen bereitgestellte Schnittstelle zu verändern. Ferner sei
bemerkt, daß man sich in konkreten Systemen bei der Definition von Klassen meist darauf beschränken kann, für die betreffenden Methoden lediglich
Signaturen anzugeben, welche die Anzahl und den jeweiligen Typ der Eingabeparameter (falls es solche gibt) und des Resultats festlegen. Bevor eine solche
Methode jedoch benutzt werden kann, ist ihr natürlich eine Implementierung
zuzuordnen.

Überladen und Überschreiben

Das Kapselungskonzept ermöglicht es insbesondere, gleiche Nachrichtennamen in unterschiedlichen Kontexten zu verwenden. Als Beispiel denke man an eine Nachricht mit dem Namen `display`, welche

- von *Personen*-Objekten so verstanden werden soll, daß die Attributwerte der die Nachricht empfangenden Person in tabellarischer Form gezeigt werden,

- von *Automobil*-Objekten ein dreidimensionales Bild anzeigen soll.

Ordnet man dann den Klassen *Person* und *Automobil* jeweils eine Nachricht `display` zu, so ist dieser Name *überladen*. Eine andere Form der Wiederverwendung von Methodenbezeichnern kann im Kontext einer Klassenhierarchie vorkommen, falls eine Nachricht auch von der oder den Unterklassen einer gegebenen Klasse verstanden werden soll: Man kann diese Nachricht dann in der Hierarchie „so hoch wie möglich" definieren und ihre Implementierung in den Unterklassen, sofern erforderlich, kontextabhängig *überschreiben*. In beiden Fällen kann eine Bindung des Namens an eine gewünschte Implementierung erst zur Laufzeit erfolgen, nämlich dann, wenn der genaue Empfänger feststeht; man bezeichnet dies auch als *spätes* Binden.

Wir sind jetzt in der Lage, die wesentlichen Aspekte eines Objektmodells bzw. des Datenmodells eines objekt-orientierten Datenbanksystems zusammenzufassen. Wie in Abbildung 1.10 gezeigt, kapselt eine Klasse Struktur (Typ) und Verhalten (Nachrichten mit zugeordneten Methoden). Sie enthält Objekte, welche neben einem Zustand sowie einem Verhalten stets eine eindeutige Identität besitzen.

Ad-hoc-Anfragen

Zu den zentralen Eigenschaften eines jeden Datenbanksystems gehört das Vorhandensein einer im allgemeinen deklarativen Sprache, über welche ein Benutzer sogenannte *Ad hoc-* oder Dialog-Anfragen stellen kann. Eine solche Sprache ist gegenüber den Berechnungsmöglichkeiten einer höheren Programmiersprache im allgemeinen stark eingeschränkt; allerdings ist sie typischerweise auch auf einem hohen Abstraktionsniveau angesiedelt, so daß meist auch unkundige Benutzer nach kurzer Einarbeitungszeit bereits mit einer Datenbank arbeiten können. Für relationale Systeme ist, wie erwähnt, die Sprache SQL heute der Standard, wobei diese Sprache keineswegs nur über einen Kommandointerpreter, sondern auch z.B. fensterorientiert verwendet werden kann.

Auch bei objekt-orientierten Datenbanken ist ein Ad-hoc-Zugriff nach wie vor wünschenswert, denn der Benutzer wird nicht für alles und jedes ein Programm schreiben wollen. Allerdings wird man an eine solche Sprache zumindest die in relationalen Systemen bereits verwendeten Anforderungen wie

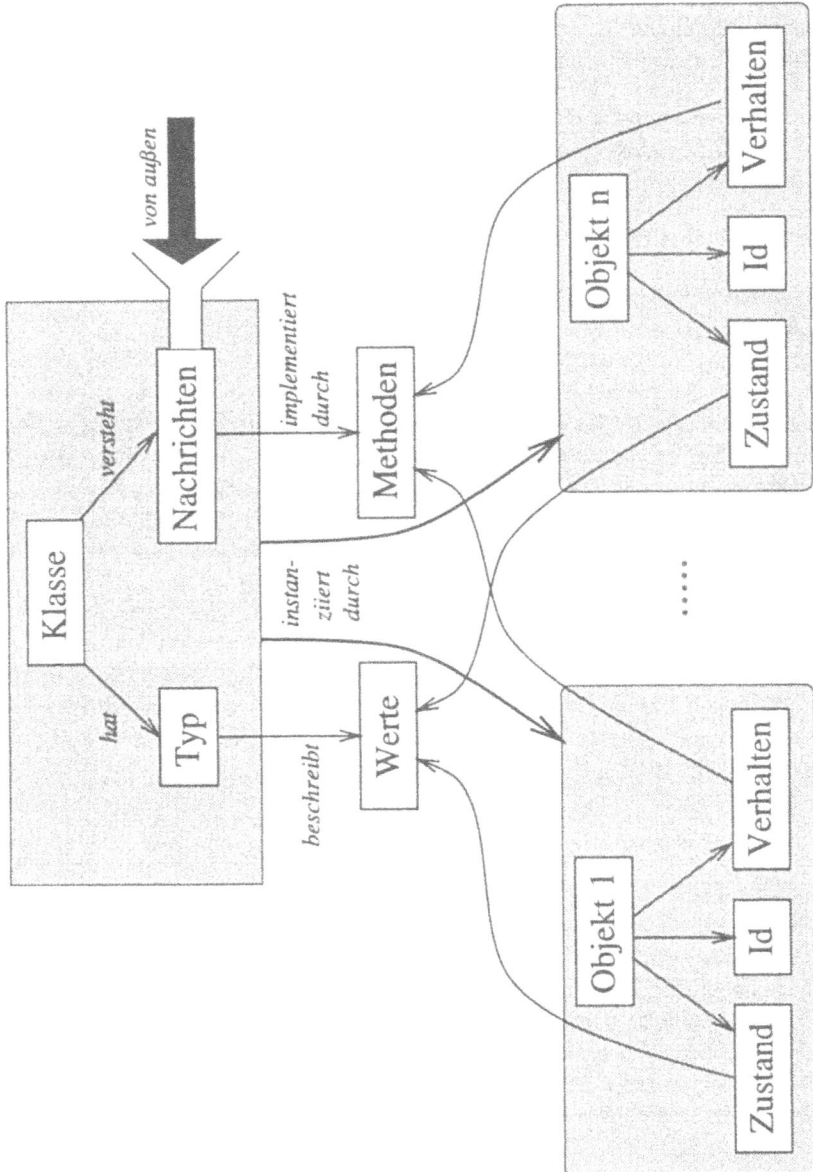

Abbildung 1.10: Zentrale Aspekte eines Objektmodells.

Anwendungsunabhängigkeit, Deskriptivität oder Optimierbarkeit stellen, worauf wir in Kapitel 2 noch genauer eingehen werden. In Kapitel 4 werden wir auch Beispiele für Sprachen mit diesen Eigenschaften behandeln. Dabei wird sich unter anderem zeigen, daß bisher keineswegs Einigkeit darüber erzielt ist, *wie* diese Eigenschaften umgesetzt werden können. Es sei bereits vorweg bemerkt, daß man bei objekt-orientierten Datenbanken – ähnlich wie bei relationalen Datenbanken – zwischen *algebraischen, regel-basierten* und *kalkülartigen* Sprachen unterscheiden kann (vgl. Kapitel 6 und 7).

Volle Berechenbarkeit

Die Forderung nach *voller Berechenbarkeit* („Turing-Berechenbarkeit") einer objekt-orientierten Sprache ergibt sich aus der Zielsetzung der Überwindung des bereits beschriebenen *Impedance Mismatch*. Sie ist trivial aus der Sicht einer Programmiersprache, da man in einer Programmiersprache *jede* berechenbare Funktion auf den gegebenen Eingabedaten ausdrücken kann. Konventionelle Datenbanksprachen sind, vor allem aus Effizienzgründen, im allgemeinen stark eingeschränkt in ihren Berechnungsfähigkeiten. Objekt-orientierte Systeme bieten gute Voraussetzungen dafür, diese Beschränkungen zu überwinden, da man über eine Anbindung von Methoden an Klassen eine Brücke zu einer höheren Programmiersprache zu schlagen in der Lage ist. Dies ist speziell dann gegeben, wenn man zur Methoden*implementierung* eine Sprache wie Smalltalk oder C++ zuläßt.

Erweiterbarkeit

Ein objekt-orientiertes Datenbanksystem stellt dem Anwender eine Menge vordefinierter Typen und Konstruktoren bereit, welche er zur Daten- bzw. Objektmodellierung, aber auch zum Schreiben seiner Anwendungen benutzen kann. Wenngleich man damit zahlreiche Anwendungen wird abdecken können, wird es häufig Forderungen nach weiteren Typen, möglicherweise auch Konstruktoren, geben, welche für eine bestimmte Anwendung spezifisch sind. In dieser Situation erlaubt *Erweiterbarkeit* es dem Anwender, neue Typen und Konstruktoren mitsamt der zugehörigen Operatoren zu definieren und damit das System an seinen Anwendungsbereich anzupassen. Wesentlich ist, daß eine solche Erweiterbarkeit systemseitig so unterstützt wird, daß in der Benutzung vordefinierter und neuer Typen bzw. Konstruktoren kein Unterschied besteht.

Der gerade beschriebene Aspekt der Erweiterbarkeit bezieht sich lediglich auf die konzeptionelle Ebene eines objekt-orientierten Datenbanksystems. Im Idealfall unterstützt ein solches System darüber hinaus Erweiterbarkeit auch auf der internen Ebene. Das bedeutet, daß man auch z.B. neue Speicherungsstrukturen in das System einbringen kann, wenn die gegebene Anwendung dies erfordert bzw. angemessen erscheinen läßt. Man denke etwa an Datenstrukturen zur Abspeicherung von Bildern oder von multimedialen Daten, welche a priori im allgemeinen nicht vorhanden sind.

1.5.4   DB-Eigenschaften

Zuletzt kommen wir auf die Systemeigenschaften eines objekt-orientierten Datenbanksystems zu sprechen; hierbei behandeln wir die bei Datenbanksystemen üblichen Konzepte, so daß wir diese hier nur kurz erläutern.

Persistenz

In einem Datenbanksystem werden Daten stets *persistent* gespeichert, d.h. die Daten bzw. Objekte, auf welchen ein Anwender oder Programmierer arbeitet, „überleben" die Ausführung eines Prozesses und können sodann in anderen Prozessen wiederverwendet werden. Die Persistenz von Daten und Objekten wird von einem Datenbanksystem dabei „automatisch" gewährleistet; anders als etwa bei der Ausführung von gewöhnlichen Programmen braucht der Benutzer nicht darauf zu achten, daß Persistenz vorliegt.

In einem objekt-orientierten System sollte Persistenz orthogonal sein in dem Sinne, daß jedes Objekt unabhängig von seinem Typ dauerhaft werden kann. Darüber hinaus kann es sogar wünschenswert sein, daß der Benutzer zwischen *persistenten* und *transienten* Objekten unterscheiden kann, oder daß Objekte nur für die Dauer eines vorgegebenen Zeitintervalls persistent werden.

Mehrbenutzerkontrolle

Datenbanksysteme kennen zur Realisierung von Mehrbenutzerbetrieb sowie zur Gewährleistung eines gewissen Grades an Fehlertoleranz das *Transaktionskonzept*. Dadurch wird es einerseits möglich, mehrere Benutzer gleichzeitig auf einen gemeinsamen Datenbestand zugreifen zu lassen; andererseits wird jedem Benutzer die Illusion vermittelt, daß er exklusiv auf diese Daten zugreift. Die Transaktionsverarbeitungskomponente eines Datenbanksystems stellt sicher, daß Transaktionen nach dem sogenannten *ACID-Prinzip* verarbeitet werden, d.h.

(1)   (A) sie werden *atomar* ausgeführt (nach dem Alles-oder-Nichts-Prinzip),

(2)   (C) sie *erhalten* die *Konsistenz* der gespeicherten Daten,

(3)   (I) sie werden gegenüber anderen, zeitgleich ausgeführten Transaktionen *isoliert* und „sehen" insbesondere keine inkonsistenten oder ungesicherten Daten,

(4)   (D) Transaktionseffekte sind *dauerhaft*, d.h. überleben nach erfolgreichem Ende der Transaktion auftretende Fehler.

Das Transaktionskonzept hat sich in Datenbanksystemen als Paradigma zur Synchronisation paralleler Zugriffe bewährt, und es stehen effizient implementierbare Techniken zur Verarbeitung von Transaktionen bereit.

Für objekt-orientierte Datenbanksysteme ist diese Situation nicht grundsätzlich anders; allerdings ergeben sich hier neuartige Realisierungsprobleme, welche einer besonderen Behandlung bedürfen. Wird ein objekt-orientiertes System etwa in einer CAD-Anwendung eingesetzt, so können *lange Transaktionen* auftreten, welche die Arbeit einzelner Designer repräsentieren. Für solche Transaktionen ist z.B. die Forderung nach Atomarität – aus naheliegenden Gründen – nur noch eingeschränkt haltbar. Auch muß z.B. der Tatsache Rechnung getragen werden, daß Transaktions*abläufe* in der Regel nicht mehr als einfache „geradlinige Programme" aufgefaßt werden können, denn durch Methodenaufrufe innerhalb der Abarbeitung von Benutzerprogrammen kann es jetzt zu komplexen Verschachtelungen innerhalb von Transaktionen kommen.

Fehlerbehandlung

Das Transaktionskonzept dient auch dem Aspekt der Fehlertoleranz eines Datenbanksystems. Falls ein Fehler auftritt, welcher z.B. den Inhalt des Datenbankpuffers im Hauptspeicher zerstört, muß das System ohne Hilfe von außen auf einen konsistenten Zustand zurücksetzen können; analoges sollte gelten für bestimmte andere Software- oder auch Hardware-Fehler. Ein Datenbanksystem hat hierzu im allgemeinen bestimmte Fehlerbehandlungs-Protokolle zur Verfügung. Auch hier kann es jedoch erforderlich sein, der spezifischen, in objekt-orientierten Datenbanksystemen vorliegenden Situation angemessen Rechnung zu tragen.

Sekundärspeicher-Verwaltung

Datenbanksysteme verwalten Datenbestände typischerweise auf Sekundärspeichermedien und verfügen über umfangreiche Funktionalität, auf gespeicherte Daten zuzugreifen und diese zwischen Haupt- und Sekundärspeicher zu transferieren. Verwendete Techniken beziehen sich z.B. auf Index-Verwaltung, Clustering von Daten, Puffer-Verwaltung, Zugriffspfad-Selektion oder auch Anfrage-Optimierung. Für einen Benutzer sind alle diese Funktionen transparent, so daß hier physische Datenunabhängigkeit erzielt wird. Andererseits hängt die Realisierung dieser Funktionen eng zusammen mit der System-Leistung.

1.5.5 Diskussion

Wir wollen zum Abschluß der einführenden Beschreibung von objekt-orientierten Datenbanken eine erste Diskussion der Konzepte anstellen. Wesentlich erscheint uns dabei zunächst, daß sich ein *Datenmodell*, welches auf dem Paradigma der Objekt-Orientierung basiert, auf verschiedene Weisen angeben bzw.

entwerfen läßt. Dies wird bestätigt durch die Vielzahl von Modellen, mit welchen insbesondere die kommerziellen Systeme heute ausgestattet sind. Es erscheint daher naheliegend, in diesem Bereich bereits heute an eine *Standardisierung* zu denken, was insbesondere durch die *Object Database Management Group* (ODMG) betrieben wird. Man kann inzwischen ein „Konvergieren" unterschiedlichster Daten- bzw. Objektmodelle gegen einen gemeinsamen Durchschnitt feststellen; der ODMG-Vorschlag hat im wesentlichen ein Festschreiben hiervon zum Gegenstand (vgl. Kapitel 5).

Die Modellierungs-, aber auch die Systemfunktionalität eines objekt-orientierten Datenbanksystems muß eine Reihe weitergehender Forderungen abdecken, als sie von konventionellen Systemen verlangt werden. Dies liegt vor allem in den neuartigen Anwendungsbereichen begründet, in welchen sich dieser neue Datenbanktyp vorwiegend wiederfinden wird.

Es sei darauf hingewiesen, daß die oben beschriebenen Eigenschaften eines objekt-orientierten Datenbanksystems in dieser Hinsicht noch nicht alles erfassen. In neuen Anwendungen wie CAD oder CASE hat man es z.B. mit *Versionen* einzelner Entwurfsobjekte zu tun, welche im Laufe eines Entwurfsprozesses entstehen und eventuell auch wieder verworfen werden. Versionen von Objekten werden im Laufe einer Entwicklung z.B. zu *Konfigurationen* zusammengefaßt, woraus sich dann letztlich herzustellende Produkte ergeben. Soll ein Datenbanksystem eine solche Anwendungsumgebung angemessen unterstützen, so muß es ein Versionsmanagement anbieten können.

Weitere Eigenschaften, die ein Datenbanksystem haben muß, welche jedoch im Kontext der Objekt-Orientierung erhebliche Erweiterungen gegenüber konventionellen Systemen erfordern, sind die *Integritätsunterstützung* sowie der Aspekt der *Schema-Evolution*. Damit die Daten einer Datenbank konsistent sind und bleiben, muß das System in der Lage sein, Integritätsbedingungen zu überprüfen bzw. auf ihre Verletzung angemessen zu reagieren. In konventionellen Systemen setzt sich hier in den letzten Jahren das *Trigger-Konzept* durch, bei welchem nach bestimmten Operationen (meistens Änderungen) die Gültigkeit von Integritätsbedingungen geprüft und bei Verletzung prozedural reagiert wird. In objekt-orientierten Datenbanken sind Integritätsbedingungen bisher kaum studiert worden, so daß auch Mechanismen zu ihrer Einhaltung noch der Entwicklung bedürfen.

Der Aspekt der Schema-Evolution versucht der Tatsache Rechnung zu tragen, daß ein Datenbankschema im allgemeinen nicht über beliebig lange Zeiträume hinweg unverändert bleiben kann. Stattdessen müssen Veränderungen in der modellierten Anwendung im Schema reflektiert und umgesetzt werden. Im einfachsten Fall handelt es sich bei einer Modifikation eines gegebenen Schemas um das Hinzufügen oder Löschen eines Attributs oder einer Klasse.

1.6 Bibliographische Hinweise

Generelle Einführungen in das Gebiet der Datenbanken und Datenbanksysteme findet man etwa bei Date (1995), Elmasri und Navathe (1994), Lang und Lockemann (1995) sowie Vossen (1994). Die beiden letztgenannten Quellen wie auch z.B. Cattell (1994b) beschreiben auch Anforderungen neuartiger Anwendungen an Datenmodelle und Datenbanksysteme. Das Relationenmodell geht zurück auf Codd (1970). Einführungen in SQL, insbesondere in den systemunabhängigen Standard, geben z.B. Date und Darwen (1993) oder Melton und Simon (1993). Grundlagen der Transaktionsverarbeitung in Datenbanksystemen werden von Vossen und Groß-Hardt (1993) behandelt.

Die Verwendung des Paradigmas der Objekt-Orientierung in Datenbanken sowie die Grundlagen objekt-orientierter Datenmodelle und Datenbanksysteme behandeln z.B. Bertino und Martino (1991, 1993), Dittrich et al. (1991), Gupta und Horowitz (1991), Heuer (1992), Kemper und Moerkotte (1993, 1994), Khoshafian (1993), Khoshafian und Abnous (1990), Kim (1990), Kim und Lochovsky (1989), Loomis (1995), Unland (1995), Zdonik und Maier (1990). Ein wesentlicher Beitrag zur Frage, was ein objekt-orientiertes Datenbanksystem ist, wurde durch das *Manifesto* von Atkinson et al. (1989) geliefert. Dieses Papier stellte erstmals klar, welche Eigenschaften zwingend, optional und noch offen sind und lieferte eine noch immer gültige „Definition" eines solchen Systems.

Das in Abschnitt 1.4 eingeführte laufende Beispiel dieses Buches ist angelehnt an Kifer et al. (1992). Eine umfassende Literatursammlung zur Thematik objekt-orientierter Datenbanken und Datenbanksysteme ist Vossen (1993); die Sammlung ist in Postscript-Format erhältlich (Email: vossen@uni-muenster.de).

Kapitel 2

Aspekte objekt-orientierter Datenbanksprachen

Wir betrachten jetzt Sprachen für objekt-orientierte Datenbanken, die in der Tradition der bisher im Datenbankbereich bewährten Sprachen stehen. In diesem Kapitel beschäftigen wir uns einführend mit Datenmanipulationssprachen. Den Schwerpunkt bilden Anfragesprachen für objekt-orientierte Datenbanken. Wir stellen Anforderungen auf, skizzieren spezifische wünschenswerte Eigenschaften und diskutieren damit in Zusammenhang stehende Probleme. Sodann werden wir auf zwei zentrale Aspekte solcher Sprachen genauer eingehen: Wir behandeln die Unterstützung von *Navigation* in objekt-orientierten Datenbanken mittels sogenannter *Pfad-Ausdrücke* und diskutieren anschließend *Vererbung* von Attributen und Methoden.

2.1   Allgemeine Anforderungen

Grundsätzlich werden von einer objekt-orientierten Sprache die gleichen Eigenschaften erwartet wie von auf anderen Datenmodellen basierenden Sprachen. Hierzu zählen insbesondere die folgenden:

(1) *Anwendungsunabhängigkeit*: Die Sprache soll nicht im Hinblick auf einen bestimmten Anwendungsbereich entworfen sein; stattdessen soll sie anwendungsunabhängig sein.

(2) *Deskriptivität*: Die Sprache soll ein hohes Abstraktionsniveau anbieten, um unabhängig von Implementierungsdetails arbeiten zu können; insbesondere sollte sie mengenorientierten Zugriff unterstützen.

(3) *Optimierbarkeit*: Ein zugrundeliegendes System muß Ausdrücke der Sprache vor deren Ausführung optimieren können; dazu müssen geeignete Regeln bzw. Strategien verfügbar sein.

(4)   *Abgeschlossenheit*: Jedes Ergebnis eines Ausdrucks der Sprache muß im
       gegebenen Daten- bzw. Objektmodell darstellbar sein. Damit ist z.B. ga-
       rantiert, daß das Ergebnis einer Anfrage als Eingabe für eine nachfolgende
       Anfrage verwendbar ist.

(5)   *Vollständigkeit*: Die Sprache muß für jedes Konzept des gegebenen Da-
       tenmodells ein entsprechendes Verarbeitungskonzept besitzen.

(6)   *Generizität*: Die Sprache sollte generische Operatoren (wie z.B. eine Se-
       lektion, eine Projektion oder Mengenoperationen) enthalten, welche allein
       in Abhängigkeit von der Typstruktur auf Werte anwendbar sind.

(7)   *Mächtigkeit*: Die Sprache sollte insbesondere die Einschränkungen rela-
       tionaler Sprachen überwinden, d.h. sie sollte z.B. rekursives Traversieren
       von Objektmengen erlauben; allgemein sollte sie Turing-vollständig sein.

(8)   *Erweiterbarkeit*: Die Sprache sollte durch den Benutzer definierte Typen
       in gleicher Weise unterstützen wie durch das System vorgegebene Typen.

Der *Mächtigkeit* kommt dabei besondere Bedeutung zu, da hier im Grunde
genommen eine Integration von Datenbank- und Programmiersprachen gefordert wird. Soll eine objekt-orientierte Dantenmanipulationssprache die etwa
von SQL bekannten Einschränkungen in der Ausdruckskraft (z.B. das Fehlen
von Rekursion oder von Kontrollstrukturen) überwinden und im Idealfall sogar
Vollständigkeit im Sinne der Berechenbarkeitstheorie (also Turing-Vollständig-
keit) liefern, so ist dieses Ziel im wesentlichen nur mit den aus Programmiersprachen bekannten Mitteln zu erreichen. Natürlich sollen hierbei die bereits in
Kapitel 1 erwähnten Probleme eines *Impedance Mismatch* vermieden werden.
In der bisherigen Forschung und Entwicklung zu objekt-orientierten Datenbanken werden, um dieses Ziel zu erreichen, zwei Ansätze zum Sprachentwurf
unterschieden, auf welche wir in Kapitel 4 im Rahmen unserer Fallstudien noch
genauer eingehen werden:
    Einerseits wird, *von der Datenbank-Seite kommend*, versucht, klassische
Datenbanksprachen, etwa SQL, so zu erweitern, daß sowohl die bekannten Beschränkungen überwunden werden als auch Objekt-Funktionalität berücksichtigt wird. Diesem Ansatz folgen wir in diesem Kapitel, indem wir andeuten,
wie eine SQL-artige Sprache für objekt-orientierte Datenbanken erweitert werden kann; wir werden ihn außerdem an späterer Stelle im Zusammenhang mit
Illustra bzw. SQL3 und O₂ wieder aufgreifen.
    Andererseits wird, jetzt *von der Programmiersprachen-Seite kommend*,
versucht, die Funktionalität speziell von objekt-orientierten Sprachen um Da-
tenbank-Aspekte zu erweitern. Besonders wichtig ist dabei der Aspekt der *Persistenz*, welcher in klassischen Programmiersprachen allenfalls indirekt (etwa
über Möglichkeiten zur Manipulation externer Files) realisiert ist. In ein Datenbanksystem hingegen ist Persistenz als wesentlicher Bestandteil fest eingebaut, da gespeicherte Daten die Ausführung von Transaktionen grundsätzlich

überleben. Das Ergebnis dieses Ansatzes sind dann sogenannte *Datenbank-Programmiersprachen*, die wir exemplarisch am Beispiel der Smalltalk-Erweiterung OPAL des Systems GemStone und dem persistenten C++ von Object-Store behandeln.

2.2   Wünschenswerte Eigenschaften

In einer relationalen Datenbank können häufig Zusammenhänge, die aus der Sicht der betreffenden Anwendung ein einzelnes zusammenhängendes Objekt darstellen, nur durch mehrere Tupel in verschiedenen Relationen repräsentiert werden. Dies kann, wie wir in Abschnitt 1.4.1 gesehen haben, zu unangemessen komplizierten Anfrageformulierungen führen. Insbesondere ist es in einer relationalen Datenbank nicht möglich, komplexe Objekte in einfacher Weise als Ganzes anzusprechen; stattdessen muß man die relevante Information durch eventuell viele Verbund-Operationen zusammensetzen. Bei einer objektorientierten Datenbank hat man die Hoffnung, daß diese Situation verbessert ist, denn eine solche Datenbank kennt – im Unterschied zu einer relationalen – den Objekt-Begriff. Es muß dann möglich sein, auch auf komplexe Objekte in einfacher Weise zuzugreifen. Im folgenden beschreiben wir exemplarisch Möglichkeiten für eine solche Verarbeitung; wir beschränken uns allerdings im wesentlichen auf eine Diskussion von SQL-artigen `select-from-where`-Ausdrücken; Einbettungen in prozedurale Sprachen werden im Rahmen konkreter Systeme in Kapitel 4 aufgegriffen.

Wir verwenden bei unserer Diskussion in diesem Abschnitt noch keine konkrete Sprache zu Illustrationszwecken, sondern benutzen weitgehend ein erweitertes SQL, das uns lediglich einen (nicht einmal genau festgelegten) syntaktischen Rahmen für Beispiele liefern soll. Wir beziehen uns im folgenden stets auf das aus Kapitel 1 bekannte Struktur-Schema (vgl. Abbildung 1.8).

2.2.1   Elementarer Zugriff auf Objekte

Ein Objekt hat eine von seinem Wert unabhängige Identität. Als Folge hiervon kann es in einer Datenbank verschiedene Objekte mit gleichem Wert und gleichem Verhalten geben. Ein Zugriff auf Objekte kann unterschiedliche Ziele verfolgen, z.B. Zugriff auf die Objekte selbst oder auf die Werte ihrer Attribute. Wir erläutern diese Unterscheidungen im folgenden Beispiel.

Beispiel 2.1

Die folgende Anfrage soll als Ergebnis die Identitäten der Fahrzeug-Objekte liefern, deren Attribut `Modell` den Wert Tipo hat:

```
select f
from f in Fahrzeug
where Modell = 'Tipo'
```

Die Verwendung der in der from-Klausel angegebenen Variablen f in der
select-Klausel signalisiert, daß als Antwort Objekt-Identitäten erwartet werden. Üblicherweise wird man sich bei einer solchen Anfrage nicht für die
Identitäten selbst interessieren (speziell dann, wenn diese systemseitig generiert und nicht vom Benutzer vergeben sind), sondern eine Menge solcher
Identitäten z.B. einer Variablen zur weiteren Verarbeitung zuweisen.

Der Zugriff auf Objekte selbst muß sprachlich unterschieden werden können
von einem Zugriff auf die Attributwerte eines Objekts; dementsprechend soll
die folgende Anfrage die Werte aller Attribute von Fahrzeugen mit Modell-
wert Tipo liefern:

```
select *
from Fahrzeug
where Modell = 'Tipo'
```

□

2.2.2   Zugriff auf komplexe Objekte

Die bisher diskutierten Anfragen bezogen sich auf Objekte *einer* Klasse. Da
Objekte allgemein jedoch komplex strukturiert sein können und dann Referenzen auf andere Objekte enthalten, tritt häufig der Fall auf, daß in einer
Anfrage über eine Aggregationsbeziehung von einem Objekt aus auf referenzierte Objekte zugegriffen wird. Dadurch werden in einer Anfrage insbesondere
die Beziehungen zwischen verschiedenen Objekten benutzt, etwa zum Zwecke
des Zusammensetzens eines Objekts aus seinen Unterobjekten bzw. zum Zugriff
auf Eigenschaften verschachtelter Objekte.

Beispiel 2.2

Als erstes und einfaches Beispiel soll die folgende Anfrage diejenigen blauen
Fahrzeuge liefern, welche von Ford hergestellt werden:

```
select *
from Fahrzeug
where Farbe = 'blau'
      and Hersteller.Name = 'Ford'
```

Man beachte, daß das Attribut Hersteller der Klasse Fahrzeug die Klasse
Firma referenziert. Der Wert für Hersteller ist somit die Identität eines
Objekts aus Firma. Auf die Attribute dieses referenzierten Objekts kann
man z.B. unter Verwendung eines sogenannten *Pfad-Ausdrucks* (wie hier geschehen) zugreifen. Pfad-Ausdrücke werden in Abschnitt 2.3 ausführlicher
vorgestellt.

□

Bei derartigen Anfragen liegt grundsätzlich eine Situation vor, die auch z.B. in Netzwerk-Datenbanken auftritt: Der Benutzer muß durch das Schema *navigieren* können, denn die Objekte einer Klasse enthalten Attribute, deren Werte Referenzen auf Objekte einer anderen Klasse sind. Offensichtlich können derartige Navigationsketten in Abhängigkeit vom vorliegenden Datenbankschema lang und sogar zyklisch werden.

Beispiel 2.3

Es ist naheliegend, Pfad-Ausdrücke auch in der `select`-Klausel zuzulassen:

```
select Praesident.Gehalt
from Firma
where Hauptsitz = 'Rom'
```

Für alle Firmen, deren Hauptsitz in Rom liegt, wird das Gehalt des Präsidenten erfragt.

□

Pfad-Ausdrücke können auch in Vergleichsausdrücken auftreten:

Beispiel 2.4

Die folgende Anfrage sucht nach denjenigen Firmen, bei denen die Adresse des Hauptsitzes mit dem Wohnsitz ihres Präsidenten identisch ist:

```
select *
from Firma
where Hauptsitz == Praesident.Wohnsitz
```

Man beachte, daß, wenn sowohl der Firmen-Hauptsitz als auch der Wohnsitz eines Firmen-Präsidenten ein Objekt der Klasse `Adresse` sind, hier auf Identität der Objekte (und nicht auf Werte-Gleichheit) getestet wird; dies soll gerade durch „`==`" im Unterschied zu „`=`" zum Ausdruck gebracht werden. Interessiert lediglich der Ort, so muß die Gleichheit von Werten getestet werden:

```
select *
from Firma
where Hauptsitz.Ort = Praesident.Wohnsitz.Ort
```

□

2.2.3   Expliziter Verbund

Mit Pfad-Ausdrücken können im Schema vordefinierte Beziehungen zwischen
Objekten verfolgt werden. In solchen Situationen erfordern relationale Daten-
banken eine Verbund-Operation. Natürlich muß es in einer objekt-orientierten
Datenbank nach wie vor möglich sein, solche *explizite* Verbund-Operationen
verwenden zu können, denn im allgemeinen werden nicht alle interessierenden
Zusammenhänge im Schema vordefiniert sein:

Beispiel 2.5

Wir interessieren uns für Personen und Fahrzeuge, so daß der jeweilige Name
der Person und der Name des Präsidenten der Hersteller-Firma des Fahrzeugs
übereinstimmen:

```
select p, f
from p in Person, f in Fahrzeug
    where p.Name = f.Hersteller.Praesident.Name
```

Man überzeuge sich, daß in Abbildung 1.8 keine Beziehung definiert wurde,
die hier direkt hätte ausgenutzt werden können.

□

2.2.4   Gleichbehandlung von Attributen und Methoden

Bei den Eigenschaften eines Objekts wird häufig nicht zwischen Attributen und
parameterlosen Methoden unterschieden. Es kann dann in der gleichen Weise in
Anfragen auf Methoden Bezug genommen werden wie auf Attribute. Unterstellen wir, daß auf der Klasse `Fahrzeug` neben den bereits bekannten Attributen
eine parameterlose Methode `Barwert` definiert ist, die bei Aufruf den Barwert
jedes ausgewählten Fahrzeugs ermittelt, so wird im vorangehenden Beispiel 2.1
durch * gleichzeitig zu den übrigen Attributen der Barwert berechnet.

Hängen Methoden von Parametern ab, so ist in der Anfrage für eine
geeignete Ersetzung der Parameter durch Werte zu sorgen.

Beispiel 2.6

Es seien für die einzelnen Manager jeweils ihre Vertreter von Interesse. Hierfür
sei eine Boolesche Methode `Vertreter` mit einem Parameter verfügbar, mit
dem für jeden Manager getestet werden kann, ob ein gerade betrachteter
Manager ein möglicher Vertreter ist oder nicht.

```
select a1, a2
from a1 in Angestellter, a2 in Angestellter
where a1.Vertreter(a2)
```

Man beachte, daß die Methode `Vertreter` eigentlich zwei Parameter hat; da wir einen Pfad-Ausdruck verwenden, erscheint der erste Parameter vor dem Namen der Methode und wird nicht als Parameter der Methode gezählt.

□

2.2.5   Zugriff auf abstrakte Typen und Klassen

Ein objekt-orientiertes Datenbanksystem unterstützt mittels des Klassenkonzepts abstrakte Daten- bzw. Objekt-Typen sowie das damit zusammenhängende Prinzip der Kapselung. Eine entsprechende Sprache sollte dann natürlich die durch eine Kapselung gegebene Abstraktion respektieren und es insbesondere nicht ermöglichen, daß die interne Repräsentation von Instanzen der betreffenden Klasse zugreifbar ist. Konkreter bedeutet dies, daß in der Sprache formulierte Anfrageausdrücke lediglich auf Information bezug nehmen dürfen, die als öffentlich (`public`) deklariert ist.

Unterstellen wir z.B., daß in der in Abbildung 1.8 gezeigten Klasse `Person` ein privates (und daher nicht gezeigtes) Attribut `Geburtsdatum` definiert ist und daß das `Alter` einer `Person` über eine entsprechende Methode aus dem Geburtsdatum berechnet werden kann. Ein direkter Zugriff auf `Geburtsdatum` muß dann verboten sein; lediglich eine Altersberechnung ist zulässig, sofern diese Methode öffentlich ist.

Auf der anderen Seite muß erlaubt sein, die als öffentlich deklarierten Eigenschaften sowie Operationen einer Klasse ohne Einschränkungen in Anfrageausdrücken zu verwenden. Dabei ist es, wie bereits oben erwähnt, sinnvoll, zwischen Attributen und parameterlosen Methoden nicht weiter zu unterscheiden und die Verwendung von Methodennamen überall dort zu gestatten, wo auch Attributnamen auftreten können.

Beispiel 2.7

Es sollen alle Personen bestimmt werden, die über 50 Jahre alt sind. Es wird unterstellt, daß `Alter` eine öffentliche Methode ist, die das Alter einer Person auf dem (privaten) Attribut `Geburtsdatum` errechnet:

```
select *
from Person
where Alter > 50
```

Das Alter aller Personen mit Namen Peter Schmitz wird bestimmt durch:

```
select Alter
from Person
where Name = 'Peter Schmitz'
```

□

Wird zwischen Attributen und parameterlosen Methoden nicht unterschieden, so können letztere auch in Pfad-Ausdrücken anstelle von Attributen verwendet werden, so daß Hintereinanderausführungen von Methodenaufrufen formulierbar werden.

Es kann nun Situationen geben, in denen der Zugriff auf die interne Struktur eines Objekt-Typs erwünscht ist. Ein typisches Beispiel sind sogenannte BLOBs (*Binary Large OBjects*), welche man etwa zur Darstellung sehr langer Datenwerte (z.B. Audio- oder Video-Daten) verwendet. Wenn man dann bei einem Bild-Objekt vom Typ BLOB z.B. auf die ersten 250 Bytes zugreifen möchte, muß zumindest eine entsprechende Read-Operation systemseitig unterstützt werden.

2.2.6   Elementarer Zugriff auf Objekt-Mengen

Eine wichtige Eigenschaft einer Anfragesprache für objekt-orientierte Datenbanken ist die Möglichkeit zum Zugriff auf *Mengen* von Objekten. Genauer muß man dabei von „Kollektionen" sprechen, denn in einer Objektbank können neben Mengen z.B. auch Listen (oder Multimengen, Felder etc.) erlaubt sein bzw. als Anfrageergebnisse auftreten. Zum Zugriff auf solche Strukturen wird häufig zwischen einer Klasse und der *Extension* einer Klasse unterschieden. Beispielsweise muß nach abgeschlossener Definition einer Klasse nicht automatisch eine leere Extension zu dieser Klasse angelegt werden, sondern der Benutzer muß die Einrichtung entsprechender Extensionen (durch Einführung eines Namens) unter Umständen explizit veranlassen. Dadurch wird es z.B. möglich, verschiedene Extensionen einer einzigen Klasse unter jeweils eigenem Namen zu unterhalten.

Beispiel 2.8

Die folgende Anfrage soll die Namen aller Personen bestimmen, die älter als 50 Jahre sind:

```
select Name
from Person
where Alter > 50
```

Hierbei bezeichnet `Person` sowohl eine Klasse als auch deren Extension. Falls man die Möglichkeit hat, Objektmengen zu benennen, kann man etwa `meineFamilie` als Teilmenge der Objekte in `Person` bilden und diese neue Menge in Anfragen verwenden:

```
meineFamilie :=
  select p
  from p in Person
  where Name = meinName
```

```
select Name
from meineFamilie
where Alter > 50
```

Eine solche Vorgehensweise ist nah verwandt zum Definieren und Verarbeiten
von *Sichten* in der aus relationalen Datenbanken bekannten Weise.

□

Grundsätzlich sollte in einer Sprache mit SQL-ähnlicher Syntax die `from`-
Klausel auf beliebige Kollektionen verallgemeinert sein, die aus der Datenbank
ableitbar sind, also neben Mengen auch z.B. Listen; ferner müssen benannte
Kollektionen wie vordefinierte verwendet werden können. Wie das folgende Beispiel zeigt, können sich solche Kollektionen implizit als Wert eines Ausdrucks
ergeben.

Beispiel 2.9

Die folgende Anfrage sucht die Namen von Herstellern blauer Fahrzeuge:

```
select Name
from (select Hersteller
        from Fahrzeug
        where Farbe = 'blau')
```

□

Die skizzierte Verwendung von Kollektionen in Anfragen kann auch auf `where`-
Klauseln ausgedehnt werden, wobei man dann beispielsweise Selektionsbedingungen formulieren kann, die auf Mitgliedschaft in einer solchen Kollektion
testen:

Beispiel 2.10

Es soll die Anzahl der Firmen bestimmt werden, deren Präsident ein Gehalt
von mehr als 200.000 DM hat:

```
select count(f)
from f in Firma
where Praesident in
    (select a
     from a in Angestellter
     where Gehalt > 200000)
```

Die folgende Anfrage bestimmt die Anzahl der Firmen mit Niederlassungen
in Köln:

```
select count(f)
from f in Firma
where 'Koeln' in
   (select Niederlassungen.Sitz.Ort
    from Firma)
```

Die innere Anfrage bestimmt eine Menge von Werten des Attributs Ort der
Klasse Adresse, nämlich gerade derjenigen Adressen, die sich als die Adressen
des Sitzes von Firmenniederlassungen ergeben, und testet, ob der Wert Köln
in dieser Menge enthalten ist.

□

Die Verwendung mengenwertiger Attribute oder auch Methoden in Pfad-Ausdrücken ist nicht ganz unproblematisch, sobald mehrere solcher Attribute oder
Methoden in einem gemeinsamen Pfad-Ausdruck auftreten:

Beispiel 2.11

Die folgende Anfrage bestimmt die Gehälter der Angestellten der Niederlassungen der einzelnen Firmen:

```
select f.Niederlassungen.Angestellte.Gehalt
from f in Firma
```

Arbeiten wir den Pfad-Ausdruck von links nach rechts ab, so wird für eine gegebene Firma f zunächst die Menge ihrer Niederlassungen bestimmt. Analog
zum vorangehenden Beispiel wenden wir dann das Attribut Angestellte auf
jedes Element dieser Menge an. Jetzt erhalten wir als Resultat eine Menge
von Mengen, da zu jeder Niederlassung eine Menge von Angestellten existiert. Soll jetzt auf jedes Element dieser Menge das Attribut Gehalt angewendet werden, so ergibt sich ein *Typfehler*, da das Gehalt nur für die Elemente der einzelnen Mengen definiert ist. Bevor wir das Gehalt bestimmen
können, müssen wir die geschachtelte Mengenstruktur auflösen, indem wir
beispielsweise die Vereinigung aller Elemente berechnen und danach Gehalt
auf die einzelnen Elemente der resultierenden Menge anwenden. Ein solches
Auflösen einer geschachtelten Mengenstruktur kann explizit vorgenommen
werden, beispielsweise mittels eines flatten-Operators, oder in die Semantik von Pfad-Ausdrücken fest eingebaut sein. Im ersteren Fall könnten wir
die Anfrage unter Vermeidung von Typfehlern wie folgt formulieren:

```
select flatten(f.Niederlassungen.Angestellte).Gehalt
from f in Firma
```

□

2.2.7   Mengen-Zugriff im Kontext einer Klassenhierarchie

Bisher haben wir das Vorhandensein einer Klassenhierarchie außer acht gelassen. Wenn man unterstellt, daß die Objekte in Unterklassen gleichzeitig Objekte in allen ihren Oberklassen sind und insbesondere die in den Oberklassen definierten Eigenschaften besitzen, so können diese Eigenschaften bzgl. der Unterklassenobjekte ohne weiteres verwendet werden.

Beispiel 2.12

Die folgende Anfrage bestimmt die Qualifikationen von Angestellten mit Namen Peter Schmitz; man beachte, daß das Attribut `Name` formal nicht in der Klasse `Angestellter` definiert ist, sondern aus der Oberklasse `Person` ererbt wird:

```
select Qualifikationen
from Angestellter
where Name = 'Peter Schmitz'
```

Die folgende Anfrage sucht nach Angestellten über 50 unter der Annahme, daß auf Angestellte als spezielle Personen auch die in Beispiel 2.7 bereits erwähnte Methode zur Altersberechnung anwendbar ist:

```
select * from Angestellter where Alter > 50
```

□

Des weiteren sollte es möglich sein, die in einer Klassenhierarchie ausgedrückten IS-A-Beziehungen zu verwenden.

Beispiel 2.13

Jetzt bestimmen wir sowohl Angestellte als auch sonstige Personen über 50:

```
select * from  Person where Alter > 50
```

Demgegenüber selektiert die folgende Anfrage lediglich Personen über 50, nicht jedoch Angestellte dieses Alters:

```
select *
from p in Person
where Alter > 50 and p not in Angestellter
```

□

Bei Anfragen dieser Art können *heterogene* Mengen entstehen, also Mengen mit Elementen unterschiedlichen Typs. Die erste Anfrage des letzten Beispiels etwa liefert sowohl Objekte der Klasse `Person` als auch Objekte der Klasse `Angestellter`; für letztere sind mehr Attribute definiert als für Personen, so daß bei möglichen anschließenden Verarbeitungen Typfehler auftreten können. Man kann hier auf verschiedene Weisen Abhilfe schaffen, z.B. durch die Festlegung, daß alle Objekte der Ergebnismenge sämtliche vorkommenden Attribute besitzen sollen und deren Werte gegebenenfalls mit Nullwerten versehen werden. Alternativ kann man festlegen, daß die Objekte in einer heterogenen Menge nur durch ihre jeweilige Identität repräsentiert werden.

Beide Alternativen sind letztlich nicht zufriedenstellend. Wählt man die erste Alternative, so handelt man sich die Problematik der Nullwerte ein in der aus relationalen Datenbanken bekannten Weise. Wählt man die zweite Alternative, so hat man unter Umständen die eigentliche Anfrageaufgabe nicht gelöst und muß eine Nachbearbeitung vornehmen. Das nächste Beispiel zeigt, wie unter Verwendung einer `case`-Anweisung eine gezielte Weiterverarbeitung einer heterogenen Menge möglich wird; allerdings wird hierzu der Rahmen einer reinen `select-from-where`-Anweisung verlassen.

Beispiel 2.14

Es werden sowohl Angestellte als auch sonstige Personen über 50 bestimmt und anschließend in Abhängigkeit ihrer Klassenzugehörigkeit weiterverarbeitet.

```
case (select *
        from  Person
        where Alter > 50)
if Angestellter then ...
else ...
end case
```

□

2.2.8 Erzeugung und Veränderung von Objekten

Eine Datenmanipulationssprache muß neben der Formulierung von Anfragen auch *Änderungs-Operationen* auf Instanzen von Klassen bereitstellen. Es werden die Operationen Einfügen, Ändern und Löschen betrachtet. Wir diskutieren einige Sprachaspekte im Zusammenhang mit solchen Operationen.

Zum *Einfügen* neuer Objekte muß es neben der Möglichkeit, neue Werte in eine Datenbank einzufügen, eine Möglichkeit zur *Erzeugung* neuer Objekte geben; zu diesem Zweck steht im allgemeinen eine Methode `new` zur Verfügung, welche grundsätzlich in *jeder* Klasse verwendbar ist.

Beispiel 2.15

Das Einfügen eines neuen Objekts in die Klasse Adresse könnte im Prinzip
wie folgt verlaufen:

```
insert new(Strasse, Ort)
values('Broadway', 'New York')
into Adresse
```

Zunächst wird mittels new ein neues Objekt mit den Attributen Strasse
und Ort kreiert; diese Attribute werden sodann mit Werten versehen, und
das Objekt wird in die bestehende Extension der Klasse Adresse eingefügt.

□

Eine Änderungs-Operation betrifft im einfachsten Fall lediglich die atomaren
Werte einzelner Objekte:

Beispiel 2.16

Die folgende Änderungs-Operation sorgt dafür, daß Ford nur noch rote Autos
herstellt:

```
update Fahrzeug
set Farbe = 'rot'
where Hersteller.Name = 'Ford'
```

□

Komplizierter sind offensichtlich solche Änderungs-Operationen, bei denen Objekte zu erzeugen sind, welche Referenzen auf andere Objekte enthalten. Es
muß dann möglich sein, diese Referenzen als Werte in der entsprechenden An-
weisung mitzuliefern oder die Referenzen automatisch mit einer Voreinstellung
zu belegen, in der Regel nil, und dann später mit den korrekten Werte zu
versehen. Das folgende Beispiel illustriert diese Zusammenhänge.

Beispiel 2.17

Wir betrachten die Operation des Einfügens eines neuen Fahrzeugs, zu dem
das Hersteller-Objekt bereits existiert. Die folgenden beiden Kommandos se-
lektieren zunächst in die Variable m die Identität der Firma mit dem Namen
Ford; sodann wird ein neues Automobil dieses Herstellers eingefügt:

```
m := select f
     from f in Firma
     where Name = 'Ford'

insert new(Modell, Hersteller, Farbe)
values ('Mondeo', m, 'rot')
into Fahrzeug
```

Mit dem folgenden geschlossenen Ausdruck kann derselbe Effekt erreicht werden:

```
insert new(Modell, Hersteller, Farbe)
values ('Mondeo', select f
                  from f in Firma
                  where Name = 'Ford',
       'rot')
into Fahrzeug
```

In beiden Formulierungen ist ein Typfehler versteckt, da der Hersteller eines Fahrzeugs nicht mengenwertig ist; dieser Fehler kann jeweils durch Anwendung des **flatten**-Operators vermieden werden.   □

Natürlich müssen Einfüge- oder Änderungs-Operationen auch in der Lage sein, komplexe Objekte z.B. vom Listentyp zu erzeugen. Mit anderen Worten, die Datenmanipulationssprache muß in ihren Änderungs-Operationen die im Typ-System vorgesehenen Konstruktoren verwenden können. Schließlich sei erwähnt, daß Änderungs-Operationen auch auf existierende Kollektionen wirken können müssen, wie etwa in folgendem Beispiel:

Beispiel 2.18

Die Person John Smith soll neuer Angestellter der Chicagoer Niederlassung von Ford werden. Zur Realisierung dieser Änderung ist unter Umständen ein Vorgehen der folgenden Art erforderlich:

(1)   Einfügen der neuen Person John Smith in die Klasse **Person**;

(2)   Einfügen von John Smith in die Klasse **Angestellter**;

(3)   Selektion desjenigen Objekts in der Klasse **Niederlassung** der Firma mit Namen Ford, bei welcher die Ortsangabe in der Adresse „Chicago" lautet;

(4)   Einfügen des Angestellten-Objekts mit dem Namen John Smith in die Menge **Angestellte** dieser Niederlassung.

□

2.2.9   Erzeugung neuer Klassen, Instanzen und Operationen

Eine Datenmanipulationsprache einer objekt-orientierten Datenbank muß auch die Möglichkeit bieten, Sichten auf einem gegebenen Datenbank-Zustand zu definieren. Analog zu durch Anfrageausdrücke definierten Relationen in relationalen Datenbanken können wir, wie in einem vorangehenden Beispiel auch geschehen, eine Menge von Werten als Sicht betrachten. Objekt-orientierte Datenbanken bieten prinzipiell darüber hinaus die Möglichkeit, Extensionen von Klassen zu definieren. Im Unterschied zu der ersten Variante, eine Sicht zu definieren, sollte jetzt nicht eine Menge von Werten, sondern eine Menge von *Objekten*, möglicherweise mit Werten, definiert werden können. Es muß also möglich sein, Klassen mit ihren Extensionen entweder über entsprechende Konstrukte der Definitionssprache oder *dynamisch* über Anfragen zu erzeugen. Solche Klassen müssen dann natürlich in nachfolgenden Anfragen wie im Schema definierte Klassen verwendet werden können.

Beispiel 2.19

Betrachten wir die Aufgabe, eine Sicht zu definieren, in welcher Personen-Objekte, deren jeweiliger Namenswert und Fahrzeuge von Ford in Beziehung gesetzt werden, so daß bei jedem Tupel der Name der betreffenden Person und der Name des Firmenpräsidenten übereinstimmen. Wir führen hierzu eine neue Klasse K ein und weisen dieser Klasse eine Menge von Tupeln wie folgt zu:

```
create class K as
    select p, p.Name, f
    from p in Person, f in Fahrzeug
    where f.Hersteller.Name = 'Ford'
          and p.Name = f.Hersteller.Praesident.Name
```

Das Ergebnis der Anfrage ist vom Typ

```
{[ p: Person, Name: String, f: Fahrzeug ]},
```

Es muß sich bei diesem Typ natürlich um einen im betreffenden Objektmodell zugelassenen Typ handeln.

□

Die zur Sichtendefinition verwendete Sprache muß also einerseits die Typ-Konstruktoren des zugrundeliegenden Objektmodells verwenden können und andererseits zugehörige Instanz-Konstruktoren umfassen. Dabei ist eine Unterscheidung vorzunehmen in Abhängigkeit davon, ob das Anfrageergebnis aus neuen Objekten bestehen soll oder nicht. Im Sinne relationaler Sichten ist zunächst vertretbar, daß Sichteninhalte als abgeleitete Daten bzw. Objekte keine neuen Identitäten besitzen, daß also die Sichtenbildung *objekterhaltend* erfolgt. Es ist aber auch vertretbar, eine Sichtenbildung *objekterzeugend* vorzunehmen, um auf dem Sichteninhalt beispielsweise Vererbung realisieren zu können.

Man beachte, daß im vorangehenden Beispiel beide Varianten vertretbar wären. Objekt-erhaltend könnten für die „neuen" Objekte die Identitäten der entsprechenden Personen verwendet werden; damit würde man die Sicht zur dynamischen Erweiterung der Eigenschaften der bereits existierenden Objekte der Klasse **Person** verwenden. Sollen neue Objekte erzeugt werden, so erfordert dies die dynamische Erzeugbarkeit von Objekt-Identitäten für Objekte, welche in ein Anfrageergebnis aufgenommen werden sollen. Dies kann auf mindestens zwei Arten erfolgen. Entweder werden bei der Berechnung des Anfrageergebnisses automatisch neue Objekte erzeugt, d.h. neue Identitäten an die Elemente der Ergebnismenge vergeben; im letzten Beispiel wäre dann jede erzeugte Instanz der Ergebnisklasse mit dem Typ

$$\{[\text{ p: Person, Name: String, f: Fahrzeug }]\},$$

ein eigenes Objekt. Oder das System beschränkt sich zunächst auf die Erzeugung von Werten, welche dann bei Bedarf nachträglich in Objekte konvertiert werden können.

Die dynamische Erzeugung von Objekten in Anfragen bringt ein weiteres Problem mit sich. Es muß nämlich geklärt werden, wie die neue Klasse in der bereits existierenden Klassenhierarchie plaziert werden soll. Auch hierzu gibt es wieder verschiedene Vorgehensweisen. Einerseits ist die Ansicht vertretbar, daß Ergebnisse keine Oberklassen haben, eventuell mit Ausnahme einer Klasse **Object** als Wurzel der gegebenen Hierarchie. Andererseits kann man Regeln vorgeben, nach denen die Ober- bzw. Unterklassen einer Sicht aus den vorhandenen abgeleitet werden.

Wir erwähnen abschließend, daß die gerade angestellten Überlegungen zur Erzeugung neuer Klassen und ihrer Instanzen auch auf Operationen ausgedehnt werden können, denn die Erzeugung neuer Klassen in voller Allgemeinheit erfordert, daß auch klassenspezifisches Verhalten dynamisch erzeugbar ist. Die verwendete Sprache muß dazu die Einführung neuer Operationen erlauben, wozu es zumindest die folgenden Optionen gibt: Man kann entweder vorhandene Implementierungen bei der Erzeugung neuer Objekt-Typen referenzieren, d.h. auf vorher z.B. mit der Definitionsprache festgelegte Operationen zurückgreifen, oder man erzeugt Operationen dynamisch in Anfragen als Instanzen einer eigenen Klasse *Operation*.

2.2.10 Abschließende Bemerkungen

Die obigen Ausführungen zeigen, daß einerseits die Funktionalität einer objektorientierten Anfragesprache, andererseits aber auch die bei ihrer Realisierung zu lösenden Probleme bzw. die zu treffenden Entwurfsentscheidungen wesentlich über traditionelle Datenbanksprachen hinausgehen. Der oben diskutierte Katalog von Sprachaspekten deckt sogar nur das ab, was ein Benutzer unmittelbar von einer solchen Sprache erwartet. Der Anwendungsprogrammierer wird sich weitergehende Funktionalität wünschen, z.B.:

(1)   Die Bereitstellung elementarer Transaktionsbefehle wie z.B. **rollback** oder **commit**,

(2) Funktionalität zur Daten-Administration, also z.B. zur Reorganisation eines Datenbankinhalts, zur Überwachung systemspezifischer Statistiken oder zur Archivierung,

(3) Möglichkeiten der Modifikation eines gegebenen Datenbank-Schemas, also zur Umsetzung von Schema-Evolution, was z.B. die folgenden Aspekte umfassen kann: Änderungen an Attributen und Methoden, Änderungen an der Klassenhierarchie oder an den existierenden Typen,

(4) Unterstützung rekursiver Anfragen, welche beispielsweise Zykel in der Schema-Struktur (zyklische Aggregationsreferenzen) durchlaufen, eventuell sogar einen Fixpunkt-Operator,

(5) die Bereitstellung von sprachlichen Mitteln zur Definition und Überwachung von Integritätsbedingungen auf einzelnen Objekten, auf einzelnen Klassen oder zwischen verschiedenen Klassen,

(6) in Abhängigkeit der intendierten Anwendung (z.B. CAD) die Möglichkeit, Objekt einer Versionierung zu unterziehen, mit diesen Versionen zu arbeiten und sie gegebenenfalls zu Konfigurationen zu gruppieren. Bei einer Versionierung ist es häufig sinnvoll, zwischen *persistenten* und *transienten* (also nur vorübergehend existierenden) Objekten unterscheiden zu können.

2.3   Navigation über Pfad-Ausdrücke

Auch wenn objekt-orientierte Datenbanken Objekte zusammenhängend repräsentieren können, bleibt aufgrund der ebenfalls repräsentierten Beziehungen zwischen unterschiedlichen Objekten die Notwendigkeit bestehen, interessierende Informationen im allgemeinen aus mehreren Objekten zusammenzusetzen. Objekt-orientierte Datenbanken verwenden hierzu typischerweise eine navigierende Technik, die wir bereits in den Diskussionen in Abschnitt 2.2.2 angedeutet haben. Wir wollen jetzt das Problem der Navigation in objektorientierten Datenbanken wieder aufgreifen und genauer behandeln; eine formale Behandlung von Pfad-Ausdrücken ist Teil von Abschnitt 3.3. Wir kommen dazu auf die bereits informal eingeführten Pfad-Ausdrücke zurück. Wir zeigen zunächst den Zusammenhang zwischen Pfad-Ausdrücken und relationalen Verbund-Operationen auf. Anschließend geben wir einige Beispiele für die Verwendung von Pfad-Ausdrücken und skizzieren mögliche Erweiterungen.

   Attribute und Methoden in objekt-orientierten Datenbanken sind formal skalare oder auch mengenwertige Funktionen. Beispielsweise kann ein bzgl. einer Klasse definiertes Attribut als eine Funktion von der Menge der Objekt-Identitäten der betreffenden Klasse in einen entsprechenden Wertebereich aufgefaßt werden. Objekt-orientierte Datenbanken nutzen diese Tatsache eines funktionalen Zusammenhangs für eine im Vergleich zu relationalen Datenbanken syntaktisch einfachere Notation von Anfragen aus. Wir wollen diesen Zusammenhang zunächst erläutern und betrachten dazu einen Ausschnitt unseres Beispiel-Schemas aus Abbildung 1.8.

Gegeben seien die beiden wie folgt definierten Relationenschemata

```
CREATE TABLE Firma
    (FirmenID INT NOT NULL,
    Name VARCHAR NOT NULL,
    Strasse VARCHAR NOT NULL,
    Ort VARCHAR NOT NULL,
    Praesident INT NOT NULL,
    PRIMARY KEY (FirmenID),
    FOREIGN KEY (Praesident)
        REFERENCES Angestellter (AngNr)
    );


CREATE TABLE Fahrzeug
    (FahrzeugID INT NOT NULL,
    Modell VARCHAR NOT NULL,
    Hersteller INT NOT NULL,
    Farbe VARCHAR NOT NULL,
    PRIMARY KEY (FahrzeugID),
    FOREIGN KEY (Hersteller)
        REFERENCES Firma (FirmenID)
    );
```

zur Beschreibung von Firmen- sowie Fahrzeuginformation. Der Präsident des Herstellers des Fahrzeugs mit der Nummer 93 läßt sich dann durch den folgenden SQL-Ausdruck bestimmen:

```
select fi.Praesident
from Fahrzeug fa, Firma fi
where fa.FahrzeugID = 93 and fa.Hersteller = fi.FirmenID
```

Die Auswertung dieses Ausdrucks können wir uns folgendermaßen vorstellen. Zunächst werden mittels einer Selektion die Fahrzeuge mit der Nummer 93 ausgewählt. Dann wird ein Verbund zwischen diesen Tupeln und den Firmen-Tupeln durchgeführt, wobei diejenigen Tupel zusammengesetzt werden, in denen der Fahrzeughersteller gerade die betreffende Firma ist. Mittels einer Projektion werden aus der jetzt resultierenden Menge alle Attribute der Tupel außer dem Attribut für den Präsidenten gestrichen.

In einem objekt-orientierten Schema würde man demgegenüber zwei Klassen **Fahrzeug** und **Firma** definieren (vgl. Abbildung 1.8):

```
Firma: [
   Name: String,
   Hauptsitz: Adresse,
   Praesident: Angestellter ]

Fahrzeug: [
   Modell: String,
   Hersteller: Firma,
   Farbe: String ]
```

Gemäß dieser objekt-orientierten Vorgehensweise benötigen wir die Objekt-Identität des interessierenden Fahrzeugs; sei #93 die betreffende Objekt-Identität, die wir beispielsweise als Resultat anderer Berechnungen als Wert einer Variablen f als bekannt annehmen. Hersteller, Hauptsitz und Praesident sind Attribute, deren Werte diejenigen Objekt-Identitäten sind, die als Referenzen zu den in Beziehung stehenden Objekten der Klassen Firma, Adresse, bzw. Angestellter verwendet werden. Die Attribute Hersteller, Hauptsitz und Praesident können als Funktionen aufgefaßt werden. Beispielsweise ist Hersteller eine Funktion, die, auf ein Objekt der Klasse Fahrzeug angewendet, die Objekt-Identität der entsprechenden Firma liefert; Praesident ist entsprechend eine Funktion, die zu jeder Firma die Objekt-Identität des Präsidenten liefert. Hersteller und Praesident sind somit funktional in dem Sinne, daß zu jedem Fahrzeug genau ein Hersteller existiert und zu jeder Firma genau ein Präsident. Berücksichtigt man, daß Hersteller gerade diejenige Objekt-Identität liefert, bzgl. der der Präsident bestimmt werden soll, so entspricht obiger SQL-Ausdruck einer Kompositionen von Funktionen:

$$\text{Praesident}(\text{Hersteller}(f)).$$

Man beachte, daß diese Schreibweise nur deshalb möglich ist, weil das Objekt mit der Identität #93, also der Wert der Variablen f, zur Klasse Fahrzeug gehört und entsprechend das Ergebnis der Anwendung von Hersteller auf #93 die Identität eines Objektes der Klasse Firma ist; damit ist gesichert, daß die Attribute Hersteller und Praesident in der gewünschten Weise anwendbar sind. Man beachte weiter, daß obige Komposition von Funktionen die Referenz auf denjenigen Angestellten liefert, der Präsident der Firma ist, während der relationale SQL-Ausdruck den Namen des Präsidenten liefert. Ist in der Tat der Name von Interesse, so müssen wir ergänzen:

$$\text{Name}(\text{Praesident}(\text{Hersteller}(f))).$$

In objekt-orientierten Sprachen verwendet man zur Referenzierung von Objekten in der Regel keine Ausdrücke, die von innen nach außen angewendet müssen, sondern schreibt Ausdrücke in der Form, daß eine Auswertung von links nach rechts möglich wird. Solche Ausdrücke sind dann die bereits in den Beispielen des vorangehenden Abschnitts verwendeten *Pfad-Ausdrücke*; in unserem Beispiel erhalten wir den Pfad-Ausdruck f.Hersteller.Praesident.Name.

Man beachte, daß die Verwendung der Punktnotation („Dot-Notation") eine Klammerung hier überflüssig macht.

In einem Pfad-Ausdruck steht vor dem ersten Punkt diejenige Variable, die die Identität des zu betrachtenden Objekts enthält. Häufig wählt man als Variablennamen den Namen der Klasse des durch die Variable referenzierten Objektes. Um den Unterschied zwischen der Klasse und einer solchen Variablen herauszustreichen, schreiben wir den Namen der Variablen klein. Innerhalb eines SQL-Ausdrucks können wir ferner die Variable immer dann weglassen, wenn in der **from**-Klausel eine einzige Klasse (höchstens einmal) aufgeführt ist und die Variable gerade über die Objekte dieser Klasse laufen soll. Diese kürzere Schreibweise haben wir bereits in den obigen Beispielen angewendet und wollen dies auch im weiteren in der Regel tun.

Beispiel 2.20

Die folgende Anfrage, die sich wie die weiteren wieder auf Abbildung 1.8 bezieht, soll die Namen der Präsidenten von Herstellern blauer Autos ermitteln:

```
select fahrzeug.Hersteller.Praesident.Name
from fahrzeug in Fahrzeug
where fahrzeug.Farbe = 'blau'
```

Wie erwähnt, kann hier auf die Angabe der Variablen **fahrzeug** verzichtet werden, so daß wir auch schreiben können:

```
select Hersteller.Praesident.Name
from Fahrzeug
where Farbe = 'blau'
```

Man beachte, daß das Attribut **Name** in den **select**-Klauseln der letzten beiden Anfragen von der jeweiligen Oberklasse ererbt wurde.

Die nächste Anfrage sucht nach den Namen der Präsidenten von Firmen mit Hauptsitz in Detroit:

```
select Praesident.Name
from  Firma
where Hauptsitz.Ort = 'Detroit'
```

Die folgende Anfrage sucht nach Fahrzeugen, deren Hersteller so heißt wie der Firmenpräsident:

```
select * from Fahrzeug
where Hersteller.Name = Hersteller.Praesident.Name
```

□

Wie die Beispiele demonstrieren, sind Pfad-Ausdrücke ein kompaktes und ele-
gantes Mittel, um Beziehungen nachzuverfolgen. Es gibt neben diesen eher
ästhetischen Argumenten noch einen weiteren effizienz-orientierten Aspekt, der
für Pfad-Ausdrücke spricht: Die Verwendung von Referenzen zu Objekten in
Pfad-Ausdrucken anstelle der Orientierung an Schlüsselwerten, wie man es von
relationalen Datenbanken her gewohnt ist, ermöglicht häufig eine effizientere
Anfrageauswertung. Werden Beziehungen durch Berechnung eines Verbundes
nachverfolgt, so ist in der Regel ein hoher interner Systemaufwand erforderlich,
um den Verbund zu berechnen. Werden stattdessen Referenzen verwendet, so
kann dieser Aufwand vermieden werden, da als Referenzen im Prinzip die internen Adressen zu den Objekten verwendet werden können, so daß der Aufwand
von Indexzugriffen weitgehend vermieden werden kann. Ein solches Nachverfolgen von Referenzen ist dann vergleichbar zu einem *materialisierten* Verbund
in relationalen Datenbanken.

Pfad-Ausdrücke müssen im Prinzip *vollständig* spezifiziert sein. Fragt
man etwa in dem in Abbildung 1.8 gezeigten Schema nach der PS-Zahl eines
Automobils, so ist der folgende Pfad-Ausdruck zu verwenden:

`automobil.Antrieb.Motor.PS`

In einem Pfad-Ausdruck können, wie bereits in den Beispielen gesehen, auch
ererbte Eigenschaften verwendet werden. Fragt man z.B. nach der Farbe eines
Automobils, so kann man ausnutzen, daß das Attribut `Farbe` von der Klasse
`Fahrzeug` an die Klasse `Automobil` vererbt wird, d.h. der Pfad-Ausdruck

`automobil.Farbe`

leistet das Gewünschte.

Pfad-Ausdrücke bieten Ansätze für eine Reihe von Verallgemeinerungen.
Wir wollen einige Ideen hierzu kurz skizzieren. Als ein erstes Beispiel können
Pfade, welche auf einer Subklassen-Beziehung basieren, *in umgekehrter Richtung* durchlaufen werden. Fragt man z.B. nach der PS-Zahl eines jeden Automobils, welches irgendein Angestellter besitzt, so ist folgende Formulierung
zulässig:

`angestellter.Fuhrpark.Antrieb.Motor.PS`

Man beachte hierbei, daß nicht jedes Fahrzeug einen Antrieb besitzt; dies trifft
nur für Automobile zu. Außerdem sei bemerkt, daß der gerade angegebene
Pfad-Ausdruck *mengenwertig* ist, da ein Wert des Attributs `Fuhrpark` im allgemeinen eine *Menge* von Fahrzeugen ist. Auch bei der Auswertung eines mengenwertigen Pfad-Ausdrucks wird, wie bei einem skalaren, anschaulich eine Folge
von Objekt-Identitäten durchlaufen; allerdings wird ab der Stelle, an welcher
die (erste) Mengenwertigkeit auftritt, eine Menge von Ergebnissen produziert,
je eines pro Element der betreffenden Menge. Dies ist sinngemäß zu verallgemeinern in dem Fall, daß ein Pfad-Ausdruck mehrere mengenwertige Attribute
enthält.

Will man explizit zum Ausdruck bringen können, daß man sich nur für Fahrzeuge interessiert, welche Automobile sind, so kann man dazu z.B. Variablen in den Pfad-Ausdruck einsetzen, welche die gewünschte „Bindung" vornehmen, wie z.B. in:

`angestellter.Fuhrpark[x].Antrieb.Motor.PS`

Daß in diesem Beispiel tatsächlich nur solche Fahrzeuge berücksichtigt werden, die Automobile sind, kann beispielsweise innerhalb eines SQL-Ausdrucks über die **where**-Klausel erzwungen werden. Der folgende SQL-Ausdruck leistet dann das gewünschte:

```
select Fuhrpark[x].Antrieb.Motor.PS
from Angestellter
where x in Automobile
```

Man kann sich als weitere Verallgemeinerung sogar vorstellen, daß nicht nur Vererbungs-Verbindungen, sondern auch Aggregations-Verbindungen zwischen Klassen in beliebiger Richtung durchlaufen werden können. Fragt man z.B. nach dem Sitz der Niederlassungen, bei welchen ein gegebener Angestellter arbeitet, so könnte dies wie folgt ausgedrückt werden:

`angestellter.Angestellte`$^{-1}$`.Sitz`

Man beachte, daß `Angestellte` ein Attribut der Klasse `Niederlassung` ist; durch Verwendung der Notation `Angestellte`$^{-1}$ drücken wir aus, daß von den jeweiligen Angestellten die Beziehung zwischen Niederlassungen und Angestellten rückwärts durchlaufen werden soll. Obiger Ausdruck liefert als Resultat somit den Wert des Attributs `Sitz` von Objekten der Klasse `Niederlassung` und damit Objekte der Klasse `Adresse`.

2.4   Vererbung

In Kapitel 1 haben wir bereits Vererbung als eine Technik zur Wiederverwendung von Eigenschaften (Struktur und Verhalten) kennengelernt. Hierzu werden Klassen gleichartiger Objekte in eine IS-A-Beziehung gesetzt, so daß alle Eigenschaften, d.h. Attribute, Standardannahmen und Methoden, der übergeordneten Klasse an die untergeordnete Klasse und somit an deren Objekte vererbt werden können; in der Regel sind zu den geerbten noch weitere Eigenschaften für die untergeordnete Klasse definiert. Sofern die untergeordnete Klasse keine spezifischere Ausprägung der betreffenden Eigenschaften besitzt, werden die Eigenschaften der Oberklasse in der Tat vererbt. Anderenfalls *überschreiben* die spezifischeren Eigenschaften der Unterklasse die potentiell zu erbenden Eigenschaften der Oberklasse.

Gilt für zwei Klassen K_1, K_2 gerade K_1 IS-A K_2, d.h. K_1 ist eine Spezialisierung von K_2, so betrachten wir jedes Objekt der Klasse K_1 auch als ein

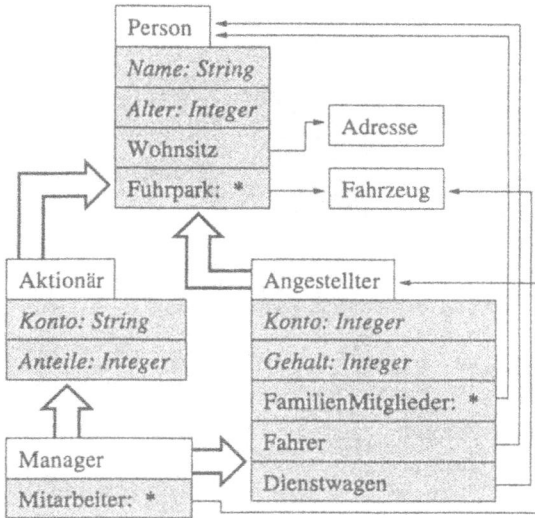

Abbildung 2.1: Mehrfachvererbung am Beispiel.

Objekt der Klasse K_2. Daraus folgt, daß eine IS-A-Beziehung eine Teilmengenbeziehung ausdrückt. Damit ist ein Objekt im allgemeinen Element von mehreren Klassen; zu welcher Klasse ein Objekt gehört, ist somit nicht eindeutig. Wir wählen deshalb die folgende Sprechweise. Jedes Objekt ist zunächst genau einer Klasse zugeordnet. Diese Klasse ist die *Basisklasse* des Objektes. Reden wir von *der* Klasse eines Objektes, so meinen wir immer die Basisklasse. Existieren zu der Basisklasse eines Objektes eine oder mehrere Oberklassen, so ist aufgrund der ausgedrückten Teilmengenbeziehung jedes Objekt der Basisklasse *auch* ein Objekt jeder der Oberklassen. Diese Zugehörigkeit soll jedoch nur *logisch* verstanden werden in dem Sinn, daß das Objekt wie ein Objekt der Oberklasse behandelt werden können soll, so daß alle Eigenschaften der Oberklasse auch für die entsprechende Unterklasse gelten, sofern nicht mittels Überschreiben etwas Gegenteiliges festgelegt wird.

In diesem Abschnitt wollen wir uns einige mit Vererbung verbundenen Probleme an Beispielen, die wir gegebenenfalls in Erweiterung oder Variation bzgl. des Szenarios in Abbildung 1.8 formulieren werden, genauer ansehen. Eine formale Behandlung folgt dann in Kapitel 3.

2.4.1 Allgemeines

Wir betrachten die folgenden Typdefinitionen der Klassen `Person`, `Angestellter`, `Manager` und `Aktionaer` einschließlich ihrer IS-A-Beziehungen (vgl. Abbildung 2.1):

```
Person: [
      Name: String,
      Alter: Integer,
      Wohnsitz: Adresse,
      Fuhrpark: { Fahrzeug } ]

Angestellter is-a Person: [
      Konto: Integer,
      Gehalt: Integer,
      FamilienMitglieder: { Person }
      Fahrer: Person,
      Dienstwagen: Fahrzeug ]

Aktionaer is-a Person: [
      Konto: String,
      Anteile: Integer ]

Manager is-a Angestellter, Aktionaer: [
      Mitarbeiter: { Angestellter } ]
```

Wir lassen zunächst die Klasse Manager außer acht. Die Klassen Angestellter und Aktionaer erben die Eigenschaften der Klasse Person, da aufgrund der angegebenen IS-A-Beziehungen jedes Objekt der Klassen Angestellter und Aktionaer auch ein Objekt der Klasse Person ist. Damit sind die Attribute Name, Alter, Wohnsitz, Fuhrpark der Klasse Person auch für die Klassen Angestellter und Aktionaer anwendbar. Dies bedeutet, daß jedes Objekt der Klassen Angestellter und Aktionaer jeweils Werte zu diesen Attributen besitzt, ohne daß bei der Definition der Klassen die entsprechenden Attribute angegeben werde mußten. Wir haben hier also eine *Wiederverwendung von Typinformation* vorliegen.

     Erweitern wir jetzt unser Beispiel um eine Standardannahme bzgl. des Gehalts der Angestellten, so erhalten wir ein Beispiel für die *Wiederverwendung von Werten*:

```
Angestellter is-a Person: [
      ... ,
      Gehalt: Integer (value: 1000) ]
```

Jedes Objekt der Klasse Angestellter hat damit automatisch ein Gehalt von 1000 DM, d.h. besitzt bzgl. dem Attribut Gehalt den Wert 1000, solange nicht explizit ein anderes Gehalt zugewiesen wird.

     Betrachten wir nun zusätzlich die Klasse Manager. Im Unterschied zu den vorangehenden Unterklassen Angestellter und Aktionaer, die jeweils nur die einzige Oberklasse Person hatten, besitzt Manager zwei direkte Oberklassen, nämlich **Angestellter** und **Aktionaer**; wir haben einen Fall von *mehrfacher Vererbung*. **Manager** erbt die Attribute sämtlicher Oberklassen, einschließlich der indirekten Oberklasse **Person**. Da **Angestellter** und **Aktionaer** bereits die Attribute von **Person** erbten, genügt es im Prinzip, die direkten Oberklassen von **Manager** einschließlich ihrer geerbten Attribute zu betrachten. Ein wenig Nachdenken bringt zwei Probleme zutage:

(1)   Bzgl. **Angestellter** und **Aktionaer** ist das Attribut **Konto** definiert, jeweils jedoch von einem anderen Typ. Der Bezeichner **Konto** ist *überladen*. Welche Ausprägung des Attributs **Konto** soll an **Manager** vererbt werden? Oder sollen sogar beide Ausprägungen vererbt werden? Wir haben hier einen *Vererbungskonflikt*.

(2)   Das zweite Problem ergibt sich indirekt. Sowohl **Angestellter** als auch **Aktionaer** haben die Attribute von **Person** geerbt. Wenn diese Attribute jetzt an **Manager** weitervererbt werden sollen, sollen sie dann als Eigenschaften von **Person** oder als im Prinzip unterschiedliche Eigenschaften von **Angestellter** und **Aktionaer** betrachtet werden? Im letzteren Fall hätten wir wiederum Vererbungskonflikte, während im ersteren Fall, der in solchen Situationen häufig angemessener ist, kein Problem auftritt.

Zur Auflösung von Vererbungskonflikten existieren ein Reihe von Ansätzen. Eine Möglichkeit besteht in der Vergabe von Prioritäten, die beispielsweise über die Reihenfolge des Hinschreibens der IS-A-Beziehungen definiert sein kann. Oben haben wir geschrieben:

```
Manager is-a Angestellter, Aktionaer.
```

Wir können dies so interpretieren, daß bei Auftreten eines Vererbungskonfliktes die Definitionen der Klasse **Angestellter** Vorrang vor den Definitionen der Klasse **Aktionaer** haben. Eine andere, häufig verwendete Technik beruht auf **inherited from**-Klauseln, die in der Typdefinition der Klassen verwendet werden können. Wir können beispielsweise schreiben

```
Manager is-a Angestellter, Aktionaer: [
        Mitarbeiter: { Angestellter },
        Konto inherited from Angestellter ]
```

und erhalten so mehr Flexibilität bei der Behandlung von Vererbungskonflikten. Natürlich können auch Klassenhierarchien, in denen ein solcher Konflikt auftritt, generell verboten werden. Diesen Weg wollen wir in Kapitel 3 gehen.

Eine Vermeidung des Konflikts in unserem Beispiel wäre durch Einführung einer zusätzlichen Klasse **AngAkt** möglich, die als Oberklasse von **Manager** mittels *Redefinition* von **Konto** und damit ausgelöstem Überschreiben der Definitionen von **Angestellter** und **Aktionaer** den Konflikt löst. Soll wiederum **Konto** so wie für **Angestellter** definiert für **Manager** gelten, so führt dies dann zu den folgenden Definitionen:

```
AngAkt is-a Angestellter, Aktionaer: [
      Konto: Integer ]

Manager is-a AngAkt: [
      Mitarbeiter: { Angestellter } ]
```

Es sei erwähnt, daß die hier vorgestellte Lösung zur Vermeidung von Konflikten
bei Mehrfachvererbung die eigentlich betroffene Klasse unberührt läßt; offensichtlich sind andere Lösungen denkbar und in kommerziellen Systemen auch
realisiert.

Um die Besonderheiten spezieller Unterklassen ausdrücken zu können, ist
unter Umständen ein *Redefinieren* von Eigenschaften erforderlich. Sei beispielsweise für Manager zusätzlich das Attribut Fahrer definiert:

```
Manager is-a Angestellter, Aktionaer: [
      ... ,
      Fahrer: Angestellter ]
```

Wir haben hier wiederum eine Situation des *Überschreibens* eines geerbten Attributes; das Attribut Fahrer ist für Angestellter definiert und wird jetzt für
die Unterklasse Manager mit einem anderen Typ *redefiniert*. Für jedes Objekt
der Klasse Manager gilt die Redefinition.

Bei der Vererbung von Methoden treten im Prinzip dieselben Probleme
auf, wie wir sie für Attribute kennengelernt haben. Betrachten wir beispielsweise die Klasse Angestellter. Die für ein Objekt der Klasse Angestellter anwendbaren Methoden sind entweder direkt der Klasse zugeordnet oder ergeben
sich aufgrund von Vererbung. Sei MehrGehalt eine Methode, die zur Erhöhung
des Gehaltes vorgesehen ist. Erhält ein Objekt der Klasse Angestellter eine Nachricht, die die Ausführung der Methode MehrGehalt verlangt, so wird
zunächst die Klasse Angestellter konsultiert, um die zuständige Implementierung der Methode festzustellen. Welche Implementierung dann in der Tat
ausgeführt werden soll, ergibt sich nach den für Vererbung gültigen Regeln. Ist
Angestellter eine eigene Implementierung zugeordnet, so werden mögliche
Vererbungen von Oberklassen überschrieben, und die Angestellter zugeordnete Implementierung gelangt zur Ausführung.

Nehmen wir zunächst an, daß ausschließlich der Klasse Angestellter eine Implementierung der Methode MehrGehalt zugeordnet ist. Diese Implementierung ist dann sowohl für alle Objekte der Klasse Angestellter zuständig
als auch, aufgrund von Vererbung, für alle Objekte der Klasse Manager, da
für diese Klasse keine eigene Implementierung existiert. Würden wir für Manager eine separate Implementierung vorsehen, weil möglicherweise eine andere
Berechnungsvorschrift für sie zuträfe, dann würde diese Implementierung die
Vererbung überschreiben.

Wenn wir Methoden betrachten, dann werden wir im folgenden fast immer von der konkreten Implementierung abstrahieren und uns auf die Definition der Typen der Eingabeparameter und des Typs des Resultatparameters beschränken. Eine solche Angabe der Typen zusammen mit dem Namen der Methode nennen wir eine *Signatur* der Methode. Beispielsweise ist bzgl. der Klasse `Angestellter` die Signatur

```
MehrGehalt(Angestellter, Integer): Boolean
```

sinnvoll, wenn die Methode `MehrGehalt` das aktuelle Gehalt eines Angestellten um einen als Parameter übergebenen Prozentsatz erhöhen soll, sofern der Angestellte gewisse zu überprüfende Kriterien erfüllt.

Signaturen werden Klassen zugeordnet; gemäß unserer Betrachtungsweise bedeutet Vererbung von Methoden somit Vererbung der jeweiligen Signaturen. Man beachte, daß in unserem Beispiel einer Signatur der erste Parameter der Methode gerade der Name der Klasse ist, der die entsprechende Implementierung zugeordnet ist. Diese Konvention soll im folgenden immer beibehalten werden. Jede Methode hat somit mindestens einen Parameter; betrachten wir die Signatur, so ist dieser Parameter gerade die betreffende Klasse, betrachten wir einen konkreten Methodenaufruf, so ist das erste Argument gerade dasjenige Objekt, an das die Nachricht gesandt wurde, die für die Ausführung der Methode verantwortlich ist. Verwenden wir die Punkt-Notation, die aus Pfad-Ausdrücken geläufig ist, so erscheint das die Klasse betreffende Argument vor dem Namen der Methode. Ein Aufruf der Methode `MehrGehalt` in Form eines Pfad-Ausdrucks zur Erhöhung des Gehaltes eines Angestellten um 10% wäre somit beispielsweise:

```
angestellter.MehrGehalt(10).
```

Welche Signatur (und damit Implementierung der Methode) für einen betrachteten Methodenaufruf zuständig ist, wird anhand der Klasse des ersten Argumentes (hier also `angestellter`) entschieden. In gewissen Situationen kann es jedoch vorteilhaft sein, die Auswahl von allen Argumenten abhängig zu machen (vgl. Abschnitt 2.4.3).

2.4.2   Typen, Ersetzbarkeit und spätes Binden

Wir betrachten Vererbung von Eigenschaften zwischen Klassen, die gemäß IS-A-Beziehungen hierarchisch geordnet sind. Eine IS-A-Beziehung drückt eine (logische) Teilmengenbeziehung zwischen den Objektmengen der beteiligten Klassen aus. Bisher haben wir die Teilmengenbeziehung als intuitive Rechtfertigung für die Vererbung von Eigenschaften benutzt. Wir wollen als nächstes den Zusammenhang zur Typisierung diskutieren.

Gilt für zwei Klassen K_1, K_2 gerade K_1 IS-A K_2, so wird jedes Objekt der Klasse K_1 auch als ein Objekt der Klasse K_2 betrachtet. Wir leiten daraus ab, daß an jeder Stelle eines Programms, an welcher ein Objekt der Klasse K_2 erwartet wird, auch ein Objekt der Klasse K_1 zulässig ist. Die Objekte einer Oberklasse sollen in diesem Sinn durch die Objekte ihrer Unterklassen *ersetzbar* sein. Dies hat natürlich zur Konsequenz, daß die den Klassen K_1, K_2 zugeordneten Typen in einer Beziehung stehen, die dies erlaubt, ohne daß Typfehler zur Laufzeit auftreten. Die Objekte einer Unterklasse können offensichtlich nur dann Objekte einer Oberklasse ersetzen, wenn alle Eigenschaften der Oberklassen auch für sie definiert sind. Der Typ der Unterklasse muß in dieser Weise ein Untertyp des Typs der Oberklasse sein.

Jeder Klasse ist ein *Typ* zugeordnet, der insbesondere die für die Objekte in der betreffenden Extension anwendbaren Attribute definiert. Jedes Attribut repräsentiert eine strukturelle Eigenschaft der Objekte und hat deshalb selbst wieder einen Typ. Betrachten wir als Beispiel den der Klasse Person zugeordneten Typ

```
[  Name: String,
   Alter: Integer,
   Wohnsitz: Adresse,
   Fuhrpark: { Fahrzeug } ]
```

Person ist ein *Tupeltyp* zugeordnet; dies bedeutet, daß alle Objekte dieser Klasse durch Tupel repräsentiert werden, wobei die einzelnen Komponenten der Tupel sich aus den angegebenen Attributen ergeben. Name, Alter sind von einem *Basis-Typ*, während Wohnsitz, Fuhrpark von einem *strukturierten Typ* sind. Insbesondere ist Fuhrpark von einem *Mengentyp*, wobei die Elemente der Menge vom Typ Fahrzeug sind, also selbst wiederum (Referenzen auf) Objekte sind. Es ist hier wichtig zu sehen, daß der Typ der Elemente durch den Namen der entsprechenden Klasse angegeben ist. Ähnliches gilt auch für Wohnsitz; dies heißt jedoch nichts anderes, als daß einer Klasse einmal ein Typ zugeordnet wird, um die Struktur seiner Objekte zu beschreiben und daß zum anderen eine Klasse selbst ein Typ ist, um Referenzen auf Objekte typisieren zu können.

Ein Typ T' ist dann *Untertyp* eines Typs T bzw. T ist *Obertyp* von T', wenn folgende Zusammenhänge gelten.

(1)   Sei T eine Klasse, beispielsweise Person. Dann ist jede Unterklasse T' von T ein Untertyp. Beispiele sind Angestellter, Manager und Aktionaer, wobei Manager und Aktionaer Untertyp von Angestellter sind.

(2)   Sei T ein Tupeltyp. Dann ist T' Untertyp von T, wenn T' ebenfalls ein Tupeltyp ist und jedes Attribut in T auch in T' definiert ist. Der Typ der Attribute des Untertyps T' muß dabei gleich dem Typ des entsprechenden Attributs bzgl. T bzw. ein Untertyp hiervon sein.

Ist beispielsweise T gerade der Typ der Klasse Angestellter, dann ist jeder Typ Untertyp, der zusätzliche Attribute enthält. Insbesondere ist aufgrund von Vererbung der Typ von **Angestellter** Untertyp des Typs von **Person** bzw. der Typ von **Manager** Untertyp der Typen von **Person** und **Angestellter**. Der Typ von **Manager** bleibt Untertyp, wenn das Attribut **Fahrer** für ihn explizit mit dem Typ **Angestellter** definiert wird, da die Klasse **Angestellter** Untertyp der Klasse **Person** ist.

(3)   Sei T ein Mengentyp. Dann ist T' Untertyp von T, wenn T' ebenfalls Mengentyp ist und die Element-Typen von T und T' gleich sind oder der Element-Typ von T' ein Untertyp des Element-Typs von T ist.

Beispiel 2.21

Aufgrund von Vererbung sind für **Manager** alle Attribute wie für **Angestellter** definiert. Der Typ von **Manager** ist somit ein Untertyp des Typs von **Angestellter**. Betrachten wir als Beispiel eine Anfrage, durch die alle diejenigen Angestellten bestimmt werden sollen, die denselben Wohnort haben wie ihr Fahrer:

```
select a
from a in Angestellter
where Wohnsitz.Ort = Fahrer.Wohnsitz.Ort
```

Da jeder Manager auch ein Angestellter ist und somit mittels Vererbung alle in der Anfrage benötigten Attribute (hier **Wohnsitz, Fahrer**) der Angestellten auch für Manager zutreffen, können in ein und derselben Anfrage auch alle Manager mit berücksichtigt werden (vgl. Abschnitt 2.2.7). An jeder Stelle der Anfrage, an der ein Objekt der Klasse **Angestellter** erwartet wird, kann auch ein Objekt der Klasse **Manager** auftreten. Diese Ersetzbarkeit ermöglicht, daß in der **where**-Klausel das Attribut **Wohnsitz** links vom Gleichheitszeichen und das Attribut **Fahrer** rechts vom Gleichheitszeichen in Abhängigkeit vom Inhalt der Variablen **a** auf ein Objekt der Klasse **Manager** oder ein Objekt der Klasse **Angestellter** angewendet werden kann.   □

Das Beispiel zeigt, daß die Möglichkeit der Ersetzbarkeit von Objekten eine kompakte Form der Programmierung unterstützt.

Ersetzbarkeit von Objekten und Redefinition von Methoden macht *spätes Binden* erforderlich. Wir wollen dies an einem Beispiel demonstrieren.

Beispiel 2.22

Sei **Erfolgsindikator** eine Methode, die für Angestellte und Manager jeweils in unterschiedlicher Weise den Erfolg ihrer Tätigkeit durch Angabe eines entsprechenden Indikators bewertet. Eine entsprechende Signatur

```
Erfolgsindikator(Angestellter): Integer
```

der Klasse `Angestellter` wird somit für die Klasse `Manager` redefiniert:

```
Erfolgsindikator(Manager): Integer
```

Die folgende Anfrage soll alle Angestellten und insbesondere auch alle Manager bestimmen, deren Erfolgsindikator größer 50 ist:

```
select a
from a in Angestellter
where Erfolgsindikator > 50
```

Bei Abarbeitung dieser Anfrage muß für Objekte der Klasse `Angestellter` und Objekte der Klasse `Manager` jeweils eine andere Implementierung der Methode `Erfolgsindikator` zur Ausführung gelangen. Es ist somit nicht möglich, *vor* Abarbeitung der Anfrage *eine* Implementierung von Erfolgsindikator an die Variable `a` *statisch* zu binden; vielmehr muß das Binden *dynamisch* während der Laufzeit vorgenommen werden.   □

2.4.3 Sicherheit

Wir nennen eine Sprache *sicher*, wenn für jedes zulässige Programm bzw. für jede Anfrage *vor* der Ausführung, also bereits durch den Übersetzer, entschieden werden kann, ob während der Ausführung Fehlersituationen der folgenden Art auftreten können (wir reden hier nicht von *Typsicherheit*, da wir Methoden nicht als Teil eines Typs, sondern direkt den Klassen zugeordnet betrachten):

(1) Eine im Schema festgelegte Typrestriktion wird während der Ausführung verletzt. Beispiele sind Zuweisungen von Werten vom falschen Typ an Attribute, Resultate von Methodenaufrufen, die vom definierten Resultatstyp verschieden sind, Vergleichsoperationen zwischen Werten unterschiedlichen Typs oder auch Methodenaufrufe mit Parametern vom falschen Typ.

(2) Während der Ausführung wird eine nicht definierte Eigenschaft eines Objektes angesprochen. Beispiele sind Anfragen bzgl. Attributen, die nicht definiert sind, oder auch Aufrufe von Methoden, zu denen keine Signatur definiert ist.

Sicherheit ist eine wichtige Eigenschaft einer Sprache, da so erfahrungsgemäß viele, möglicherweise erst zu einem späten Zeitpunkt auftretende Fehler bereits während der Übersetzungszeit erkannt werden können.

Beispiel 2.23

Die folgende Anfrage enthält einen offensichtlichen Typfehler, da der Typ von `Fuhrpark` vom Typ von `FamilienMitglieder` verschieden ist:

```
select a
from a in Angestellter
where FamilienMitglieder = Fuhrpark
```

Man beachte, daß, um hier Sicherheit zu überprüfen, zuerst die zu erbenden
Eigenschaften bestimmt werden; das Attribut FamilienMitglieder wird von
der Klasse Person geerbt.

□

Der Typfehler im letzten Beispiel wird – abgesehen von dem trivialen Fall,
daß kein Objekt der Klasse Angestellter in der Datenbank existiert – immer
auftreten. Die Anfrage muß somit auf jeden Fall zurückgewiesen werden. Die
nächste Anfrage enthält lediglich einen potentiellen Typfehler.

Beispiel 2.24

Man beachte hier, daß das Attribut Konto für Personen im allgemeinen nicht
definiert ist, obwohl es für Angestellte, also eine Teilmenge von Personen,
definiert ist.

```
select Konto
from Person
where Wohnsitz in
   (select Hauptsitz from Firma)
```

Während der Ausführung dieser Anfrage tritt ein Typfehler auf, sofern mindestens eine Person existiert, die kein Angestellter ist und die einen Wohnsitz
hat, der Hauptsitz einer Firma in der Datenbank ist.

□

Im Unterschied zur ersten Anfrage gibt es jetzt jedoch interessante Zustände
der Datenbank, in denen der Typfehler nicht auftreten wird. Ist jede Person ein
Angestellter oder haben nur Angestellte dort ihren Wohnsitz, wo eine Firma
ihren Hauptsitz hat, so werden nur solche Objekte betrachtet, die gerade Angestellte sind und für die somit das Attribut Konto definiert ist. Es ist jedoch
klar, daß, um Sicherheit bereits zur Übersetzungszeit garantieren zu können,
auch die zweite Anfrage als typfehlerhaft zurückgewiesen werden muß.

Beispiel 2.25

Die nächste Anfrage demonstriert (vgl. Beispiel 2.13), daß eine mit einer
Klasse getypte Variable, hier p mit der Klasse Person, auch immer zur Referenzierung der Objekte jeder Unterklasse, hier Angestellter und Manager,
verwendet werden kann:

```
select *
from p in Person
where (p in Angestellter or p in Manager) and p.Alter > 50
```

Es werden alle Personen bestimmt, die Angestellte oder Manager sind. Da
p vom Typ Person ist, haben die Objekte in der Resultatsmenge gerade die
für Personen definierten Eigenschaften. Es ist interessant zu sehen, daß diese
Form der Anfrage erheblich kompakter ist, als wenn man die zwei Unterklassen separat in jeweils fast identischer Weise verarbeitet hätte.

□

Man beachte, daß der umgekehrte Fall, daß eine mit einer bestimmten Klasse
getypte Variable auch Objekte einer Oberklasse referenziert, im allgemeinen
immer zu Typfehlern führt, da in diesem Fall nur für die Unterklasse definierte
Eigenschaften auch bzgl. einer Oberklasse angesprochen werden können.

Die nächsten Beispiele behandeln Sicherheit für den Fall von redefinierten Attributen und redefinierten Methoden. Für Mengentypen gelten analoge
Zusammenhänge wie für Tupeltypen.

Beispiel 2.26

Betrachten wir den folgenden Ausschnitt unseres laufenden Beispiels, in dem
das Attribut **Fahrer** redefiniert wird:

```
Angestellter is-a Person: [
       ... ,
       Fahrer: Person,
       ... ]


Manager is-a Angestellter, Aktionaer:[
       ... ,
       Fahrer: Angestellter ]
```

Weiter betrachten wir die folgende Anfrage:

```
select Wohnsitz
from p in Person
where p in
   (select Fahrer from Manager)
```

p ist eine Variable vom Typ Person. Der innere select-Ausdruck liefert jedoch möglicherweise eine heterogene Menge, die Objekte vom Typ Person
und Angestellter enthält, da Manager auch Angestellte sind und für sie
das Attribut Fahrer vom Typ Angestellter ist. Da jedoch jeder Angestellte eine Person ist und damit alle Eigenschaften von Person, insbesondere
Wohnsitz, auch für Angestellter gelten, liegt trotz der Heterogenität keine
Typverletzung vor.

□

Das nächste Beispiel zeigt, daß Redefinieren von Methoden problematisch sein kann.

Beispiel 2.27

Es sei für die Objekte der Klassen `Angestellter` und `Manager` eine Methode `Vertreter` von Interesse, mittels der für einen gegebenen Angestellten, der auch ein Manager sein kann, festgestellt werden kann, welcher Angestellte bzw. Manager ein möglicher Vertreter ist. Es soll angenommen werden, daß für Manager ein anderer Algorithmus benötigt wird als für normale Angestellte. Wir betrachten für die Methode `Vertreter` die beiden folgenden Signaturen:

```
Vertreter(Angestellter, Angestellter): boolean
Vertreter(Manager, Manager): boolean
```

Die gewünschten Paare lassen sich für zwei Angestellte `a1`, `a2` in der folgenden Weise bestimmen:

```
a1.Konfession = a2.Konfession and not(a1 == a2)
```

Für zwei Manager `m1`, `m2` lassen sie sich unter zusätzlicher Berücksichtigung der Parteizugehörigkeit bestimmen:

```
m1.Konfession = m2.Konfession and
m1.Partei = m2.Partei and not(m1 == m2)
```

Sollen jetzt für alle Angestellten die jeweils möglichen Vertreter bestimmt werden, so bietet sich die folgende Anfrage an:

```
select a1, a2
from a1 in Angestellter, a2 in Angestellter
where a1.Vertreter(a2)
```

Diese Anfrage ist jedoch nicht sicher, denn für den Fall, daß `a1` einen Angestellten referenziert, der auch ein Manager ist, wird die `Manager` zugeordnete Implementierung von `Vertreter` ausgeführt. Für den Fall, daß `a2` einen Angestellten referenziert, der kein Manager ist, wird ein Parameter vom falschen Typ übergeben und somit, sofern dies noch nicht zu einem Typfehler während der Ausführung führt, wird ein nicht definiertes Attribut angesprochen, nämlich `Partei`.   □

Die Beispiele zeigen, daß ein Redefinieren von Eigenschaften nur in eingeschränkter Weise vorgenommen werden darf, soll nicht das Ziel der Sicherheit aufgegeben werden. Insbesondere können wir im ersten Fall ohne Probleme ein Attribut redefinieren, während dies im zweiten Fall bei der Methode nicht

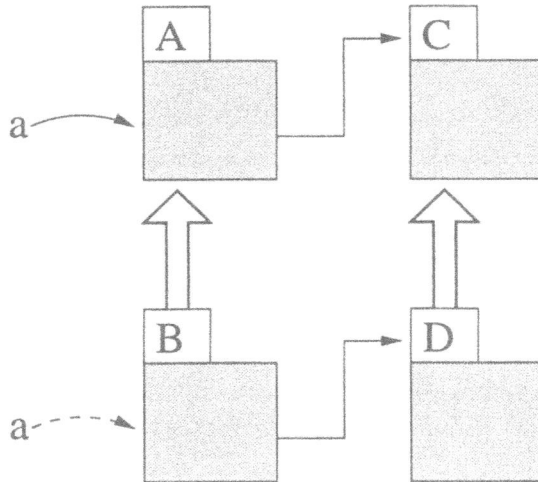

Abbildung 2.2: Zum Problem der Sicherheit bei Attribut-Redefinition.

möglich ist, obwohl wir in beiden Fällen als Typen der redefinierenden Eigenschaft Untertypen, d.h. hier Unterklassen, zu den Typen der redefinierten Eigenschaft gewählt haben. Die Situation ist somit für Attribute und Methoden offensichtlich *nicht* symmetrisch.

Dieser Zusammenhang kann folgendermaßen begründet werden, wobei wir zunächst Änderungsoperationen ignorieren und uns somit auf Anfragen beschränken:

(1)   Betrachten wir zwei Klassen `KlasseA` und `KlasseB` sowie ein Attribut `Attr`, das in beiden Klassen definiert ist. Sei `KlasseB` eine Unterklasse von `KlasseA`; somit wird in `KlasseB` das Attribut `Attr` redefiniert. Wir können schreiben:

```
KlasseA:                          KlasseB is-a KlasseA:
     [ ... ,                           [ ... ,
     Attr: KlasseC,                    Attr: KlasseD,
     ... ]                             ... ]
```

Sei a Variable vom Typ `KlasseA`. Interessant ist die Frage, wann es zulässig ist, daß die Variable a Objekte aus `KlasseB` referenziert. Man beachte, daß jetzt im Unterschied zu oben Eigenschaften redefiniert sein können.

Es referenziere somit a ein Objekt aus `KlasseB`. Angenommen, `KlasseD` ist eine Unterklasse von `KlasseC`, wie in Abbildung 2.2 illustriert. Dann liefert a.`Attr` immer ein Objekt mit mindestens den für ein Objekt aus

KlasseC geforderten Eigenschaften. Aufgrund der Redefinition kann also hier kein Typfehler auftreten.

Ist jedoch KlasseD eine Oberklasse von KlasseC, dann muß im allgemeinen mit Typfehlern während der Ausführung einer Anfrage zu Objekten aus KlasseA gerechnet werden. Zum Beispiel ergibt der Ausdruck a.Attr.Attr' einen Typfehler, sofern a ein Objekt der Klasse KlasseB referenziert und Attr' ein nur für KlasseC definiertes Attribut ist.

Wir können somit festhalten, daß der Typ eines redefinierten Attributs gleich dem Typ oder ein Untertyp des Typs des ursprünglichen Attributs sein muß.

(2)   Betrachten wir als nächstes Redefinieren von Methoden und hierzu zwei Klassen KlasseA und KlasseB sowie eine Methode Meth, zu der beide Klassen eine Signatur haben. Sei KlasseB eine Unterklasse von KlasseA. Wir schreiben:

```
KlasseB is-a KlasseA

Meth(KlasseA, Typ11, ..., Typ1k): TypA
Meth(KlasseB, Typ21, ..., Typ21): TypB
```

Sei a eine Variable vom Typ KlasseA. Interessant ist wiederum die Frage, wann es zulässig ist, daß die Variable a Objekte aus KlasseB referenziert.

Referenziere somit a ein Objekt aus KlasseB. Da ja a-priori im allgemeinen nicht bekannt sein kann, ob a ein Objekt aus KlasseA oder KlasseB referenziert, muß zunächst die Anzahl der Parameter in beiden Fällen gleich sein, d.h. k = 1. Des weiteren können wir analog wie unter (1) argumentieren und somit schließen, daß bzgl. der Resultatstypen entweder TypA = TypB oder TypB Untertyp von TypA ist.

Interessant ist somit das Verhältnis der Argument-Typen zueinander. Sind die Typen jeweils gleich, kann offensichtlich durch das Redefinieren kein zusätzliches Problem entstehen. Unser Beispiel hat gezeigt, daß die Argument-Typen der redefinierenden Signatur im allgemeinen keine Untertypen sein dürfen. Denn da die betrachtete Variable a vom Typ KlasseA ist, können höchstens die Restriktionen der Typen der Argumente der KlasseA zugeordneten Signatur garantiert werden. Daraus folgt, daß die Typen der Argumente der redefinierenden Signatur Obertypen der Argumente der redefinierten Signatur sein müssen.

Die Bedingungen für das Redefinieren von Methoden sind somit in gewisser Weise unserer Intuition entgegengesetzt, da die der spezielleren Klasse zugeordneten Signaturen in ihren Argument-Typen allgemeiner oder gleich zu den

den allgemeineren Klassen zugeordneten Signaturen sein müssen, wenn Sicherheit garantiert sein soll.

Nach dieser Diskussion ist jetzt leicht einzusehen, daß, wenn Änderungsoperationen zusätzlich zu Anfragen möglich sein sollen, ein Redefinieren der Typen von Attributen ausgeschlossen werden muß. Sei wiederum a eine Variable vom Typ `KlasseA` und sei `KlasseB` Unterklasse zu `KlasseA`. Referenziert a ein Objekt von `KlasseB`, dann kann nicht ausgeschlossen werden, daß einem in `KlasseB` redefinierten Attribut ein Wert vom Typ des betreffenden Attributs bzgl. `KlasseA` zugewiesen wird. Der Typ des redefinierenden Attributs muß also gleich oder ein Obertyp des Typs des redefinierten Attributs sein. Bedenkt man, daß wir im Zusammenhang mit Anfragen geschlossen hatten, daß der Typ des redefinierenden Attributs gleich oder ein Untertyp des Typs des redefinierten Attributs sein muß, so folgt, daß nur die Gleichheit der Typen zulässig ist. Dies heißt jedoch gerade, daß Attribute nicht redefiniert werden dürfen, wenn Sicherheit garantiert sein soll.

2.4.4   Diskussion

Eine Klassenhierarchie zusammen mit einem Vererbungsmechanismus ermöglicht Wiederverwendung von den Klassen zugeordneten Eigenschaften, wie Attributen oder auch Implementierungen von Methoden. Insbesondere die Möglichkeit, Methoden, also Software, wiederverwenden zu können, macht objektorientierte Datenbanken auch von einem Software-Engineering-Standpunkt aus attraktiv. Wir mußten jedoch sehen, daß das wesentliches Ziel der (Typ-)Sicherheit nicht immer befriedigend mit dem Ziel der Wiederverwendbarkeit korrespondiert. Hierzu sollen noch zwei Anmerkungen gemacht werden.

Erstens ist das Problem der Vererbung und Gewährleistung von Sicherheit ein generelles Problem objekt-orientierter Sprachen und somit nicht spezifisch für objekt-orientierte *Datenbanken*. Zweitens sind es eher spezielle Situationen, in denen Sicherheit nicht mehr garantiert werden kann. Es scheint nämlich so zu sein, daß das Problem in realen Situationen nur dann auftritt, wenn eine gewisse Form von Rekursion vorliegt, in der die Klasse, deren Methode gerade betrachtet wird, selbst als Argument-Typ auftritt. In solchen Situationen ist es intuitiv einleuchtend, daß bei Spezialisierung der Klasse auch das Argument spezialisiert werden soll – ein Vorgehen, das die Sicherheit verletzt. Andererseits ist es schwer vorstellbar, daß beispielsweise für Methoden wie die oben betrachtete Methode `MehrGehalt` mit der Signatur

`MehrGehalt(Angestellter, Integer): boolean`

eine Spezialisierung der Klasse eine Spezialisierung der Argumente bedingt. Spezialisieren wir `Angestellter` zu `Manager`, dann ist kaum vorstellbar, daß der Argument-Typ `Integer` ebenfalls spezialisiert werden muß.

Des weiteren haben wir Vererbung als einen *monotonen* Mechanismus eingeführt in der Weise, daß eine Unterklasse eine Vererbung höchstens über-

schreiben kann, jedoch nicht prinzipiell verweigern. Alle Eigenschaften einer
Oberklasse sind also auch Eigenschaften jeder ihrer Unterklassen. Diese Monotonie ist eine natürliche Konsequenz der IS-A-Beziehungen zwischen den
Klassen. Es gibt jedoch Beispiele, in denen diese Monotonie eine adäquate Modellierung erschwert.

Beispiel 2.28

Es sollen geometrische Objekte in einer Datenbank verwaltet werden. Hierzu
betrachten wir zwei Klassen Rechteck und Quadrat. Quadrate sind Spezialisierungen von Rechtecken, da jedes Quadrat natürlich auch ein Rechteck ist.
Die folgenden Definitionen der Klassen erscheinen sinnvoll:

```
Quadrat: [
        Schwerpunkt: Punkt,
        KantenLaenge: Integer ]

Rechteck: [
        Schwerpunkt: Punkt,
        KantenLaenge: Integer,
        ZweiteKantenLaenge: Integer ]
```

Werden Quadrate und Rechtecke in die natürlich erscheinende IS-A-Beziehung
Quadrat isa Rechteck gesetzt, so ist jedoch Vererbung ausgeschlossen, da
Quadrate *weniger* Eigenschaften haben als Rechtecke und nicht mehr, wie
wir dies aufgrund der Monotonie der Vererbung für die Unterklassen immer
angenommen haben.

Soll jedoch Vererbung realisiert werden, so müssen wir, im Gegensatz zu der
Intuition einer IS-A-Beziehung, schreiben:

```
Quadrat: [
        Schwerpunkt: Punkt,
        KantenLaenge: Integer ]

Rechteck is-a Quadrat: [
        ZweiteKantenLaenge: Integer ]
```

                                                               □

Auch dieses Problem ist *nicht* inheränt für objekt-orientierte Datenbanken,
sondern typisch für Objekt-Orientierung im allgemeinen. Um mehr Flexibilität
beim Einsatz eines Vererbungsmechanismus zu erhalten, wird in einigen objekt-
orientierten Sprachen, z.B. *Smalltalk*, die zugrunde gelegte Klassenhierarchie
unabhängig von IS-A-Beziehungen definiert. Im Zusammenhang mit dem Einsatz von Datenbanken erscheint ein solcher Ansatz jedoch fragwürdig, da eine
IS-A-Beziehung ein bereits beim Datenbankentwurf wesentliches Abstraktions-
konzept ist, so daß resultierende Abstraktionen bei den späteren Phasen der
Software-Entwicklung nicht so ohne weiteres aufgegeben werden sollten.

2.5 Bibliographische Hinweise

Diskussionen der Anforderungen an und Eigenschaften von Sprachen für objekt-orientierte Datenbanken finden sich z.B. bei Bertino und Martino (1993), Heuer (1992), Kemper und Moerkotte (1994), Loomis (1995) oder Unland (1995). Unsere Darstellung in Abschnitt 2.2 folgt Kim (1990) sowie Manola (1991). Pfad-Ausdrücke wurden erstmals im Zusammenhang mit objekt-orientierten Datenbanken in Zaniolo (1983) diskutiert. Beispiele für um Pfad-Ausdrücke erweiterte SQL-Varianten sind unter anderem in Kifer et al. (1992) bzw. in Kim (1990) und Bancilhon et al. (1992) enthalten. Verallgemeinerungen von Pfad-Ausdrücken, insbesondere Abkürzungsmechanismen, diskutieren z.B. Van den Bussche und Vossen (1993) oder Sciore (1994). Die Ausführungen über (Typ-) Sicherheit lehnen sich an Kemper und Moerkotte (1994) an. Es existiert eine reichhaltige Literatur über objekt-orientierte Systementwicklung; als Beispiele seien hier Rumbaugh et al. (1991) oder auch Booch (1991) erwähnt.

Kapitel 3

Ein formaler Rahmen für Struktur und Verhalten

In diesem Kapitel wollen wir einen formalen Rahmen für objekt-orientierte Datenbanken vorstellen, in dem wir die bisher am Beispiel diskutierten Zusammenhänge präzisieren können. Wir werden insbesondere die Begriffe eines *Objektbank-Schemas* und einer zugehörigen *Objektbank* definieren. Den Abschluß bildet eine formale Behandlung von Pfad-Ausdrücken, in der der eingeführte Formalismus zur Anwendung gelangt.

Um die unterschiedlichen Aspekte objekt-orientierter Datenbanken klar zu trennen, werden wir ein Objektbank-Schema **SC** in ein *Strukturschema* $\mathbf{SC}_{struc}$ und ein *Verhaltensschema* $\mathbf{SC}_{behav}$ unterteilen. In $\mathbf{SC}_{struc}$ werden Aussagen über die relevanten Typen und Klassen gemacht, während in $\mathbf{SC}_{behav}$ die Zuordnung von Methoden zu Klassen im Vordergrund steht. Eine Objektbank $d(\mathbf{SC})$ ergibt sich dann im wesentlichen aus einer Reihe von Abbildungen von den in **SC** definierten syntaktischen Größen auf semantische Größen.

3.1 Modellierung von Struktur

Zuerst wird die Modellierung der strukturellen Aspekte objekt-orientierter Datenbanken betrachtet. Wir beginnen mit der Definition von Werten, Objekten und Typen und behandeln dann Klassen, Klassenhierarchien und Vererbung.

Sei **A** eine Menge von *Attributnamen* und sei **O** eine Menge von *Objekt-Identitäten*, wobei eine Objekt-Identität hier aus dem Zeichen # gefolgt von einer positiven ganzen Zahl besteht. Um die Sprechweise zu vereinfachen, reden wir im weiteren häufig kürzer von Attribut oder Objekt, auch wenn eigentlich der Attributname oder die Objekt-Identität gemeint ist. Sei weiter nil ∈ **O** die *leere* Referenz. Die Menge der zulässigen Werte kann dann induktiv wie folgt definiert werden:

Definition 3.1

Sei **D** die Menge aller Werte, die sich durch eine Vereinigung von ganzen Zahlen, Zeichenreihen, Dezimalbrüchen und Booleschen Wahrheitswerten ergibt. (Wie sich unten zeigen wird, sollen dies gerade die Werte der *atomaren Typen* integer, string, float, boolean sein.)

(i) Jedes Element aus **D** ist ein Wert.   (*atomarer Wert*)

(ii) Jede Objekt-Identität aus **O** ist ein Wert.   (*Referenzwert*)

(iii) Sei $n \geq 0$, seien $A_i \in$ **A** unterschiedliche Attribute und w_i Werte, $1 \leq i \leq n$. Jeder wie folgt gebildete Ausdruck ist dann ebenfalls ein Wert:

    (i) $[A_1 : w_1, \ldots, A_n : w_n]$; die einzelnen Teilausdrücke der Form $A_i : w_i$, $1 \leq i \leq n$, heißen *Komponenten*.   (*Tupelwert*)

    (ii) $\{w_1, \ldots, w_n\}$, wobei die einzelnen w_i, $1 \leq i \leq n$, paarweise voneinander verschieden seien.   (*Mengenwert*)

Sei **W** die Menge aller so definierten *komplexen Werte*.

Die Reihenfolge der Komponenten eines Tupelwertes ist ohne Bedeutung. Bei Bedarf behandeln wir einen Tupelwert auch als Menge seiner Komponenten. Insbesondere betrachten wir zwei Tupelwerte als gleich, wenn sie gleiche Komponenten besitzen, jedoch möglicherweise in unterschiedlicher Reihenfolge. Wir lassen Tupelwerte der Form [ ] zu und nennen diesen Wert *leeren Tupelwert*. Ein Mengenwert der Form { } steht für die *leere Menge*; wir schreiben wie üblich hierfür auch $\emptyset$. Zur Vereinfachung der nachfolgenden formalen Entwicklung betrachten wir keine Listen, Bags, etc.; diese können analog zu Mengen behandelt werden. Gemäß der vorangehenden Definition sind auch Objekt-Identitäten zulässige Werte. Dies ist notwendig, um Referenzen zwischen Objekten ausdrücken zu können.

Soweit es die Struktur betrifft, können wir jetzt Objekte durch eine Objekt-Identität und einen Wert repräsentieren:

Definition 3.2

Ein *Objekt* ist ein Paar (o, w), wobei o eine Objekt-Identität aus **O** und w ein Wert aus **W** ist.

Beispiel 3.1

Wir beschreiben exemplarisch einige Objekte, die Zusammenhänge aus unserem laufenden Beispiel (vgl. Abbildung 1.9) repräsentieren. Das Objekt mit der Identität #1 repräsentiert Informationen über Fahrzeuge und Personen, die in einem Tupelwert zusammengefaßt werden. Fahrzeuge benennt eine Menge von Referenzwerten auf konkrete Fahrzeuge, und Person benennt eine Menge von Tupelwerten, wobei die mit Fuhrpark benannte Komponente jedes solchen Wertes wiederum ein aus Referenzen gebildeter Mengenwert ist. Man beachte, wie in diesem Beispiel Referenzwerte, d.h. Objekt-Identitäten, verwendet werden, um Redundanz zu vermeiden: Weil jedes Fahrzeug ein Objekt mit eigener Identität ist, können wir uns z.B. in den Mengenwerten zu **Fahrzeuge** und **Fuhrpark** auf die jeweiligen Objekt-Identitäten beschränken.

$$(\#1, [\text{ Fahrzeuge: } \{ \#10, \#11, \#12 \},$$
$$\text{Personen:}$$
$$\{[\text{ Name: 'Schlank', Alter: } 40, \text{ Wohnsitz: } \#80,$$
$$\text{Fuhrpark: } \{ \#10, \#11\}]\}])$$

$$(\#10, [\text{ Modell: 'Golf', Hersteller: } \#41, \text{ Farbe: 'rot' }])$$
$$(\#11, [\text{ Modell: '323', Hersteller: } \#42, \text{ Farbe: 'blau' }])$$
$$(\#12, [\text{ Modell: 'R4', Hersteller: } \#43, \text{ Farbe: 'grün' }])$$

$$(\#41, [\text{Name: 'VW', Hauptsitz: } \#80, \ldots])$$
$$(\#42, [\text{Name: 'Mazda', Hauptsitz: } \#81, \ldots])$$
$$(\#43, [\text{Name: 'Renault', Hauptsitz: } \#82, \ldots])$$

□

Die Unterscheidung zwischen der Identität und dem Wert eines Objektes hat Konsequenzen. Zunächst ist so ein Objekt eindeutig identifizierbar unabhängig von seinem Wert. Wie in Abschnitt 1.5.3 diskutiert, ist dies eine der charakteristischen Eigenschaften einer objekt-orientierten Datenbank im Unterschied zu einer relationalen. Aufgrund der Unterscheidung zwischen Identität und Wert können insbesondere mehrere Kopien eines Objektes existieren, d.h. Objekte mit unterschiedlicher Identität, jedoch gleichem Wert. Um hier differenzieren zu können, haben wir bereits in Abschnitt 2.2 zwei Gleichheitsoperatoren unterschieden, nämlich „$==$" für *Identität*, d.h. Gleichheit der Objekt-Identitäten, und „$=$" für *Wertegleichheit*.

Da Referenzen ebenfalls Werte sind, ist eine Unterscheidung von Identität und Gleichheit häufig nicht ausreichend. Betrachten wir hierzu zwei Tupelwerte $w_1 = [\ldots, A : o_1, \ldots]$, $w_2 = [\ldots, A : o_2, \ldots]$, wobei o_1 und o_2 Objekt-Identitäten sind und $o_1 \neq o_2$ gilt, so daß auch $w_1 \neq w_2$ gilt. Haben nun die durch o_1 und o_2 referenzierten Objekte denselben Wert, beispielsweise gelte (o_1, w) bzw. (o_2, w), so gilt $w_1 \neq w_2$, obwohl nach rekursivem Ersetzen jeder Objekt-Identität durch den ihr zugewiesenen Wert „wertegleiche" Ausdrücke entstehen. Diese unbefriedigende Situation wird durch eine Unterscheidung zwischen *Oberflächen-Gleichheit*, d.h. Gleichheit der Werte ohne rekursives Ersetzen, und *Tiefen-Gleichheit*, d.h. Gleichheit erst nach rekursivem Ersetzen, erfaßt. Da einer Objekt-Identität höchstens ein Wert zugewiesen wird (vgl. Definition 3.1), gelten dann schließlich die auch intiutiv erwarteten Zusammenhänge: Identität von Objekten impliziert ihre Oberflächen-Gleichheit, Oberflächen-Gleichheit impliziert Tiefen-Gleichheit. Die Umkehrungen dieser Implikationen gelten im allgemeinen natürlich nicht.

Gleichartig strukturierte Werte werden zu Typen und Objekt-Identitäten gleichartiger Objekte zu Klassen zusammengefaßt. Da Objekt-Identitäten gleichzeitig Werte (Referenzwerte) sind, ist eine Klasse auch ein Typ. Später werden wir jeder Klasse selbst einen Typ zuordnen, um so die zulässigen Werte der Objekte einer Klasse zu definieren.

Der Zusammenhang zwischen Klassen und Typen ist rekursiv: Zum einen kann eine Klasse als Typ auftreten, um Referenzen zwischen Objekten zu „typisieren", und zum anderen kann einer Klasse selbst ein Typ zugeordnet werden, wenn Aussagen über ihre Objekte gemacht werden sollen. Um letzteren Aspekt zu behandeln, sind allerdings noch eine Reihe weiterer Vorkehrungen zu treffen.

Definition 3.3

Sei K eine endliche Menge von *Klassennamen*; der Einfachheit halber reden wir auch hier im weiteren häufig von einer Klasse, auch wenn wir letztlich nur den Namen der Klasse meinen.

Die Menge aller Typen über K wird induktiv definiert wie folgt:

(i) `integer`, `string`, `float`, `boolean` sind Typen.   (*Basistyp*)

(ii) Jede Klasse in K ist ein Typ.   (*Referenztyp*)

(iii) Seien $A_1, \ldots, A_n \in A$ unterschiedliche Attribute und $T, T_1, \ldots, T_n, n \geq 0$ Typen. Jeder wie folgt gebildete Ausdruck ist dann ebenfalls ein Typ:

    (i) $[A_1 : T_1, \ldots, A_n : T_n]$; die einzelnen Teilausdrücke der Form $A_i : T_i$, $1 \leq i \leq n$, heißen *Komponenten*.   (*Tupeltyp*)

    (ii) $\{T\}$.   (*Mengentyp*)

Sei $T(K)$ die Menge aller so definierten *komplexen Typen* über K. Gilt für eine Komponente der Form $A : T$, daß T ein Mengentyp ist, so heißt das Attribut A *mengenwertig*; anderenfalls heißt A *skalar*.

Analog zu einem Tupelwert ist auch bei einem Tupeltyp die Reihenfolge der Komponenten ohne Bedeutung, so daß wir bei Bedarf einen Tupeltyp auch als Menge seiner Komponenten behandeln können. Einen Tupeltyp der Form [ ] nennen wir *leeren* Tupeltyp. Man beachte, daß Klassen auch als Typen auftreten können. Dies entspricht unseren Erwartungen, da ja gleichartige Objekte in Klassen zusammengefaßt werden und so eine Klasse als Typ ersichtlich macht, welche Objekte an einer betreffenden Position referenziert werden dürfen.

Ist im weiteren eine Menge K von Klassennamen fest vorgegeben, so schreiben wir für die Menge $T(K)$ aller Typen über K auch kürzer lediglich T.

Beispiel 3.2

Es folgen die zugehörigen Typdefinitionen zu den Werten des letzten Beispiels. **Fahrzeug** und **Firma** repräsentieren Klassen. (Später werden wir sehen, wie Klassen Mengen von Objekt-Identitäten zugewiesen werden. Erst dann können wir uns überzeugen, daß obige Werte tatsächlich jeweils vom gewünschten Typ sind.)

```
[ Fahrzeuge: { Fahrzeug },
  Person:
      {[ Name: String, Alter: Integer,
         Wohnsitz: Adresse,
         Fuhrpark: { Fahrzeug }]}]


[ Modell : String, Hersteller : Firma, Farbe: String ]


[ Name : String, Hauptsitz : Adresse, ...]
```

□

Wie wir aus den vorangehenden Kapiteln wissen, werden Klassen in einer Hierarchie angeordnet, die auf einer IS-A-Beziehung (Teilmengenbeziehung) zwischen den beteiligten Klassen basiert. Ist eine Klasse K einer Klasse K' untergeordnet, so ist jedes K (mittels einer entsprechenden Objekt-Identität) zugeordnete Objekt auch ein Objekt von K'. Eine solche Klassenhierarchie ist Grundlage für die Vererbung von Eigenschaften. Wir haben gesehen, daß hierdurch Abhängigkeiten zwischen Klassen und Typen ins Spiel kommen, für die wir den Begriff einer Untertypordnung benötigen.

Wir gehen schrittweise vor. Sei zunächst **object** ein spezieller Klassenname in **K**; der Klasse **object** sind alle anderen Klassen untergeordnet.

Definition 3.4

Es sei eine Menge **K** von Klassennamen mit **object** ∈ **K** gegeben. Eine *Klassenhierarchie* zu **K** ist eine partielle Ordnung (d.h. eine reflexive, antisymmetrische und transitive Relation) *isa* auf **K**, für die K *isa* **object** für jede Klasse $K \in$ **K** gilt. Gilt K *isa* K', so heißt K *Unterklasse* bzw. *Subklasse* von K' und entsprechend K' *Oberklasse* bzw. *Superklasse* von K.

Klassenhierarchien stellen wir häufig graphisch dar (vgl. auch Abbildung 1.8).

Beispiel 3.3

Betrachten wir zu den bisher verwendeten Klassen **Fahrzeug** und **Firma** noch eine Klasse **Automobil**, die wir als Unterklasse zu **Fahrzeug** führen wollen, so ergibt sich der in Abbildung 3.1 gezeigte Graph mit der offensichtlichen Bedeutung der Kantenrichtungen.

□

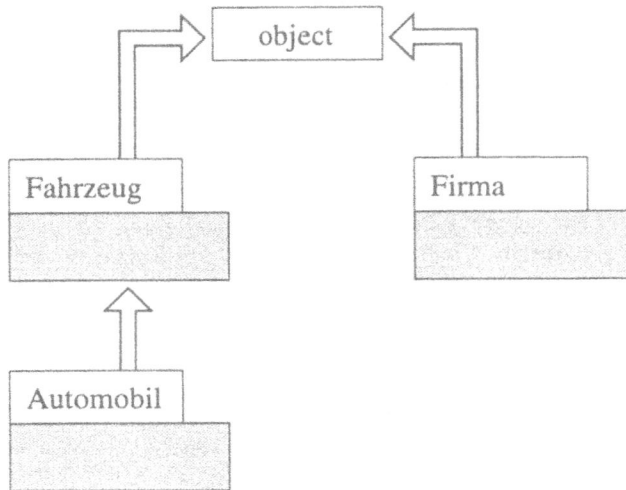

Abbildung 3.1: Graphische Darstellung einer Klassenhierarchie.

Eine gegebene Klassenhierarchie *isa* induziert eine *Untertypordnung* $\leq$ in der als nächstes definierten Weise. Sei, analog zur Rolle der Klasse `object` innerhalb einer Klassenhierarchie, **any** ein Typ, zu dem jeder andere Typ ein Untertyp ist.

Definition 3.5

Es seien eine Menge **K** von Klassennamen, eine Menge **T** von Typen und eine Klassenhierarchie *isa* gegeben. Die *Untertypordnung* $\leq$ auf **T** ist die kleinste partielle Ordnung, die bzgl. der folgenden Regeln abgeschlossen ist:

(i) Falls K *isa* K', dann auch $K \leq K'$ für $K, K' \in \mathbf{K}$.

(ii) Seien $T = [A_1 : T_1, \ldots, A_n : T_n]$, $T' = [A'_1 : T'_1, \ldots, A'_m : T'_m]$ zwei Tupeltypen aus **T**. Falls $n \geq m$ und zu jeder Komponente $A'_i : T'_i$, $1 \leq i \leq m$, von T' eine Komponente $A_j : T_j$, $1 \leq j \leq n$, von T existiert mit $A_i = A'_j$ und $T_i \leq T'_j$, dann gilt auch $T \leq T'$.

(iii) Seien $T, T' \in \mathbf{T}$. Falls $T \leq T'$, dann auch $\{T\} \leq \{T'\}$.

(iv) $T \leq$ **any** für alle $T \in \mathbf{T}$.

Zunächst wird in (i) die Untertypordnung für Klassen konsistent zur Klassenhierarchie definiert. Bedingung (ii) besagt dann, daß zwei Tupeltypen T und T' in der Relation $T \leq T'$ stehen, falls alle Attribute von T' (eventuell an anderer Position) auch in T vorkommen, die Typen gleichbenannter Attribute in T und T' rekursiv ebenfalls Untertypen voneinander sind und T eventuell neue, in T' nicht vorkommende Attribute enthält. Man beachte, daß gemäß dieser

Definition Basistypen wie `integer` oder `string` bzgl. „$\leq$" unvergleichbar sind. Die Bedingungen (iii) und (iv) sind offensichtlich.

Mit den eingeführten Begriffen können wir jetzt definieren, was wir unter einem Strukturschema verstehen wollen:

Definition 3.6

Ein *Strukturschema* hat die Form

$$SC_{struc} = (K, isa, type),$$

wobei **K** eine endliche Menge von Klassennamen, *isa* eine Klassenhierarchie und *type* : **K** $\rightarrow$ **T** eine Abbildung ist, die jeder Klasse ihren Typ zuweist. Strukturschemata sind *wohlgeformt* in der Weise, daß *type* bzgl. *isa* die folgende Eigenschaft erfüllt:

$$K \; isa \; K' \;\Rightarrow type(K) \leq type(K').$$

Wir wollen jetzt beginnen, den strukturellen Anteil $d(SC_{struc})$ einer zu einem gegebenen Strukturschema SC_{struc} passenden Objektbank zu definieren. Hierzu müssen noch einige Vorbereitungen getroffen werden. In einer Objektbank sind in einer Klassenhierarchie angeordnete Objekte gespeichert, die jeweils einen möglicherweise strukturierten Wert besitzen. Wir beginnen mit einer Zuordnung von Objekten zu Klassen. Die hierzu definierten Abbildungen interpretieren *isa* gemäß der intendierten Teilmengensemantik; darüber hinaus wird erreicht, daß *jede* Objekt-Identität einer ausgewählten Klasse – der *Basisklasse* – zugeordnet ist.

Definition 3.7

Eine *Basisextension* ist eine Abbildung *inst*, die den Klassennamen in **K** paarweise zueinander disjunkte endliche Mengen von Objekt-Identitäten zuweist. Ist $o \in inst(K)$ für $K \in$ **K**, so heißt K *Basisklasse* von o.

Eine *Extension* zu gegebenem *inst* ist eine Abbildung *Inst*, die den Klassennamen $K \in$ **K** unter Berücksichtigung der Klassenhierarchie jeweils eine Menge von Objekt-Identitäten zuweist in der folgenden Weise:

$$Inst(K) = inst(K) \cup \{inst(K') \mid K' \in \mathbf{K}, K' \; isa \; K\}.$$

Beispiel 3.4

Wir beschränken uns auf eine Betrachtung der Klassen **Fahrzeug** und **Automobil**. Durch *inst* werden diesen Klassen unterschiedliche Objekt-Identitäten zugeordnet. Durch *Inst* werden einer Klasse darüber hinaus auch die Identitäten aller Unterklassen zugeordnet. Man erhält also im Hinblick auf die in Abbildung 3.1 gezeigte Klassenhierarchie:

$$inst(\texttt{object}) = \emptyset,$$
$$inst(\texttt{Fahrzeug}) = \{\#13\},$$
$$inst(\texttt{Automobil}) = \{\#10, \#11, \#12\}.$$

$$Inst(\texttt{object}) = \{\#10, \#11, \#12, \#13\},$$
$$Inst(\texttt{Fahrzeug}) = \{\#10, \#11, \#12, \#13\},$$
$$Inst(\texttt{Automobil}) = \{\#10, \#11, \#12\}.$$

□

Basierend auf einer gegebenen Basisextension können wir jetzt auch zu den einzelnen Typen Wertebereiche angeben:

Definition 3.8

Eine Abbildung *dom*, die jedem Typ aus **T** einen passenden Wertebereich zuordnet, wird wie folgt definiert:

(i) $dom(\texttt{integer})$ sei die Menge aller ganzen Zahlen (analog für $\texttt{string}$, $\texttt{float}$, $\texttt{boolean}$);

(ii) $dom(K) = Inst(K)$ für jede Klasse $K \in \mathbf{K}$;

(iii) Für einen Tupeltyp $T = [A_1 : T_1, \ldots, A_n : T_n]$, $n \geq 0$, sei

$$dom(T) := \{[A_1 : w_1, \ldots, A_n : w_n] \mid w_i \in dom(T_i), 1 \leq i \leq n\};$$

(iv) Für einen Mengentyp $\{T\}$ sei

$$dom(\{T\}) := \{\{w_1, \ldots, w_n\} \mid w_i \in dom(T) \text{ für } n \geq 0, 1 \leq i \leq n\}.$$

Schließlich können wir den Objekten gemäß den Typen ihrer Klassen Werte zuweisen, was uns erlaubt, den strukturellen Anteil einer Objektbank zu definieren. Die nachfolgende Festlegung ist allerdings als vorläufig anzusehen, da wir zunächst Vererbung außer Betracht lassen.

Definition 3.9

Sei $\mathbf{SC}_{struc} = (\mathbf{K}, isa, type)$ ein Strukturschema. Sei **O** die Menge aller Objekt-Identitäten und **W** die Menge aller Werte. Eine *Instanz* (ohne Vererbung) zu $\mathbf{SC}_{struc}$ hat die Form

$$d(\mathbf{SC}_{struc}) = (inst, val),$$

wobei *inst* eine Basisextension und $val : \mathbf{O} \to \mathbf{W}$ eine Abbildung ist mit der Eigenschaft:

$$o \in inst(K), K \in \mathbf{K} \Longrightarrow val(o) \in dom(type(K)).$$

$$
\begin{array}{ccc}
\text{Klassen} & & \text{Typen} \\
\mathbf{K} & \longrightarrow & \mathbf{T} \\
 & type & \\
inst \downarrow & & \downarrow \ dom \\
 & val & \\
\mathbf{O} & \longrightarrow & \mathbf{W} \\
\text{Objekt-Identitäten} & & \text{Werte}
\end{array}
$$

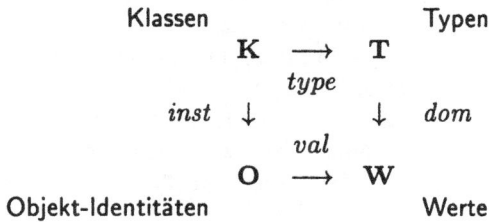

Abbildung 3.2: Formales Objektmodell (ohne Vererbung).

Abbildung 3.2 faßt die bisherigen Betrachtungen zusammen: Klassen besitzen Typen und werden instantiiert durch Objekt-Identitäten, Typen beschreiben Werte, und Objekte besitzen Werte. Für die einer Klasse zugeordneten Objekt-Identitäten muß das in Abbildung 3.2 gezeigte Diagramm gemäß der letzten Definition kommutieren.

Bisher haben wir die Klassenhierarchie *isa* lediglich dazu benutzt, um Extensionen von Klassen und eine Ordnung auf Typen zu definieren. Der eigentliche Sinn einer Klassenhierarchie ist jedoch, Grundlage für einen Vererbungsmechanismus zu sein, der dann Wiederverwendung von Eigenschaften erlaubt. Das folgende Beispiel dient zur Verdeutlichung der Problematik, in unserem bisherigen formalen Rahmen Vererbung zu behandeln.

Beispiel 3.5

Betrachten wir die Klassen **Angestellter** und **Person**. Jeder Angestellte ist auch eine Person. Die hier vorliegende IS-A-Beziehung impliziert, daß sämtliche Eigenschaften einer Person auch für einen Angestellten gelten. Die folgende Definition der entsprechenden Typen bei der vorliegenden Klassenhierarchie *isa* ist somit naheliegend, hat aber bisher nicht den gewünschten Effekt, da *type*(**Angestellter**) kein Untertyp von *type*(**Person**) ist.

Angestellter *isa* **Person**

$type$(**Person**) = [Name: string,
                        Alter: integer,
                        Wohnsitz: Adresse,
                        Fuhrpark: {Fahrzeug }]

$type$(**Angestellter**) = [Qualifikationen: {string},
                              Gehalt : integer,
                              Familienmitglieder:{Person}]

□

Die gewünschte Intuition des vorangehenden Beispiels ist, daß die für **Person**
definierten Attribute implizit auch für **Angestellter** definiert sind, so, wie es
aufgrund der Beziehung **Angestellter** *isa* **Person** die Bedingung der Wohlgeformtheit einer Untertypordnung auch verlangt. Wollen wir hier das Wiederverwenden von Definitionen erlauben, müssen wir zwischen dem mittels
der Abbildung *type* einer Klasse direkt zugeordneten Typ und dem durch die
Klassenhierarchie *isa* durch Vererbung von Typinformation implizierten Typ
unterscheiden.

Eine ähnliche Überlegung trifft für Standardannahmen zu: *Standardannahmen* (vgl. Abschnitt 1.5.2) sind Werte, die für alle Objekte der betreffenden
Klasse gelten sollen. Eine Standardannahme trifft für ein Objekt zu, sofern der
einer Unterklasse oder direkt dem Objekt zugeordnete Wert sie nicht über-
schreibt.

Beispiel 3.6

Soll ausgedrückt werden, daß jedes Fahrzeug, insbesondere auch das Fahrzeug #4, die Farbe grün besitzt, ohne dies für jedes Fahrzeug vermerken zu
müssen, so können wir dies mittels einer Standardannahme erreichen; wir
wenden hierzu die Funktion *val* auf die Klasse **Fahrzeug** an.

$$type(\textbf{Fahrzeug}) = [\quad \texttt{Modell: string,}$$
$$\texttt{Hersteller: Firma,}$$
$$\texttt{Farbe: string}]$$
$$val(\textbf{Fahrzeug}) = [\quad \texttt{Farbe: 'grün'}]$$

$$val(\#4) = [\quad \texttt{Modell: 'Golf',}$$
$$\texttt{Hersteller: \#41}]$$
$$\#4 \; isa \; \textbf{Fahrzeug}$$

□

Analog zu Beispiel 3.1 ist hier die Intuition, daß jeder für die Klasse **Fahrzeug**
als Standardannahme definierte Wert auch für jedes Fahrzeug definiert ist, es
sei denn, für ein konkretes Fahrzeug ist explizit eine andere Farbe festgelegt.
Das Fahrzeug mit der Objekt-Identität #4 hat somit die Farbe grün. Auch
hier müssen wir zwischen dem einem Objekt *direkt zugeordneten* Wert und
dem durch die Klassenhierarchie *isa* durch Vererbung von Werten *implizierten*
Wert unterscheiden.

Um Vererbung in der skizzierten Weise ausdrücken zu können, erweitern
wir unseren bisherigen formalen Rahmen. Wir können uns auf Vererbung im
Zusammenhang von Tupeltypen beschränken, da nur diese mittels ihrer Attribute einen „Zugriff" auf Typinformationen und Werte von Klassen erlauben.
Das Prinzip, das wir anwenden wollen, besteht darin, jeweils die zu vererben-
den Komponenten von der bzgl. *isa* nächsten Oberklasse zu holen, an der die
betreffende Komponente definiert ist. Eine Klasse K' ist hierbei genau dann

die bzgl. einer Eigenschaft *nächste* Klasse zu einer Klasse K, wenn K *isa* K' gilt, K' die Eigenschaft erfüllt und für jede andere Klasse K'', die ebenfalls die Eigenschaft erfüllt, gilt: wenn K *isa* K'' und K'' *isa* K', dann $K' = K''$. Man beachte, daß wegen K *isa* $K, K \in \mathbf{K}$ insbesondere jede Klasse ihre eigene Ober- bzw. Unterklasse ist.

Vereinfachend nehmen wir für die folgenden Ausführungen zunächst an, daß keine Vererbungskonflikte (vgl. Abschnitt 2.4.1) bestehen, und geben dann später (in Definition 3.13) eine Eigenschaft für Strukturschemata an, die dies auch garantiert.

Wir erweitern die bereits eingeführte Abbildung *type* zu einer Abbildung *Type* und berücksichtigen so Vererbung von Attributen:

Definition 3.10

Sei $\mathbf{SC}_{struc} = (\mathbf{K}, isa, type)$ ein Strukturschema und $K \in \mathbf{K}$ eine Klasse. Sei weiter $A \in \mathbf{A}$ ein Attribut und $T \in \mathbf{T}$ ein Typ. $Type : \mathbf{K} \rightarrow \mathbf{T}$ ist eine Abbildung mit folgender Eigenschaft:

Falls $type(K)$ ein Tupeltyp ist, dann ist $A : T$ Komponente von $Type(K)$ genau dann, wenn eine Oberklasse K' von K existiert, in der A mit Typ T definiert ist, d.h. $A : T$ ist Komponente von $type(K')$, und darüber hinaus ist K' die zu K nächste Oberklasse mit dieser Eigenschaft.

Anderenfalls sei $Type(K) = type(K)$.

In diesem erweiterten Rahmen müssen wir die Bedingung der Wohlgeformtheit entsprechend anpassen. Ein Strukturschema $\mathbf{SC}_{struc} = (\mathbf{K}, isa, type)$ ist jetzt wohlgeformt in dem Sinn, daß gilt:

$$K \text{ } isa \text{ } K' \Rightarrow Type(K) \leq Type(K').$$

Sei $\mathbf{W}_{tup}$ die Teilmenge aller Tupelwerte von $\mathbf{W}$. Für den Fall einer Vererbung von Werten, d.h. Standardannahmen, definieren wir zunächst eine auf der Menge $\mathbf{K}$ der Klassennamen definierte Funktion $val_{st} : \mathbf{K} \rightarrow \mathbf{W}_{tup}$ mit der Eigenschaft:

Wenn $K \in \mathbf{K}$ ist und $A : w$ eine Komponente von $val_{st}(K)$, dann hat $Type(K)$ eine Komponente zu A. Sei $A : T$ diese Komponente. Es gilt $w \in dom(T)$.

Im Unterschied zu *val* drückt val_{st} Schemainformation aus. Ein Strukturschema $\mathbf{SC}_{struc}$ hat deshalb im weiteren die Form $\mathbf{SC}_{struc} = (\mathbf{K}, isa, type, val_{st})$. Mit diesen Vorkehrungen können wir jetzt auch die Abbildung *val* zu einer Abbildung *Val* erweitern und berücksichtigen so die Vererbung von Standardannahmen:

$$\begin{array}{ccc}
\text{Klassen} & & \text{Typen} \\
\mathbf{K} & \longrightarrow & \mathbf{T} \\
& Type & \\
Inst \downarrow & & \downarrow \; dom \\
& Val & \\
\mathbf{O} & \longrightarrow & \mathbf{W} \\
\text{Objekt-Identitäten} & & \text{Werte}
\end{array}$$

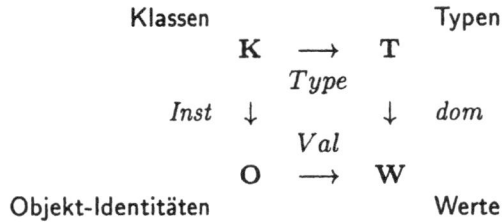

Abbildung 3.3: Formales Objektmodell (mit Vererbung).

Definition 3.11

Sei $SC_{struc} = (\mathbf{K}, isa, type, val_{st})$ ein Strukturschema, $\mathbf{O}$ eine Menge von Objekt-Identitäten und $\mathbf{W}$ eine Menge von Werten. $Val : \mathbf{O} \to \mathbf{W}$ ist eine Abbildung mit folgender Eigenschaft:

Sei $o \in \mathbf{O}$, K die Basisklasse von o, $A \in \mathbf{A}$ ein Attribut-Name und $w \in dom(A)$.

Falls $Type(K)$ ein Tupeltyp ist mit einer Komponente zu A, dann ist $A : w$ Komponente von $Val(o)$ genau dann, wenn entweder $A : w$ bereits Komponente von $val(o)$ ist oder folgendes gilt:

(i) $val(o)$ enthält keine Komponente zu A, und

(ii) es existiert eine Oberklasse K' von K, so daß $A : w$ Komponente von $val_{st}(K')$ ist, und K' ist darüber hinaus auch die zu K nächste Oberklasse mit dieser Eigenschaft.

Anderenfalls sei $Val(o) = val(o)$.

Die vorangehenden Diskussionen führen auf die in Abbildung 3.3 gezeigten Modifikationen unseres formalen Modells und lassen uns nun unter Berücksichtigung von Vererbung von Attributen und Standardannahmen definieren:

Definition 3.12

Sei $SC_{struc} = (\mathbf{K}, isa, type, val_{st})$ ein Strukturschema. Eine *Instanz* zu SC_{struc} hat die Form:

$$d(SC_{struc}) = (inst, val),$$

wobei *inst* eine Basisextension ist und die Abbildung $val : \mathbf{O} \to \mathbf{W}$ folgende Eigenschaft hat:

$$o \in inst(K), K \in \mathbf{K} \Longrightarrow Val(o) \in dom(Type(K)).$$

Man mache sich klar, wie hier Vererbung realisiert wird: Die durch SC_{struc} und $d(SC_{struc})$ implizierte Vererbung wird explizit gemacht durch eine Erweiterung von *type* bzw. *val* zu *Type* bzw. *Val*. Dies entspricht offensichtlich unserer Intuition, bei Bedarf Definitionen und Werte wiederzuverwenden, die übergeordneten Klassen zugeordnet sind, ohne diese redundant ablegen zu müssen.

Abschließend geben wir noch eine oben bereits angekündigte formale Bedingung für Strukturschemata ohne Vererbungskonflikte an:

Definition 3.13

Sei $SC_{struc} = (K, isa, type, val_{st})$ ein wohlgeformtes Strukturschema zu K. SC_{struc} heißt *frei von Vererbungskonflikten*, wenn für alle Tripel von Klassen $K, K', K'' \in K$ mit K'' *isa* K, K'' *isa* K' gilt:

(i) Falls $type(K)$ und $type(K')$ jeweils eine Komponente zu A enthalten, jedoch $type(K'')$ nicht, dann existiert eine Klasse K''', so daß $type(K''')$ eine Komponente zu A enthält und des weiteren K''' *isa* K, K''' *isa* K' und K'' *isa* K''' gilt.

(ii) Analog für val_{st}.

Das nächste Beispiel greift die Diskussion aus Abschnitt 2.4.1 wieder auf.

Beispiel 3.7

Eine Klasse K habe zwei Oberklassen, die zueinander bzgl. *isa* nicht geordnet sind; für beide Oberklassen existiert ein Attribut A, jedoch mit unterschiedlichen Typen. Ohne zusätzliche Vorkehrungen ist unklar, welche der beiden Definitionen von A für K gültig sein soll:

$$K \; isa \; K' \qquad type(K) = [\,]$$
$$K \; isa \; K'' \qquad type(K') = [A : T']$$
$$\qquad\qquad type(K'') = [A : T'']$$

Wir lösen den Vererbungskonflikt auf, indem wir eine zusätzliche Klasse $\bar{K}$ einführen, die das Attribut A mit dem gewünschten Typ redefiniert, so daß durch das implizierte Überschreiben Eindeutigkeit erreicht wird. Man beachte, daß die neue Klassenhierarchie die Bedingung für die Freiheit von Vererbungskonflikten erfüllt:

$$\bar{K} \; isa \; K' \qquad type(K) = [\,]$$
$$\bar{K} \; isa \; K'' \qquad type(K') = [A : T']$$
$$K \; isa \; \bar{K} \qquad type(K'') = [A : T'']$$
$$\qquad\qquad type(\bar{K}) = [A : T]$$

$\square$

3.2   Modellierung von Verhalten

Das Verhalten eines Objektes ergibt sich aus den auf das Objekt anwendbaren Methoden. Modellierung von Verhalten bedeutet somit einerseits festzulegen, welche Methoden auf welche Objekte anwendbar sind, und andererseits zu definieren, was die Effekte der jeweiligen Methoden sind. Wir wählen die folgende Vorgehensweise:

- Methoden werden vorhandenen Klassen zugeordnet. Die Anwendbarkeit einer Methode auf ein Objekt ergibt sich aus Vererbungsregeln analog zur Vererbung von Attributen und Standardannahmen.

- Den einzelnen Methoden ordnen wir Signaturen zu, die die Typen der Eingabeparameter und des Resultats festlegen. Auf eine Implementierung der Methoden verzichten wir zunächst. Diese Vorgehensweise ist zu der bei abstrakten Datentypen praktizierten analog, bei denen ja auch die nach außen sichtbaren Schnittstellen mittels Signaturen getrennt von der nach außen nicht sichtbaren Implementierung der Operationen festgelegt werden.

Im weiteren sei **M** eine endliche Menge von *Methodennamen*. Analog zu Attribut- und Klassennamen reden wir auch hier häufig von Methoden, auch wenn eigentlich der Name gemeint ist. Einen Ausdruck der Form

$$(M : K \times T_1 \times \ldots \times T_k \to T),$$

wobei $k \geq 0$, $M \in \mathbf{M}$ eine Methode, $K \in \mathbf{K}$ eine Klasse ist und $T_i, T \in \mathbf{T}$ Typen sind, $1 \leq i \leq k$, nennen wir eine der Klasse K *zugeordnete Signatur* für die Methode M. Wir können dann definieren:

Definition 3.14

Ein *Verhaltensschema* hat die Form

$$\mathbf{SC}_{behav} = (\mathbf{K}, isa, \mathbf{S}),$$

wobei **K** eine endliche Menge von Klassen und **S** eine endliche Menge von Signaturen ist mit folgender Eigenschaft:

Sind $(M : K \times T_1 \times \ldots \times T_k \to T), (M : K \times T_1' \times \ldots \times T_l' \to T') \in \mathbf{S}$ mit $k, l \geq 0$, so gilt $k = l$, $T = T'$ und $T_i = T_i'$ für $1 \leq i \leq k$.

Ist T ein Mengentyp, so heißt M (bzgl. der Signatur) *mengenwertig*; anderenfalls heißt M *skalar*.

In der so definierten Weise erlaubt ein Verhaltensschema, daß Signaturen von Methoden mit demselben Namen unterschiedlichen Klassen zugeordnet werden können, jedoch zu jeder Klasse pro Methode höchstens eine Signatur existieren darf.

Analog zur Wohlgeformtheit eines Strukturschemas führen wir jetzt eine entsprechende Bedingung ein, die auch als *Kontravarianz* der Methodenargumente und als *Kovarianz* der Methodenergebnisse bekannt ist. Diese Bedingung haben wir informal bereits in Abschnitt 2.4.3 kennengelernt; wir werden sie später für den Nachweis der Sicherheit von Pfad-Ausdrücken benötigen.

Definition 3.15

Ein Verhaltensschema $\mathbf{SC}_{behav} = (\mathbf{K}, isa, \mathbf{S})$ heißt *wohlgeformt*, wenn gilt:

$$(M : K \times T_1 \times \ldots \times T_k \to T),$$
$$(M : K' \times T_1' \times \ldots \times T_l' \to T') \in \mathbf{S}, K' \; isa \; K, k, l \geq 0$$
$$\Longrightarrow k = l, T' \leq T, T_i \leq T_i', 1 \leq i \leq k.$$

Signaturen definieren die zulässigen Methodenaufrufe. Sei

$$S = (M : K \times T_1 \times \ldots \times T_k \to T).$$

Die Methode M ist dann anwendbar auf alle Objekte der Klasse K, welche die Implementierung der K zugeordneten Signatur von M erben. Ein zulässiger Aufruf von M gemäß S hat die Form

$$M(o, w_1, \ldots, w_k) \quad \text{bzw.} \quad o.M(w_1, \ldots, w_k)$$

mit $o \in Inst(K)$ und $w_i \in dom(T_i), 1 \leq i \leq k$. Man beachte, daß ein Methodenaufruf undefiniert sein kann, obwohl er zulässig in diesem Sinne ist. Dies ist möglich, da Methoden partielle Funktionen repräsentieren (siehe unten).

Erbt ein Objekt o die Implementierung der einer Klasse K zugeordneten Signatur zu einer Methode M, so heißt K die *Empfängerklasse*. Die Zuordnung einer Empfängerklasse, d.h. einer Implementierung zu einem Methodenaufruf, wird auch *Resolution* genannt. Diese Zusammenhänge werden als nächstes formalisiert.

Definition 3.16

Sei $\mathbf{SC}_{behav} = (\mathbf{K}, isa, \mathbf{S})$ ein Verhaltenschema. Eine *Instanz* zu $\mathbf{SC}_{behav}$ hat die Form

$$d(\mathbf{SC}_{behav}) = (inst, impl, res),$$

wobei *inst* eine Basisextension ist und *impl* bzw. *res* Abbildungen sind wie folgt:

(i) *impl* ist eine Abbildung, die Signaturen $S \in \mathbf{S}$ eine partielle Funktion I (die „Implementierung") über den entsprechenden Wertebereichen zuordnet. Sei $S = (M : K \times T_1 \times \ldots \times T_k \to T)$. Dann gilt

$$I : dom(K) \times dom(T_1) \times \ldots \times dom(T_k) \to dom(T).$$

(ii) *res* : $(\mathbf{M}, \mathbf{K}) \longrightarrow \mathbf{S}$ ist eine partielle Abbildung, die einem Methodenaufruf $M(o, w_1, \ldots, w_k)$ in Abhängigkeit vom Methodennamen M und der Basisklasse K des Objekts o eine passende Signatur $S \in \mathbf{S}$ der Form $S = (M : K' \times T_1 \times \ldots \times T_k \to T)$ zuweist, wobei K *isa* K' gilt. Existiert keine solche Signatur, so ist *res* für den betreffenden Methodenaufruf nicht definiert.

Beispiel 3.8

Wir betrachten die Klassen **Angestellter** und **Person**. **Angestellter** habe unter anderem die Struktur:

$$type(\text{Angestellter}) = [\ \ \vdots$$
$$\text{Gehalt : integer}$$
$$\text{Familienmitglieder:} \{\text{Person}\}\ ]$$

Soll das Gehalt erhöht werden, dann eignet sich hierzu beispielsweise eine Methode mit der Signatur:

$$(\text{MehrGehalt : Angestellter} \times \text{integer} \to \text{integer}).$$

Vergrößert sich die Familie eines Angestellten, so kann dies mittels einer Methode mit der Signatur

$$(\text{Nachwuchs : Angestellter} \times \text{Person} \to \{\text{Person}\})$$

erreicht werden.

□

Man beachte, daß gemäß obiger Definition die Implementierung einer Methode durch eine partielle Funktion dargestellt wird; konkrete Sprachvorschläge, wie solche Funktionen in Form von Programmen angegeben werden können, folgen in Teil II dieses Buches, in dem die Sprachen einiger konkreter objektorientierter Datenbanken behandelt werden.

Des weiteren wird manchmal die Empfängerklasse eines Methodenaufrufs auch in Abhängigkeit von den Argumenttypen zugewiesen. Man kann die folgenden Strategien unterscheiden:

Sei $M(o, w_1, \ldots, w_k)$ ein Methodenaufruf, und sei K die Basisklasse von o. Empfängerklasse ist diejenige Klasse K',

(1) die eine Signatur zu M der Form $(M : K' \times T_1 \times \ldots \times T_k \to T)$ besitzt und zu K bzgl. *isa* die nächste Klasse ist. Die Auswahl wird somit allein von der Basisklasse des Objektes abhängig gemacht. (*einfache Auswahl*)

(2) die eine Signatur zu M der Form $(M : K' \times T_1 \times \ldots \times T_k \to T)$ besitzt, wobei $w_i \in dom(T_i), 1 \leq i \leq k$, und zu K bzgl. *isa* die nächste Klasse unter den in Frage kommenden ist. Für die Auswahl werden zusätzlich zur Basisklasse des Objekts die Typen der Argumente betrachtet. (*mehrfache Auswahl*)

Der Vorteil der ersten Strategie ist die im Vergleich zur zweiten einfachere Implementierbarkeit; allerdings kann es im Unterschied zur zweiten passieren, daß bzgl. der ausgewählten Implementierung die korrekten Typisierungen der

Argumente nicht gewährleistet sind, obwohl eine geeignete Implementierung in einer Oberklasse existiert.

Beispiel 3.9

Betrachten wir die Klassen `Angestellter` und `Manager` aus Beispiel 2.27. Die dort angegebenen Signaturen der `Vertreter`-Methode werden jetzt wie folgt notiert:

$$(\texttt{Vertreter}: \texttt{Angestellter} \times \texttt{Angestellter} \rightarrow \texttt{boolean}),$$
$$(\texttt{Vertreter}: \texttt{Manager} \times \texttt{Manager} \rightarrow \texttt{boolean}).$$

Angenommen, wir senden eine Botschaft zu `Vertreter` an einen Manager. Wenden wir die erste Strategie an, d.h. wir wählen die Implementierung allein abhängig vom Empfänger aus, dann wird diejenige Implementierung von `Vertreter` genommen, die der Klasse `Manager` zugeordnet ist. In Situationen, in denen der zweite Parameter kein Manager ist, ist ein Typfehler zur Laufzeit zu erwarten. Die zweite Strategie würde in solchen Situationen die Implementierung der Klasse `Angestellter` wählen und so, da jeder Manager auch ein Angestellter ist, diesen Typfehler vermeiden.   □

Wenn nicht explizit anders festgestellt, unterstellen wir im weiteren immer die Strategie der einfachen Auswahl, realisiert durch die Abbildung *res*.

Die folgende Definition faßt die Diskussionen dieses Kapitels, welche auch in Abbildung 3.4 veranschaulicht sind, zusammen:

Definition 3.17

Seien $\mathbf{SC}_{struc} = (\mathbf{K}, isa, type, val_{st})$ ein Strukturschema und $\mathbf{SC}_{behav} = (\mathbf{K}, isa, \mathbf{S})$ ein Verhaltenschema mit Instanzen $d(\mathbf{SC}_{struc}) = (inst, val)$ und $d(\mathbf{SC}_{behav}) = (inst, impl, res)$. Ein *Objektbank-Schema* $\mathbf{SC}$ hat die Form

$$\mathbf{SC} = (\mathbf{K}, isa, type, val_{st}, \mathbf{S});$$

eine *Objektbank* hat die Form

$$d(\mathbf{SC}) = (inst, val, impl, res).$$

Ein Objektbank-Schema $\mathbf{SC}$ integriert die für unsere Formalisierung betrachteten wichtigen Aspekte der Struktur und des Verhaltens objekt-orientierter Datenbanken: eine Hierarchie von getypten Klassen mit möglicherweise zugeordneten Standardannahmen und einer Menge von Signaturen von Methoden. Eine Objektbank $d(\mathbf{SC})$ repräsentiert einen möglichen Zustand, d.h. sie enthält eine Menge von Objekten mit Werten, zu jeder Signatur eine abstrakte Implementierung und eine Strategie zur Realisierung von Vererbung gemäß den Definitionen in $\mathbf{SC}$. Im nächsten Abschnitt werden wir diese Definitionen am Beispiel von Pfad-Ausdrücken anwenden.

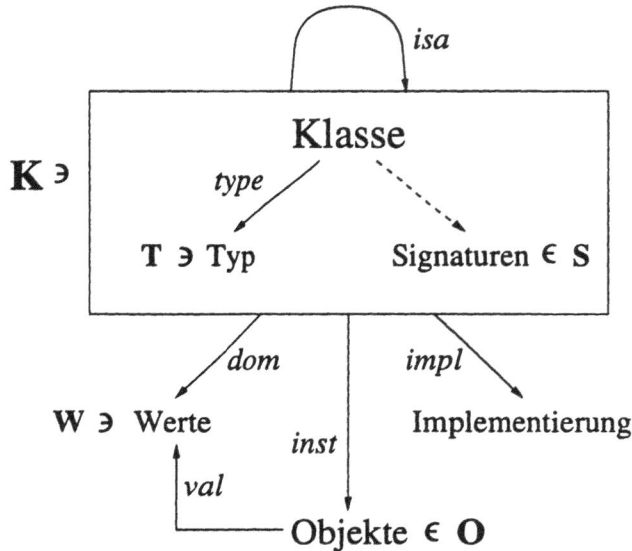

Abbildung 3.4: Zusammenfassung des formalen Modells.

3.3   Formale Behandlung von Pfad-Ausdrücken

In diesem Abschnitt werden Pfad-Ausdrücke aus zwei Gründen ausführlich behandelt. Zum einen sind Pfad-Ausdrücke ein wichtiges Element objekt-orientierter Sprachen, deren Behandlung aufgrund der im Vergleich zu relationalen Sprachen reichhaltigeren Datenstrukturen, insbesondere Mengen, nicht trivial ist. Zum anderen erhalten wir Gelegenheit, den eingeführten formalen Rahmen anzuwenden und so seine Relevanz für die Präzisierung der Zusammenhänge in objekt-orientierten Datenbanken zu demonstrieren. Wir beschränken uns im wesentlichen auf die Grundstruktur von Pfad-Ausdrücken. Wir beginnen mit Ausdrücken, die aus skalaren Attributen und Methoden gebildet sind, und verallgemeinern diese dann um mengenwertige Attribute und Methoden.

3.3.1   Skalare Pfad-Ausdrücke

Sei O eine Menge von Objekt-Identitäten, V eine Menge von Variablen, W eine Menge von Werten, T eine Menge von Typen, und seien A, K, M paarweise disjunkte Mengen von Namen für Attribute, Klassen bzw. Methoden. Weiter seien ein Objektbank-Schema $SC = (K, isa, type, val_{st}, S)$ und eine zugehörige Objektbank $d(SC) = (inst, val, impl, res)$ gegeben. Wir definieren skalare Pfad-Ausdrücke induktiv:

Definition 3.18

(P1) Jede Objekt-Identität o aus $\mathbf{O}$ und jede Variable v aus $\mathbf{V}$ ist ein *skalarer* Pfad-Ausdruck.

(P2) Sei p_0 ein skalarer Pfad-Ausdruck und M ein skalares Attribut aus $\mathbf{A}$ oder eine skalare Methode aus $\mathbf{M}$. Seien $p_1, \ldots, p_k$ skalare Pfad-Ausdrücke, $k \geq 0$. Dann ist auch

$$p_0.M(p_1, \ldots, p_k)$$

ein *skalarer* Pfad-Ausdruck. $p_1, \ldots, p_k$ sind die Argumente, bzgl. derer der Ausdruck betrachtet wird. Im Fall $k = 0$ schreiben wir kürzer $p_0.M$.

Sei $\mathbf{P}$ die Menge aller (zunächst skalaren) Pfad-Ausdrücke.

Man beachte, daß in einem Pfad-Ausdruck $p_0.M(p_1, \ldots, p_k)$ der Ausdruck p_0 die Objekt-Identität liefert, auf die die Methode M angewendet wird, wobei die Ausdrücke $p_1, \ldots, p_k$ gegebenenfalls, sofern $k \geq 1$, benötigte Parameterwerte liefern.

Beispiel 3.10

Beispiele für skalare Pfad-Ausdrücke sind:

```
#41
angestellter.Wohnsitz
automobil.Antrieb.Motor.PS
angestellter.Vertreter(firma.Praesident)
```

angestellter, **automobil** und **firma** sind hier Variablen.   □

Methoden sind Signaturen zugeordnet, die die verlangten Typen der Parameterwerte und den Resultatstyp definieren. Des weiteren sollte natürlich gewährleistet sein, daß Methoden nur für solche Objekte aufgerufen werden, für die auch eine Signatur existiert, gegebenenfalls unter Berücksichtigung von Vererbung. Um dies statisch, d.h. zur Übersetzungszeit eines Pfad-Ausdrucks, überprüfen zu können (vgl. Abschnitt 2.4.3), muß jedem Pfad-Ausdruck ein Typ zugeordnet werden können in einer Weise, daß der letztlich durch den Pfad-Ausdruck definierte Wert gerade von diesem Typ oder zumindest ein Untertyp hiervon ist.

Aus diesen Gründen soll als nächstes festgelegt werden, was unter dem Typ *Type* eines Pfad-Ausdrucks verstanden werden soll. Die Bestimmung des Typs eines Pfad-Ausdrucks p der Form $p_0.M(p_1, \ldots, p_k)$ scheint zunächst problemlos zu sein, da ja nur die Signatur zu M konsultiert werden muß, um als Typ für p den Resultatstyp dieser Signatur zu wählen. Welche Signatur sollen wir jedoch wählen, wenn mehrere existieren, deren Resultatstypen sogar bzgl. der Untertyp-Ordnung $\leq$ unvergleichbar sein können? Um hier die gemäß Vererbung richtige Auswahl zu treffen, benötigen wir offensichtlich den Typ des Pfad-Ausdrucks p_0. Aus diesen Gründen wählen wir eine induktive Vorgehensweise, um den Typ eines Pfad-Ausdrucks festzulegen, die auch als eine einfache Form von *Typinferenz* betrachtet werden kann.

Wir erweitern zunächst den Definitionsbereich der bereits bekannten Abbildung *Type*, die Menge der Klassennamen **K**, um die Menge der Pfad-Ausdrücke **P** und damit insbesondere um die Menge der Objekt-Identitäten **O** und die Menge der Variablen **V**. Einem Pfad-Ausdruck p aus **P** kann dann ein Typ aus **T** zugewiesen werden, sofern seine Struktur gewisse Wohlgeformtheits-Kriterien erfüllt. Sind diese Kriterien nicht erfüllt, so ist der Typ von p nicht definiert.

Die Spezialfälle eines Pfad-Ausdrucks, der gerade eine Objekt-Identität oder eine Variable ist, werden vorab separat behandelt. Zunächst ist der *Typ* einer Objekt-Identität o aus **O** gerade ihre Basisklasse, d.h. $Type(o) = K$, sofern $o \in inst(K)$. Bei Variablen gehen wir davon aus, daß der Typ für jede Variable bereits festgelegt ist. Tritt beispielsweise ein Pfad-Ausdruck innerhalb eines SQL-Ausdrucks auf, dann könnte dies innerhalb der from-Klausel vorgenommen worden sein. Für den Typ $Type(v)$ einer Variablen v gelte somit $Type(v) \in$ **T**.

Definition 3.19

Sei $p = p_0.M(p_1, \ldots, p_k)$ ein Pfad-Ausdruck aus **P**. Es gelte $Type(p_0) \in$ **K**. Der *Typ* von p ist dann wie folgt definiert:

(T1) Sei M ein Attribut, d.h. insbesondere $k = 0$. Existiert eine Komponente der Form $M : T$ von $Type(Type(p_0))$, dann ist $Type(p) = T$. Anderenfalls ist $Type(p)$ nicht definiert.

(T2) Sei M eine Methode. Existiert eine Oberklasse K von $Type(p_0)$ mit einer Signatur $S = res(M, Type(p_0))$, d.h. K ist die zu $Type(p_0)$ nächste Oberklasse mit einer Signatur S der Form $(M : K \times T_1 \times \ldots \times T_k \to T)$, dann ist $Type(p) = T$, sofern $Type(p_i) \leq T_i$, $1 \leq i \leq k$, gilt. Anderenfalls ist $Type(p)$ nicht definiert.

Beispiel 3.11

Die Typen der Pfad-Ausdrücke des letzten Beispiels lauten:

$Type(\texttt{\#41}) = \texttt{Firma}$
$Type(\texttt{angestellter.Wohnsitz}) = \texttt{Adresse}$
$Type(\texttt{automobil.Antrieb.Motor.PS}) = \texttt{integer}$
$Type(\texttt{angestellter.Vertreter(firma.Praesident)}) = \texttt{boolean}$

Für den letzten Ausdruck unterstellen wir die folgende Signatur:

$(\texttt{Vertreter} : \texttt{Angestellter} \times \texttt{Angestellter} \to \texttt{boolean})$

Die Typen der Variablen **angestellter** bzw. **automobil** seien hierbei die Klassen **Angestellter** bzw. **Automobil**; die Typen der Variablen in den folgenden Pfad-Ausdrücken seien entsprechend.

Ein Beispiel für einen Pfad-Ausdruck, dessen Typ nicht definiert ist, ist:

fahrzeug.Hersteller.PS

In diesem Fall ist das Attribut **PS** in der Klasse, die von **Hersteller** referenziert wird, nicht definiert.

Ein weiteres solches Beispiel ist:

firma.Hauptsitz.Ort.Adresse

□

Ein Pfad-Ausdruck heißt *getypt*, wenn zu ihm ein Typ definiert ist. Ein getypter Pfad-Ausdruck hat eine in folgender Weise *wohlgeformte* Struktur:

Sei $p = p_0.M(p_1, \ldots, p_k)$ ein Pfad-Ausdruck aus **P**.

- Der Typ von p_0, d.h. $Type(p_0)$ ist eine Klasse, so daß der Pfad-Ausdruck p zumindest eine mögliche Hintereinanderanwendung von Attributen oder Methoden darstellt.

- Bzgl. $Type(p_0)$ ist das Attribut bzw. eine Signatur zu der Methode M in der Tat definiert.

- Sofern M eine Methode ist, dann sind die Argumente $p_1, \ldots, p_k$ bzgl. der ausgewählten Signatur vom dort definierten Typ bzw. von einem Untertyp hiervon.

Nachdem nun die Syntax skalarer Pfad-Ausdrücke und ihr Typ geklärt sind, kann die Semantik betrachtet werden, d.h. wir können angeben, welchen Wert ein Pfad-Ausdruck definiert bzw. wann er undefiniert ist. Wir werden anschließend zeigen, daß der Typ dieses Wertes immer vom Typ des Ausdrucks bzw. von einem Untertyp dieses Typs ist, sofern dieser existiert.

Wir beschränken uns auf Ausdrücke ohne Variablen; diese müssen somit vor einer Auswertung des Pfad-Ausdrucks entsprechend ihrem Typ gebunden werden. Bei Auswertung eines SQL-Ausdrucks können diese Bindungen beispielsweise durch die **from**-Klausel geliefert werden. Sei somit $\mathbf{P'} \subseteq \mathbf{P}$ die Teilmenge der variablen-freien getypten Pfad-Ausdrücke und sei $sem : \mathbf{P'} \longrightarrow \mathbf{W}$ eine partielle Abbildung, die getypten variablen-freien Pfad-Ausdrücken einen Wert zuweist. Da Methoden partielle Funktionen sind, kann sem nicht für jeden Vektor von Argumenten der Methodenaufrufe definiert sein. Wir definieren die Abbildung sem induktiv und erhalten so gleichzeitig eine naheliegende Berechnungsstrategie für Pfad-Ausdrücke.

Definition 3.20

Die *Semantik sem* eines Pfad-Ausdrucks p wird wie folgt definiert:

Sei p eine Objekt-Identität. Es gilt $sem(p) = p$.

Sei dann $p = p_0.M(p_1, \ldots, p_k)$ ein skalarer, variablen-freier, getypter Pfad-Ausdruck, und sei $sem(p_i)$ definiert, $0 \leq i \leq k$.

(S1) Sei M ein Attribut und somit $k = 0$. Da p getypt ist, enthält $Val(p_0)$ eine Komponente der Form $M : w$. Setze

$$sem(p) = w.$$

(S2) Sei M eine Methode. Da p getypt ist, existiert eine Implementierung der Form $I = impl(res(M, Type(p_0)))$ von M. Ist $I(sem(p_0), sem(p_1), \ldots, sem(p_k))$ definiert, so setze

$$sem(p) = I(sem(p_0), sem(p_1), \ldots, sem(p_k)).$$

Anderenfalls ist $sem(p)$ undefiniert.

Beispiel 3.12

Auf der Basis der Extensionen aus Abbildung 1.9 ergeben sich die folgenden Werte:

```
sem(#41) = #41
sem(#68.Wohnsitz) = #82
sem(#10.Antrieb.Motor.PS) = 80
```

□

Jetzt zeigen wir, daß bzgl. jeder Objektbank der Wert eines variablen-freien, getypten, skalaren Pfad-Ausdrucks vom Typ des Pfad-Ausdrucks oder von einem Untertyp dessen ist. Damit haben wir dann insbesondere die Sicherheit von Pfad-Ausdrücken innerhalb von Anfragen, beispielsweise SQL, nachgewiesen.

Dieser Zusammenhang ist nur scheinbar offensichtlich, da die Auswahl eines Attributes oder auch der Implementierung einer Methode für die Anwendung auf ein Objekt durch den Vererbungsmechanismus erfolgt, der selbst durch die Basisklasse des betreffenden Objekts gesteuert wird. Welche Auswahl getroffen wird, ist somit aus der syntaktischen Struktur eines Pfad-Ausdrucks nicht ablesbar, sondern hängt von dem konkreten, während der Auswertung des Pfad-Ausdrucks vorliegenden Objekt ab.

Um das Problem hier genau zu sehen, mache man sich klar, daß wir zur Festlegung des Typs eines Pfad-Ausdrucks p, beispielsweise der Form $p = p_0.M_1.M_2$, für die Auswahl der Implementierung der Methode M_2 den Resultatstyp der für M_1 ausgewählten Methode zugrunde legen. Sei T_1 dieser Typ, d.h. in diesem Fall genauer eine Klasse. Existiert nun eine Unterklasse T_1' von T_1, zu der ebenfalls eine Signatur zu M_2 existiert, so kann die während der Berechnung von p angewendete Implementierung von M_2 verschieden sein von der für die Festlegung des Typs von p angenommenen. Der Wert eines Pfad-Ausdrucks kann somit in der Tat von einem anderen Typ sein als der Typ des Pfad-Ausdrucks! Aufgrund der Wohlgeformtheit eines Struktur- und Verhaltensschemas sind diese beiden Typen jedoch bzgl. $\leq$ geordnet, d.h. es gilt $T_1' \leq T_1$. Dieser Zusammenhang soll noch genauer diskutiert werden.

Sei $p = p_0.M(p_1, \ldots, p_k)$ ein skalarer getypter Pfad-Ausdruck, wobei p_i, $0 \leq i \leq k$ Objekt-Identitäten oder Variablen sind. Sei $p' = p_0'.M(p_1', \ldots, p_k')$ ein variablen-freier, skalarer Pfad-Ausdruck, den wir durch Ersetzen einer jeden Variablen v in p durch einen Wert vom Typ $Type(v)$ bzw. eines Untertyps von $Type(v)$ erhalten. Es gilt dann zunächst aufgrund der Wohlgeformtheit eines Strukturschemas $Type(p_0') \leq Type(p_0)$. Da p getypt, liefert der Vererbungsmechanismus eine Signatur zu M, so daß M auf p_0' anwendbar ist.

Ist M Attribut, d.h. insbesondere $k = 0$, so bedeutet dies, daß unter Berücksichtigung des Vererbungsmechanismus M bzgl. $Type(p_0')$ definiert ist und somit eine Komponente $M : w$ von $Val(p_0')$ existiert. Aufgrund der Definition einer Untertypordnung folgt dann die Behauptung.

Ist M Methode ohne Parameter, d.h. auch hier $k = 0$, so ist die Argumentation aufgrund der Kovarianz der Resultatstypen analog zu der für ein Attribut. Es bleibt der Fall, daß zu M Parameter existieren. Da p getypt ist, ist durch den Vererbungsmechanismus garantiert, daß bzgl. M zu $Type(p_0')$ eine Signatur existiert. Diese Signatur ist kontravariant in den Typen der Argumente zu der Signatur von $Type(p_0)$. Damit ist gewährleistet, daß $Type(p_i) \leq Type(p_i')$, $1 \leq i \leq k$, gilt; dies bedeutet nun gerade, wie gewünscht, daß die tatsächlichen Argumente von dem definierten Typ oder einem Untertyp hiervon sind. Aufgrund der Kovarianz der Resultatstypen folgt dann die Behauptung.

Sind nicht alle p_i, $0 \leq i \leq k$, Objekt-Identitäten oder Variablen, ist also mindestens ein p_i bereits selbst ein allgemeiner Pfad-Ausdruck, so kann mittels Induktion und Anwendung der vorangehenden Argumentation wiederum die Behauptung geschlossen werden.

3.3.2 Mengenwertige Pfad-Ausdrücke

Wir erweitern unsere Betrachtungen jetzt um mengenwertige Pfad-Ausdrücke.

Definition 3.21

Sei $p = p_0.M(p_1, \ldots, p_k)$ ein Ausdruck, $k \geq 0$. p ist ein *mengenwertiger* Pfad-Ausdruck, wenn eine der beiden folgenden Bedingungen gilt:

(P3) p_0 ist ein Pfad-Ausdruck und M ein mengenwertiges Attribut oder eine mengenwertige Methode.

(P4) p_0 ist ein mengenwertiger Pfad-Ausdruck und M ein Attribut oder eine Methode.

$p_1, \ldots, p_k$ sind die Argumente, bzgl. derer der Ausdruck betrachtet wird. Im Fall $k = 0$ schreiben wir auch hier kürzer $p_0.M$. **P** sei jetzt die Menge aller (d.h. skalaren und mengenwertigen) Pfad-Ausdrücke.

Beispiel 3.13

Die folgenden Beispiele illustrieren die verschiedenen Möglichkeiten, mengenwertige Pfad-Ausdrücke zu bilden:

```
person.Fuhrpark
person.Fuhrpark.Hersteller
person.Fuhrpark.Hersteller.Niederlassungen
person.Fuhrpark.Hersteller.Niederlassungen.Manager
person.Fuhrpark.Hersteller.Niederlassungen.Angestellte
```

□

Der Typ eines mengenwertigen Pfad-Ausdrucks $p = p_0.M(p_1, \ldots, p_k)$ kann analog zu skalaren Pfad-Ausdrücken bestimmt werden; es muß jedoch berücksichtigt werden, daß der Typ eines Attributs oder der Resultatstyp einer Methode eine Menge sein kann. Sei $p = p_0.M(p_1, \ldots, p_k)$ ein Pfad-Ausdruck aus **P**. Es genügt deshalb nicht, nur $Type(p_0) \in \mathbf{K}$ zu verlangen (vgl. Definition 3.19), sondern es muß bei mengenwertigen Pfad-Ausdrücken $Type(p_0) \in \mathbf{K}$ oder $Type(p_0) = \{K\}$ und $K \in \mathbf{K}$ gelten. Im letzteren Fall kann dann das Attribut bzw. die Methode M auf die einzelnen Elemente des durch den Pfad-Ausdruck gelieferten Resultates angewendet werden.

Es bleibt somit die Behandlung der Semantik; wir betrachten wiederum variablen-freie Ausdrücke und erweitern die Abbildung *sem* auf getypte, variablen-freie, mengenwertige Pfad-Ausdrücke. Werden in einem Pfad-Ausdruck mehrere Methoden hintereinander ausgeführt, wie z.B. in $p.M_1.M_2$ die Methoden M_1 und M_2, und ist im Inneren des Ausdrucks eine Methode mengenwertig, z.B. M_1, dann wird die folgende Methode, hier M_2, auf *alle* Objekte der Resultatmenge angewendet. Als Zwischenergebnisse erhaltene Mengen werden in dieser Weise aufgelöst (dies entspricht dem Effekt eines `flatten`-Operators).

Definition 3.22

Sei $p = p_0.M(p_1, \ldots, p_k)$ ein getypter, mengenwertiger, variablen-freier Pfad-Ausdruck und sei $sem(p_i)$ definiert, $0 \leq i \leq k$.

(S3) Sei M ein Attribut und somit $k = 0$.

- Sei p_0 skalar und M mengenwertig:

$$W' = \{w \mid \quad p' = sem(p_0), Val(p') \text{ enthält}$$
$$\text{eine Komponente } M : W, w \in W\},$$

- Sei p_0 mengenwertig und M skalar:

$$W' = \{w \mid \quad p' \in sem(p_0), Val(p') \text{ enthält}$$
$$\text{eine Komponente } M : w\},$$

- Sei p_0 mengenwertig und M mengenwertig:

$$W' = \{w \mid \quad p' \in sem(p_0), Val(p') \text{ enthält}$$
$$\text{eine Komponente } M : W, w \in W\}.$$

Setze $sem(p) = W'$.

(S4) Sei M eine Methode. Sei weiter $I = impl(res(M, Type(p_0)))$ und sei $I(p'_0, p'_1, \ldots, p'_k)$ definiert, wobei $p'_i = sem(p_i)$, sofern p_i skalar, bzw. $p'_i \in sem(p_i)$, sofern p_i mengenwertig, $0 \le i \le k$.

- Sei p_0 skalar und M mengenwertig:

$$W' = \{w \mid \quad w \in I\,(p'_0, p'_1, \ldots, p'_k), wobei$$
$$p'_0 = sem(p_0), p'_i = sem(p_i), \text{ sofern } p_i \text{ skalar},$$
$$\text{bzw. } p'_i \in sem(p_i), \text{ sofern } p_i \text{ mengenwertig}, 1 \le i \le k\},$$

- Sei p_0 mengenwertig und M skalar:

$$W' = \{w \mid \quad w = I\,(p'_0, p'_1, \ldots, p'_k), wobei$$
$$p'_0 \in sem(p_0), p'_i = sem(p_i), \text{ sofern } p_i \text{ skalar},$$
$$\text{bzw. } p'_i \in sem(p_i), \text{ sofern } p_i \text{ mengenwertig}, 1 \le i \le k\},$$

- Sei p_0 mengenwertig und M mengenwertig:

$$W' = \{w \mid \quad w \in I\,(p'_0, p'_1, \ldots, p'_k), wobei$$
$$p'_0 \in sem(p_0), p'_i = sem(p_i), \text{ sofern } p_i \text{ skalar},$$
$$\text{bzw. } p'_i \in sem(p_i), \text{ sofern } p_i \text{ mengenwertig}, 1 \le i \le k\},$$

Gilt für den Fall M skalar $W' = \emptyset$, so ist $sem(p)$ undefiniert. Anderenfalls ist $sem(p) = W'$.

Beispiel 3.14

Wir betrachten wieder die Pfad-Ausdrücke des letzten Beispiels und unterstellen die in Abbildung 1.9 gezeigten Zusammenhänge.

```
sem(#60.Fuhrpark) = { #10, #11 }
sem(#60.Fuhrpark.Hersteller) = { #41, #42 }
sem(#60.Fuhrpark.Hersteller.Niederlassungen)
     = { #50, #51, #52 }
sem(#60.Fuhrpark.Hersteller.Niederlassungen.Manager)
     = { #60, #65, #66 }
sem(#60.Fuhrpark.Hersteller.Niederlassungen.Angestellte)
     = { #65, #66, #68, ... }
```
□

Der Zusammenhang zwischen Typisierung und Resultaten kann für mengenwertige Pfad-Ausdrücke im wesentlichen analog aufgezeigt werden. Ist jedoch
die als letzte zur Anwendung gelangende Methode skalar, so muß berücksichtigt werden, daß das Resultat jetzt eine Menge ist; dies braucht jedoch nicht als
Typverletzung betrachtet zu werden, sondern in Einklang mit der aus relationalen Systemen gewohnten Vorgehensweise kann eine solche Menge als Menge
von skalaren Resultaten interpretiert werden. Beispiele für solche Situationen
sind die Pfad-Ausdrücke

$$\texttt{\#60.Fuhrpark.Hersteller}$$

und

$$\texttt{\#60.Fuhrpark.Hersteller.Niederlassungen.Manager.}$$

3.4   Bibliographische Hinweise

Der präsentierte formale Rahmen eines objekt-orientierten Datenmodells lehnt
sich an Kanellakis et al. (1992) an; man vergleiche hierzu auch Abiteboul et al.
(1995). Neuere Eregebnisse zur Tiefengleichheit findet man bei Abiteboul und
Van den Bussche (1995). Ein anderer, mehr logik-orientierter Ansatz wird in
Kifer et al. (1995) verfolgt; hierauf wird noch in Kapitel 7 eingegangen werden.
Die Formalisierung von Pfad-Ausdrücken basiert auf Kifer et al. (1992) und
Frohn et al. (1994).

Teil II

Sprachen

Kapitel 4

Fallstudien

In diesem Kapitel konkretisieren wir unsere Betrachtungen zu objekt-orientierten Datenbanksystemen, indem wir vier kommerziell verfügbare Systeme beschreiben, und zwar

(1) Illustra von Illustra Information Technologies, Inc.,

(2) O_2 von O_2 Technology,

(3) GemStone von GemStone Systems, Inc., und

(4) ObjectStore von Object Design, Inc.

Wir beschränken uns, der Thematik des Buches folgend, auf die zugrunde liegenden Modelle und Sprachen. Die getroffene Auswahl an Systemen erhebt keinen Anspruch auf Vollständigkeit, jedoch demonstrieren bereits diese wenigen Systeme die Vielfalt der Möglichkeiten, aus der bei Entwurfsentscheidungen für objekt-orientierte Datenbanksysteme gewählt werden kann:

(1) Illustra ist eine Weiterentwicklung von Postgres, das selbst seine Wurzeln in Ingres hat, einem der ersten relationalen Datenbanksysteme. In dieser Tradition stehend erweitert Illustra relationale Konzepte um die für Objekt-Orientierung charakteristischen.

(2) Das System O_2 ist im klassischen Sinne ein Datenbanksystem, indem es über eigenständige Sprachen zur Definition sowie zur Manipulation von Datenbanken verfügt. Die Sprachkonzepte relationaler Datenbanken werden jedoch auf ein dezidiertes Objektmodell abgebildet und entsprechend erweitert.

(3) GemStone erweitert die objekt-orientierte Programmiersprache Smalltalk mit dem Ziel, aus Smalltalk ein Datenbanksystem zu machen.

(4) ObjectStore erweitert in ähnlicher Weise die objekt-orientierte Programmiersprache C++, die selbst eine Fortentwicklung der Sprache C ist.

Während also die ersten beiden der hier betrachteten Systeme sich in der Tradition von Datenbanksystemen stehend verstehen, können die beiden anderen als
aus der Sicht von Programmiersprachen entwickelt gelten. Die hier getroffene
Auswahl spiegelt damit zumindest die beiden unterschiedlichen Entwicklungs-
richtungen wider, daß ein objekt-orientiertes Datenbanksystem

- ein mit einem Objektmodell und einer entsprechenden Sprache ausge-
  stattetes Datenbanksystem bzw.

- eine um Datenbankfunktionalität erweiterte höhere (und objekt-orientierte) Programmiersprache sein kann.

Jeweils einen Vertreter dieser beiden Traditionen präsentieren wir ausführlicher, und zwar O_2 für die primäre Datenbankorientierung und GemStone für
den Ausgangspunkt einer objekt-orientierten Programmiersprache. Die Entwurfsentscheidungen dieser Systeme im Hinblick auf die Architektur und das
Persistenzmodell werden besser verständlich, wenn wir die alternativen Ansätze
zu diesen beiden Aspekten zunächst im Vergleich diskutieren.

4.1 Architektur und Persistenzmodell objekt-orientierter Datenbanken

Objekt-orientierte Datenbanken wollen dieselbe Funktionalität abdecken wie
relationale Datenbanken. Es müssen somit die charakteristischen Eigenschaften objekt-orientierter Sprachen und die charakteristischen Eigenschaften von
Datenbanken integriert werden. Für die Architektur und das Persistenzmodell gibt es unterschiedliche Ansätze, um diese Integration zu bewerkstelligen.
Diese Unterschiedlichkeit läßt insbesondere auch den Ausgangspunkt der Entwicklung zu einer objekt-orientierten Datenbank erkennen.

4.1.1 Architektur

Heutige Datenbanksysteme besitzen häufig eine sogenannte *Klienten/Server-
Architektur*. Hierbei handelt es sich um eine Software-Architektur zur Realisierung eines funktional verteilten Systems, bei welchem die Komponenten als
unabhängige Prozesse realisiert sind, die miteinander in festgelegter Form (über
Anforderung-Antwort-Paare) kommunizieren. Dieses grundsätzliche Prinzip ist
in Abbildung 4.1 veranschaulicht: Ein Prozeß, der *Klient*, sendet eine Anforderung (*Request*) an den anderen Prozeß, den *Server*, von letzterem ist dabei
bekannt, daß er die Anforderung bearbeiten kann. Der Server reagiert auf die
Anforderung in der gewünschten Weise und sendet sodann eine Antwort (*Re-
ply*) an den Klienten.

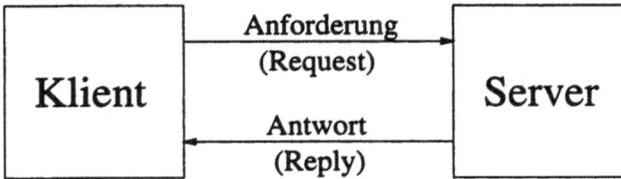

Abbildung 4.1: Klienten/Server-Konzept.

Die Verteilung der Aufgaben zwischen Klienten und Server ist bei relationalen und objekt-orientierten Datenbanksystemen in der Regel unterschiedlich. In relationalen Datenbanksystemen kommunizieren Klient und Server typischerweise durch Senden eines SQL-Ausdrucks vom Klienten zum Server; dieser sendet dann als Antwort das Resultat des Ausdrucks in Form einer Menge von Tupeln zurück (vgl. Abbildung 4.2). Die Hauptarbeit zur Beantwortung einer Anfrage liegt somit beim Server (man spricht auch von einem *Anfrage-Server*); für den Klienten bleibt, sofern er die Antwortmenge nicht als Ganzes verarbeiten kann, die Verwaltung von Zeigern, um die einzelnen Tupel in der gewünschten Reihenfolge betrachten zu können.

Die Gründe für diese Aufgabenverteilung sind einleuchtend: Ein Datenbanksystem strebt eine möglichst redundanzfreie Speicherung der Daten unter einer zentralen Kontrolle zur Gewährleistung der Integrität an. Eine Verteilung der Daten auf Klienten würde einen die Effizienz stark einschränkenden Kommunikationsaufwand zwischen Server und Klienten, möglicherweise auch zwischen Klienten untereinander verursachen. Ein weiteres Argument für die Abarbeitung eines SQL-Ausdrucks beim Server ist der hohe Aufwand, der hierfür vor dem Hintergrund von Effizienz vonnöten ist. Die Optimierungskomponente für Anfragen gehört mit zu den kompliziertesten und umfangreichsten Teilen eines Datenbanksystems. Zu einer effizienten Anfragebearbeitung ist ein Klient somit nur dann in der Lage, wenn er einen großen Teil der Datenbankfunktionalität mit übernimmt; im allgemeinen ist ein Klient, insbesondere wenn er PC-basiert ist, hierzu nicht fähig.

Um den speziellen Rahmenbedingungen objekt-orientierter Datenbanken gerecht werden zu können, findet man bei diesen zur Anfrage-Server-basierten Architektur Alternativen, in denen als Übertragungseinheit entweder einzelne Seiten oder ganze Objekte gewählt werden; man spricht dann von einem *Seiten-Server* bzw. von einem *Objekt-Server*, vgl. die Abbildungen 4.3 und 4.4.

Objekt-orientierte Datenbanken sollen für Anwendungsbereiche Datenbankunterstützung anbieten, in denen relationale Datenbanken sich als unzulänglich erwiesen haben. Diese Anwendungsbereiche (vgl. Abschnitt 1.1) sind unter anderem durch komplex strukturierte Objekte charakterisiert. Eine solche Objektstruktur, in der die Beziehungen zwischen den Objekten durch direkte Referenzen ausgedrückt werden, legt ein Nachverfolgen dieser Referenzen (*pointer chasing*), beispielsweise mittels Pfad-Ausdrücken, nahe, in der je nach

Klient

Server

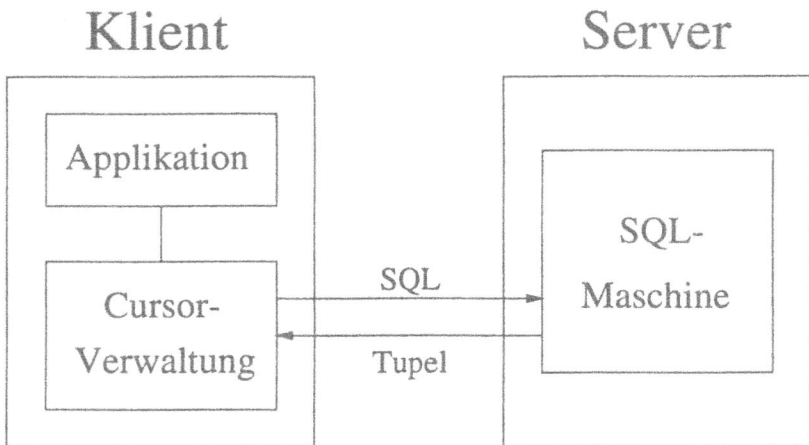

Abbildung 4.2: SQL-Server-Architektur eines relationalen Systems.

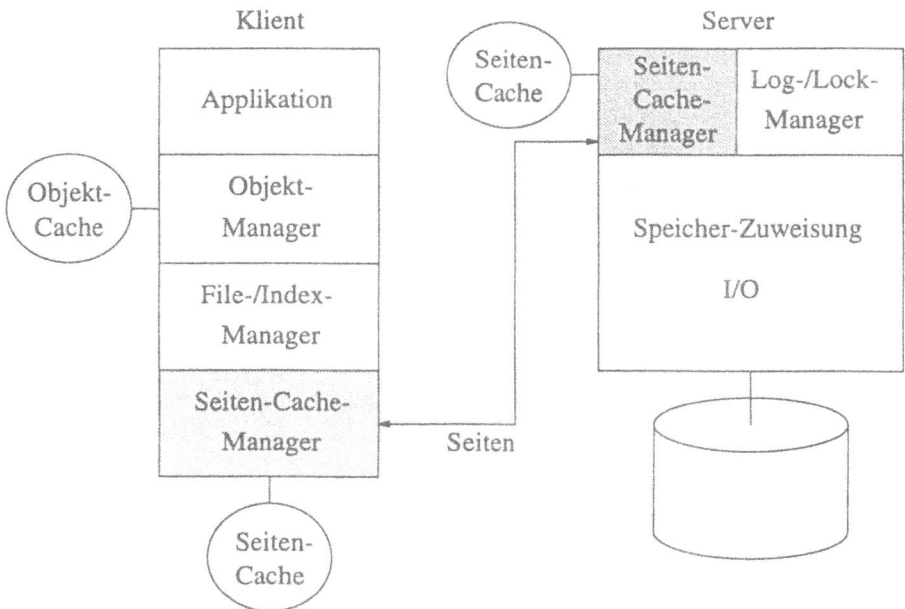

Abbildung 4.3: Seiten-Server-Architektur.

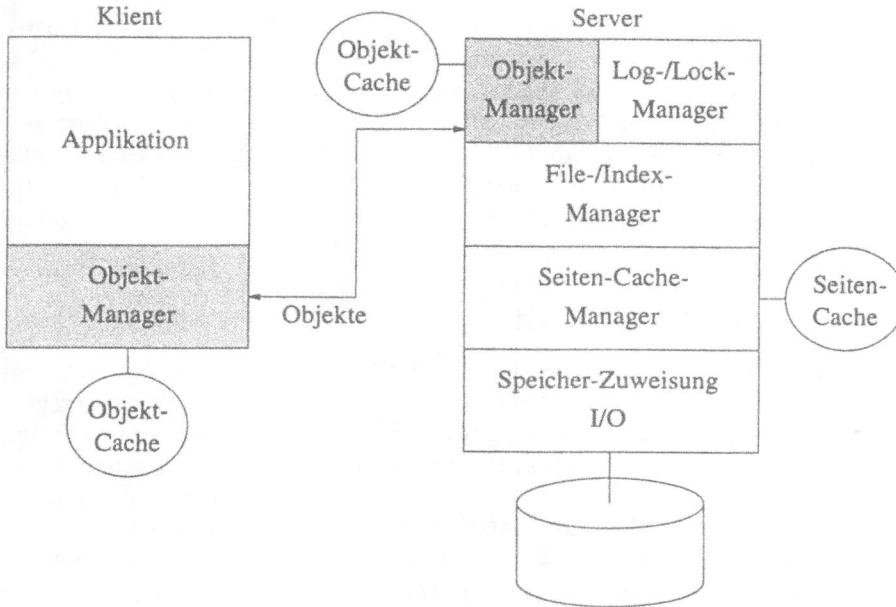

Abbildung 4.4: Objekt-Server-Architektur.

Stand der Verarbeitung ein Klient die als nächstes benötigten Objekte vom Server anfordert. Hierzu müssen nicht erst aufwendige Verbundoperationen berechnet werden, da die Beziehungen zwischen den Objekten in Form von direkten Referenzen materialisiert sind. Das Senden eines SQL-Ausdrucks zum Server erübrigt sich bei dieser Vorgehensweise, so daß objekt-orientierte Datenbanksysteme in diesen Anwendungsbereichen in der Tat erheblich effizienter sein können als relationale Datenbanken.

Sollen neben den neuen auch die klassischen Datenbankanwendungen effizient unterstützt werden, so muß navigierender und assoziativer Zugriff, beispielsweise in SQL formuliert, gleichermaßen unterstützt werden. Je nachdem, wie ein konkretes objekt-orientiertes Datenbanksystem seinen Schwerpunkt setzen möchte, wird die Architektur somit durch einen Anfrage-Server oder einen Seiten- bzw. Objekt-Server charakterisiert werden können; hybride Architekturen, die sowohl einen Anfrage- wie auch einen Seiten-/Objekt-Server enthalten, sind ebenfalls möglich.

Die Wahl der Server-Architektur hat Auswirkungen auf die Ausführbarkeit von Methoden. Objekte kapseln Struktur und Verhalten; bei einer Anfrage- oder Objekt-Server-Architektur können Methoden am Server bzw. am Server und an den Klienten ausgeführt werden, während sie bei einem Seiten-Server in der Regel ausschließlich beim Klienten ablaufen können. Die Ausführbarkeit am Server hat den Vorteil, daß unter Umständen große Datentransfers zu den Klienten vermieden werden können und Geschäftsregeln oder auch Integritätsbedingungen zentral kontrolliert werden können. Wo die Methoden abgelegt sind und wo sie ausgeführt werden, kann und sollte im Prinzip vor den Anwendungen verborgen sein. Sind die Methoden Teil der Programmierumgebung der Klienten, so hat dies unter Umständen Effizienzvorteile, da kein Ausführungssystem am Server existieren muß. Andererseits sind Teile der Objektdefinitionen auf Klienten und Server verteilt, so daß die Gewährleistung konsistenter Definitionen problematisch sein kann.

4.1.2 Persistenzmodell

Sprachen objekt-orientierter Datenbanken wollen den *Impedance Mismatch* vermeiden, der beim Aufruf relationaler Anfrageausdrücke von Gastsprachen aus, beispielsweise eingebettetes SQL, zu beobachten ist. Wir haben bisher nur den Aspekt betrachtet, wie objekt-orientierte Datenbanken durch anwendungsnähere Datentypen versuchen, hier Abhilfe zu schaffen. Eine nahtlose Integration von Programmiersprachen und Datenbanken muß jedoch auch eine Antwort auf die Frage der Behandlung transienter und persistenter Objekte finden. Im Idealfall sollte Persistenz wie folgt charakterisiert werden können:

(1)   Sie sollte *orthogonal* zum Typkonzept sein, so daß im Prinzip ein Objekt beliebigen Typs persistent sein kann.

(2)   Sie sollte *transparent* sein. Es soll in der Verarbeitung kein Unterschied für den Programmierer zwischen persistenten und transienten Objekten erkennbar sein.

(3)   Sie sollte *unabhängig* vom Speichermedium in der Weise sein, daß keine expliziten Lese- und Schreiboperationen erforderlich sind.

Unter dem *Persistenzmodell* einer Sprache können wir somit die Art und Weise verstehen, wie diese Aspekte in der Sprache realisiert sind.

Der naheliegendste Ansatz, persistente Objekte zu definieren, besteht aus der Verwendung spezieller, sogenannter *persistenter Klassen*. Dieser Ansatz entspricht dem traditionellen Ansatz eines Schemas in Datenbanken. Im allgemeinen hat dies zur Konsequenz, daß der Programmierer persistente Objekte explizit in transiente Bereiche bringen muß und umgekehrt. Eine zweite Alternative besteht darin, Objekte *persistent zu instanziieren*, ohne daß die Objekte zu speziellen persistenten Klassen gehören müssen. Probleme können entstehen, wenn persistente Objekte Referenzen auf transiente Objekte besitzen, so daß die referentielle Integrität potentiell gefährdet ist. Eine Möglichkeit, hier Unterstützung zu geben, besteht aus der Unterhaltung sogenannter *inverser* Beziehungen, die die Überprüfung der referentiellen Integrität bei Bedarf erleichtern.

Eine dritte Alternative beruht auf der *Erreichbarkeit* von persistenten Objekten. Dies bedeutet, daß ein Objekt automatisch dann persistent ist, wenn es von einem persistenten Objekt aus referenziert wird. Man bedient sich hier sogar ähnlicher Techniken, wie sie aus Netzwerksystemen bekannt sind: Ein Objekt wird im einfachsten Fall bereits dadurch persistent, daß es mit einem benutzer-definierten Namen (zusätzlich zu seiner Identität) ausgestattet wird; benannte Objekte sind dann sämtlich persistent. Ferner kann eine Navigation jetzt in einem benannten Objekt, welches dann als Einstiegspunkt (*entry point*) bezeichnet wird, starten, denn von diesem Objekt aus können gegebenenfalls weitere über Referenzen erreicht werden.

Die Realisierung eines Persistenzmodells mit den angestrebten obigen Eigenschaften ist nicht trivial. Die Darstellung der systemtechnischen Konsequenzen sprengt den Rahmen dieses Buches. Als Beispiel wollen wir lediglich die problematische Situation erwähnen, wenn bei der Abarbeitung eines Pfad-Ausdrucks sowohl transiente als auch persistente Objekte referenziert werden. Hier muß eine Lösung gefunden werden, die die im Prinzip unterschiedlichen Adreßräume beider Arten von Objekten mit ihren unterschiedlichen Adreßformaten integriert.

4.2   Illustra

Unter den von uns ausgewählten Systemen ist Illustra das am weitesten auf der „Datenbankseite" stehende. Die Präsentation von Illustra wird durch die häufigen Namenswechsel seines Herstellers — von Miro über Montage zu Illustra — erschwert. Die „konstante" Mutter dieser Produkte ist Postgres; die Philosophie der Anfragesprache von Postgres basiert allerdings noch auf Quel, während sich Illustra an die Standardisierungsbemühungen um SQL3 (vgl. Kapitel 5) anlehnt.

Illustra unterstützt unter anderem benutzer-definierte Typen, Vererbung, Funktionen, ad-hoc Anfragen und aktive Regeln, die zur automatischen Gewährleistung der Integrität verwendet werden können. Die Architektur von Illustra ist eine Klienten/Server-Architektur, wobei der Server die Funktion eines Anfrage-Servers hat. Das Objekt-Modell von Illustra erweitert SQL2 um benutzer-definierte Typen, Hierarchien von Tabellen, mehrfache Vererbung, Objekt-Identität und Überladen von Funktionen; es ist zugesichert, daß diese Erweiterungen konform mit dem zu erwartenden Standard SQL3 sein werden. Wir verzichten deshalb hier auf die Diskussion des Objekt-Modells und verweisen auf das nachfolgende Kapitel.

Illustra besteht aus einer Datenbankmaschine, die auf dem Server liegt, einem Visualisierungs-Werkzeug, um Anfragen an komplexe Objekte zu vereinfachen, und sogenannten *DataBlades*, deren Aufgabe es ist, die Anwendungsentwicklung zu vereinfachen. Gemäß der Anfrage-Server-Architektur kommunizieren Klienten mit dem Server durch Senden von SQL-Ausdrücken. Die Verarbeitung dieser Ausdrücke kann beim Server das Aufrufen weiterer benutzer-definierter Methoden auslösen, die selbst Teil der Datenbank sind. Illustra kann

somit „komplette" Objekte in dem Sinn speichern, daß Zustand und Verhalten
Teil der Datenbank ist.

DataBlades sind für objekt-orientierte Anwendungen ein interessantes
Konzept, das in dieser Form spezifisch für Illustra ist. Ein DataBlade ist ein
benutzer-definierter Typ zusammen mit den auf ihm anwendbaren Funktionen und speziellen auf ihn zugeschnittenen Zugriffstechniken; ein DataBlade
ist somit mehr als eine anwendungsspezifische Klasse, da er zusätzlich opti-
mierte (interne) Zugriffstechniken vorsieht. Die ersten verfügbaren DataBlades unterstützen Text-, Raum- und Bildverarbeitung. Beispielsweise sieht der
Raum-DataBlade als spezialisierte Zugriffstechnik R-Bäume vor, während der
Text-DataBlade eine spezielle Zugriffstechnik für Volltextsuche enthält. Diese
DataBlades stellen natürlich nur den Ausgangspunkt dar – es ist insbesondere
auch Aufgabe der Anwender, selbst spezialisierte DataBlades zu erstellen, um
so mit den Möglichkeiten der objekt-orientierten Vorgehensweise eine standar-
disierte, effiziente Softwareentwicklung zu erreichen.

4.3 O_2

Das System O_2 wird seit 1991 von O_2 Technology vermarktet. O_2 ist erkennbar
verankert in der Tradition der Datenbank-Sprachen. So kennt O_2 ein separates
Schema, in dem die Klassen und ihre Hierarchie definiert werden. Des weiteren können strukturierte Werte direkt verwendet werden, ohne daß hierzu
geschachtelte Objektstrukturen erforderlich wären. Schließlich enthält O_2 auch
eine objektorientierte Variante von SQL. O_2 Technology arbeitet in den Stan-
dardisierungsgremien der ODMG mit (vgl. Kapitel 5).

O_2 hat eine Klienten/Server-Architektur, die die folgenden Komponenten
enthält (vgl. Abbildung 4.5):

(1)   den O_2Engine genannten Kern, ein sprachenunabhängiges Objektbanksy-
       stem, welches das Objektmodell von O_2 unterstützt und dessen Schema-
       Verwaltung übernimmt,

(2) O_2Look, ein graphisches Werkzeug zur Erzeugung, Präsentation und Edi-
       tierung von Datenbankobjekten,

(3) O_2SQL, eine SQL-ähnliche Anfragesprache, auf die in den nachfolgenden
       Abschnitten noch eingegangen wird,

(4) O_2Tools, eine Programmierumgebung mit graphischem Browser, Edito-
       ren, Debugger und Schema-Dokumentation,

(5)   Schnittstellen zu C und C++,

(6) O_2C, eine 4GL-Programmiersprache, die eine Obermenge von C darstellt.

Die O_2Engine besteht aus drei Ebenen. Die oberste Ebene bildet der *Schema-Manager*. Er ist für die Erzeugung, Verwendung, Änderung und Löschung von Klassen, Methoden und globalen Namen verantwortlich; darüber hinaus gehört zu seinem Aufgabenbereich die Realisierung von Vererbung und die Konsistenzprüfung des Schemas. Der *Objekt-Manager* bildet die mittlere Ebene. Er organisiert die Manipulation der Objekte einschließlich des Versendens von Botschaften (Methodenaufrufe). Darüber hinaus ist er auch für die internen Aspekte wir Persistenz, Indexstrukturen und Clusterung zuständig. Die unterste Ebene bildet eine Weiterentwicklung des *Wisconsin Storage System* (WiSS), die hier die Funktion eines intelligenten Plattenservers übernimmt.

Die Klienten/Server-Architektur der O_2Engine ist ein Seiten-Server; es befindet sich lediglich die unterste Ebene der O_2Engine auf dem Server. Diese Aufteilung ist möglich, da moderne Workstations genügend Verarbeitungskapazität haben, um einen erheblichen Teil der Funktionalität des Systems übernehmen zu können. Gemäß dieser Aufteilung kennt der Server keine Objekte. Es können somit keine Anfragen oder Methoden direkt am Server ausgeführt werden. In einer früheren Version basierte O_2 auf einer Objekt-Server-Architektur; dieser Weg wurde jedoch wegen eines zu hohen Systemsaufwandes wieder verlassen. Die Architektur im Überblick zeigt Abbildung 4.5.

Im folgenden beschäftigen wir uns ausführlicher mit dem Datenmodell und den damit verbundenen Sprachen. Das Datenmodell haben wir in wesentlichen Aspekten bereits in Kapitel 3 beschrieben. Als charakteristisches Element behandelt O_2 Objekte *und* Werte als eigenständige Konstrukte. Ein Wert ist von einem Typ, der rekursiv mittels atomarer Typen und Typkonstruktoren definiert sein kann und somit möglicherweise strukturiert ist. Ein Objekt hat eine Identität, einen Wert, ein Verhalten, das durch die anwendbaren Methoden definiert ist, und gehört zu einer Klasse. Objekt-Identitäten können in Form von Attributwerten als Referenzen zu anderen Objekten verwendet werden.

4.3.1 Die Deklarationssprache

Die wesentlichen Elemente der Deklarationssprache von O_2 sind in ihrer „reinen" Form bereits aus Kapitel 3 bekannt. Um die vorhandenen Entsprechungen betonen zu können, wählen wir weitgehenst dieselbe Reihenfolge bei der Vorstellung der einzelnen Konstrukte.

Werte können *atomar* oder *strukturiert* sein. Atomare Werte können dabei eine der folgenden Formen annehmen:

(1)   ganze Zahlen (Integers), z.B. `1`, `35`, `-54371`,

(2)   reelle Zahlen (Reals), z.B. `3.1415`, `-26.5E10`,

(3)   einzelne Zeichen (Characters), z.B. `'A'`, `'T'`, stets eingeschlossen in einfache Hochkommas,

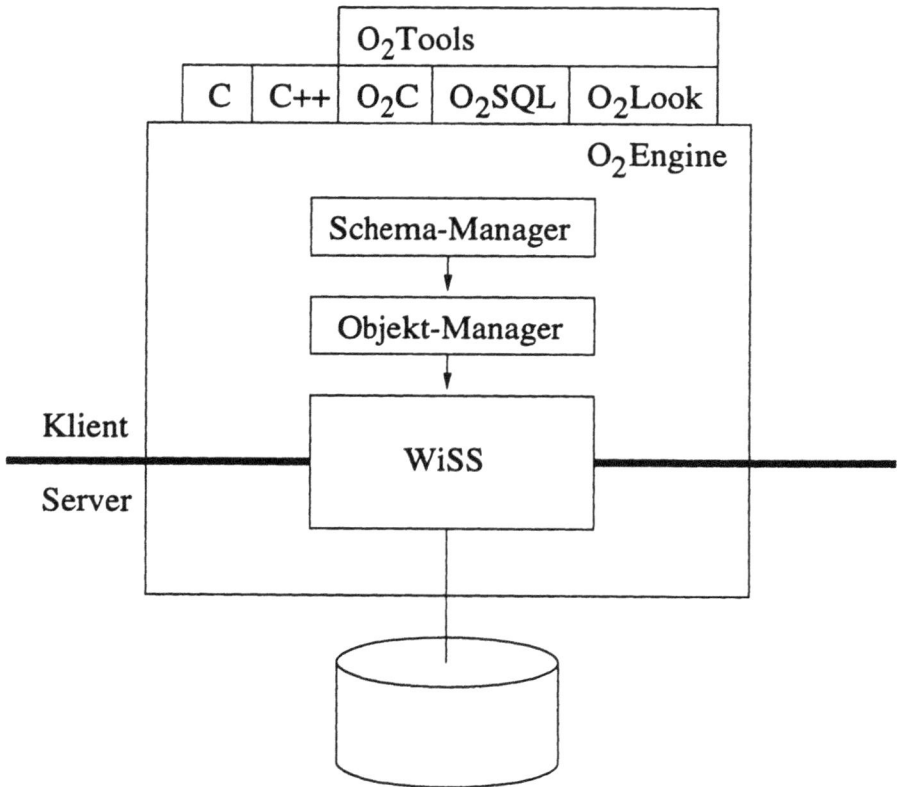

Abbildung 4.5: O_2-Architektur.

(4)   Zeichenreihen (Character-Strings), z.B. ``Dies ist ein Satz'', stets
        eingeschlossen in doppelte Hochkommas,

(5)   die Booleschen Werte true oder false,

(6)   Bit-Strings, verschieden von Character-Strings durch das Fehlen der Be-
        schränkung auf Buchstaben.

Ferner kennt O_2 auch Referenzwerte, die jedoch nur im Zusammenhang mit
Klassennamen auftreten dürfen. Bei strukturierten Werten kann es sich um
Tupel-, Mengen- oder Listen-Werte handeln, wobei bei Mengen zwischen „Unique Sets" (Mengen im üblichen Sinne) und „Sets" (Mengen, in denen doppelte
Elemente vorkommen dürfen) unterschieden wird. Diese werden jetzt gebildet,
indem man ihnen entsprechende Schlüsselwörter voransetzt. Beispiele für strukturierte Werte, die also unter Verwendung der Konstruktoren tuple, set,
unique Set oder list gebildet wurden, sind die folgenden:

```
tuple (Name: "John Smith", Alter: 32)

tuple (Name: tuple (Vorname: "John", Nachname: "Smith"),
       Alter: 32)

set (1, 2, 3, 5, 7, 11)

set (1, 1, 2, 3, 5, 7, 11, 7, 2)

unique set (1, 5, 11, 13)

list (1, 2, 7)
```

Ein *Typ* ist die Beschreibung eines eventuell komplex strukturierten Wertebereichs, welcher gebildet wird unter Verwendung

(1)   der atomaren Typen integer, real, char, string, boolean und
        bits,

(2)   der Typ-Konstruktoren tuple, unique set, set und list und

(3)   von Klassennamen.

Bei Klassennamen kann es sich sowohl um system- als auch um benutzer-
definierte Klassennamen handeln. Die system-definierten sind dabei durch O_2
selbst oder durch die Toolbox O_2Kit vorgegeben (z.B. Object, Date, Bitmap
oder Money). Wird der Name einer benutzer-definierten Klasse (z.B. Person)
in einer Typdefinition verwendet, so referenziert eine Instanz dieses Typs ein
Objekt der betreffenden Klasse. Geht dem Klassennamen in der Typdefinition jedoch das Schlüsselwort type voraus, enthält eine Instanz dieses Typs

einen Wert (nicht aber ein Objekt) mit derselben Struktur wie der Typ der
betreffenden Klasse.

Typen können zum Zwecke der Wiederverwendung mit einem Namen
versehen werden; das folgende Beispiel demonstriert dies:

```
create type Text: list(string)
```

Ihre Hauptanwendung finden Typdefinitionen naturgemäß in der Anwendung
auf Attribute bzw. in der Definition der Struktur einer Klasse. Die allgemeine
Form einer Klassendefinition lautet:

```
class <Klassenname> [ <Optionen> ]

   type <Typ-Spezifikation>

   method <Methoden-Spezifikationen>

end
```

Einzelheiten hierzu werden weiter unten erläutert. Grundsätzlich leistet dabei
die **type**-Klausel das, was in Kapitel 3 der Abbildung *type* zukam. Entsprechend leitet das Schlüsselwort **method** eine Signaturbeschreibung ein. Außer in
Klassendefinitionen finden Typdefinitionen bei O_2 in der Definition von Methoden Anwendung, um die Typen der Parameter bzw. des Rückgabewertes
festzulegen.

Untertypen in O_2 sind wie aus Kapitel 3 bekannt definiert. Dies bedeutet
einmal, daß für einen Untertyp neue Attribute definiert werden dürfen. Des
weiteren dürfen die Typen von Attributen des Obertyps selbst durch einen
Untertyp spezialisiert werden.

Beispiel 4.1

Beispiele für Untertypenbeziehungen sind:

```
tuple( Name: string,
       Adresse: tuple( Strasse: string, Ort: string),
       Telefon: string)
```

ist ein Untertyp von

```
tuple( Name: string,
       Adresse: tuple( Strasse: string, Ort: string))
```

bzw.

```
list( tuple( Name: string, Alter: integer))
```

ist ein Untertyp von

```
list( tuple( Name: string))
```

Hierzu sei lediglich bemerkt, daß Listen hinsichtlich der Bildung von Untertypen wie Mengen behandelt werden. □

Ein *Objekt* besitzt bei O_2 wie üblich eine Identität, welche vom System generiert wird und nach außen nicht sichtbar ist, einen Wert, welcher einem durch einen zulässigen Typ beschriebenen Wertebereich entnommen sein muß, und ein Verhalten, welches durch an das Objekt gebundene Methoden beschrieben ist. Auf der Sprachseite wird der Unterscheidung zwischen einem Objekt und seinem Wert durch das Symbol * Rechnung getragen: Bezeichet x eine Variable, welcher eine Objekt-Identität zugewiesen werden kann, so bezeichnet *x den Wert des entsprechenden Objekts (man sagt, daß * das betreffende Objekt *entkapselt*).

Wir erwähnen noch das Persistenz-Modell von O_2; es beruht auf den folgenden Prinzipien:

(1)   Objekte und Werte können *benannt* sein;

(2)   jedes benannte Objekt bzw. jeder benannte Wert ist persistent;

(3)   Von persistenten Objekten bzw. Werten referenzierte Objekte sind ebenfalls persistent.

Als Beispiel erzeugt das Kommando

```
create name Personen : set(Person);
```

einen Namen **Personen**, welcher mit der leeren Menge initialisiert wird und sodann Objekte des Typs **Person** aufnehmen kann; die Menge mit Namen **Personen** ist damit als persistent definiert.

Die Unterscheidung zwischen Objekten und Werten ist ferner für das etwa in Selektionen benötigte *Vergleichen* von Objekten relevant. O_2 macht hier die bei objekt-orientierten Systemen üblichen Unterscheidungen (vgl. Abschnitt 3.1):

(1)   Zwei Objekte heißen *oberflächengleich* (*shallow equal*), falls alle ihre Attributwerte auf der äußersten Schachtelungsebene übereinstimmen. Dies impliziert, daß bei objektwertigen Attributen jeweils dieselben Objekte referenziert werden müssen.

(2)   Zwei Objekte heißen *tiefengleich* (*deep equal*), falls ihre Werte über sämtliche Schachtelungsebenen gleich sind. Bei einem Test auf Tiefengleichheit werden also Objektreferenzen in Attributwerten jeweils durch den

Wert des referenzierten Objekts ersetzt und verglichen; dies wird so lange iteriert, bis alle Referenzen aufgelöst sind. Tiefengleiche Objekte sind demnach anhand ihrer (eventuell komplexen) Werte allein nicht zu unterscheiden.

Beispiel 4.2

Wir betrachten die folgenden Tupelwerte von Objekten:

$val(\#1) = $ [A: 'xyz', B: #2, C: #3]

$val(\#4) = $ [A: 'xyz', B: #2, C: #3]

$val(\#2) = $ [D: 'abc', E: 'efg']

$val(\#3) = $ [F: 'hij', G: 'klm']

$val(\#5) = $ [D: 'abc', E: 'efg']

$val(\#6) = $ [F: 'hij', G: 'klm']

$val(\#7) = $ [A: 'xyz', B: #5, C: #6]

Dann sind

- die Objekte #1 und #4 oberflächengleich, da Werte und Referenzen attributweise übereinstimmen,

- die Objekte #1 und #7 tiefengleich, da alle Werte auch in den referenzierten Objekten übereinstimmen. Man beachte, daß #1 und #7 nicht oberflächengleich sind, da sie sich in den Referenzen, die als Werte der Attribute B und C auftreten, unterscheiden.

□

Die gröbste Strukturierungseinheit unter O_2 ist das *Schema*, eine anwendungsbezogene Sammlung von Klassen-, Typ-, Applikations-, Objekt-, Wert- und Namensdefinitionen. Für jede Datenbank muß ein eigenes Schema explizit durch das **create schema**-Kommando angelegt und benannt werden. Eine Instanz bzw. Datenbank zu einem Schema wird als *Basis* bezeichnet und muß ebenfalls explizit deklariert und benannt werden. Eine Basis ist damit eine Sammlung von Objekten und Werten, deren Struktur und Verhalten mit den im zugehörigen Schema enthaltenen Definitionen konform ist. Über die Kommandos **export schema** bzw. **import schema** können Klassendefinitionen sowie die Definitionen benannter Objekte oder Werte in unterschiedlichen Schemas verwendet werden. Ferner ist es über das Kommando **import base** möglich, Objekte oder Werte aus verschiedenen Datenbanken innerhalb einer Applikation zu verwenden.

Die Definition einer *Klasse* umfaßt die Festlegung eines Namens (der im allgemeinen mit einem Großbuchstaben beginnt), eine Typspezifikation und eine Liste von Methoden; darüber hinaus ist die Position der zu definierenden Klasse in der bereits existierenden Klassenhierarchie festzulegen. Hierzu sei bemerkt, daß O_2 lediglich *eine* vordefinierte Klasse, die Klasse **Object**, kennt;

neue Klassen werden daher entweder Unterklassen von Object oder von bereits definierten Klassen. Hinsichtlich der Methoden wird einer Klassendefinition meist nur eine Signaturspezifikation der Form

<Methodenname> [(<Liste-der-Argumente>)] [: <Ergebnistyp>]

mitgegeben und eine Implementierung dieser separat vorgenommen.

Die einer Klasse zugeordneten Methoden und die Attribute des Typs einer Klasse werden systemseitig gleich behandelt, wenn der Typ auf der äußersten Schachtelungebene ein Tupeltyp ist und die Methoden keine Parameter benötigen. Entsprechend werden die Attribute und Methoden kollektiv als die *Eigenschaften* einer Klasse bezeichnet. Alle Eigenschaften einer Klasse können als private oder public bzw. als read oder write deklariert werden. Auf die Verwendung dieser Optionen wird im folgenden verzichtet.

Die Regeln für das Redefinieren von Methoden unterscheiden sich von der Kontravarianz/Kovarianz-Regel aus Kapitel 3. Damit gibt O_2 das Ziel der (Typ-)Sicherheit auf; der Übersetzer kann also nicht garantieren, daß während der Laufzeit keine Typfehler auftreten. Die in O_2 anwendbare Regel verlangt, daß in einer redefinierten Methode Parameter- und Resultats-Typ Untertypen zu den entsprechenden Typen der Signatur des Obertyps sind. In vielen Fällen erhält man so zusätzliche Flexibilität bei der Modellierung.

Beispiel 4.3

Mit der Definitionssprache von O_2 lassen sich einige der in Abbildung 1.8 gezeigten Klassen unseres laufenden Beispiels wie folgt schreiben:

```
class Person
   type tuple( Name: string,
               Alter: integer,
               Wohnsitz: Adresse,
               Fuhrpark: set(Fahrzeug) )
   method erwachsen: boolean
end;
```

Man beachte, daß die Klasse Person auf diese Weise automatisch eine Unterklasse der Wurzel Object der Klassenhierarchie wird.

```
class Angestellter inherit Person
   type tuple( Qualifikationen: set(string),
               Gehalt: integer,
               FamilienMitglieder: set(Person) )
   method istFamMitglVon(p1: Person);
   method loeschen
end;
```

Die Implementierung der ersten dieser beiden Methoden ist unten angegeben; auf die der zweiten kommen wir im nächsten Abschnitt zu sprechen.

```
class Fahrzeug
  type tuple( Modell: string,
              Hersteller: Firma,
              Farbe: string )
end;

class OttoMotor
  type tuple( PS: integer,
              ccm: integer )
end;

class FahrzeugAntrieb
  type tuple( Motor: OttoMotor,
              Getriebe: string )
end;

class Automobil inherit Fahrzeug
  type tuple( Antrieb: FahrzeugAntrieb,
              Karosse: string )
end;
```

Eine Implementierung der der Klasse **Person** zugeordneten Methode **erwachsen**
kann wie folgt lauten:

```
method body erwachsen: boolean in class Person
  { if (self->Alter >= 18) return(true);
      else return(false);
  };
```

self ist hier, wie in objekt-orientierten Programmiersprachen üblich, eine
Methode, die gerade die Identität des aufgerufenen Objektes liefert. Die Methode **erwachsen** wird an die Unterklasse **Angestellter** vererbt und kann
dort z.B. in der folgenden Implementierung der Methode istFamMitglVon
verwendet werden:

```
method body istFamMitglVon(p1: Person) in class Angestellter
  {
      printf('%s ist ', self->Name);
      if (self in p1->FamilienMitglieder) {
          if [self->erwachsen] printf('ein erwachsenes');
            else printf('ein minderjaehriges'); }
          else printf('kein');
      printf(' Familienmitglied von %s.\n',
              pers1->Name);
  };
```

Das folgende größere Beispiel zeigt eine ausführlichere Spezifikation und nachfolgende Implementierung von Methoden unter Verwendung der Sprache O₂C, die an C orientiert ist.

Beispiel 4.4

Wir betrachten die Definition einer Klasse DATE zur Aufnahme von Datumswerten (genauer: Datumsobjekten). Die Klassendefinition habe die folgende Form:

```
class DATE
    type string;
    method year: integer, month: integer, day: integer,
           to_string: string, valid: boolean,
           compare (date2:DATE) : integer
end
```

Implementierungen können diesen Methodennamen sodann in folgender Weise zugeordnet werden:

```
method body year: integer in class DATE
    {
      int day,month,year;
      sscanf (*self,"%d.%d.%d",&day,&month,&year);
      return year;
    };

method body month: integer in class DATE
    { ... };

method body day: integer in class DATE
    { ... };

method body to_string: string in class DATE
    { return *self; };

method body valid: boolean in class DATE
    {
      char rest[100];
      int day,month,year;
      if (sscanf (*self,"%d.%d.%d%s",
          &day,&month,&year,rest) != 3)
        return 0;
      if ((month < 1) || (month > 12)
          || (day < 1) || (day > 31)
          || year < 1981)
        return 0;
```

```
    if (((month == 4) || (month == 6)
        || (month == 9) || (month == 11))
        && (day > 30))
        return 0;
    if (month == 2)
        return (day <= 28) ||
            ((day == 29) && (year%4 == 0
            && year%100 != 0 || year%400 == 0));
    return 1;
};

method body compare (date2:DATE): integer in class DATE
    {
        if ([self->get_year] != [date2->get_year])
            return [date2->get_year] - [self->get_year];
        if ([self->get_month()] != [date2->get_month()])
            return [date2->get_month] - [self->get_month];
        return [date2->get_day] - [self->get_day];
    };
```

                                                                        □

4.3.2 Die Anfragesprache

Wir gehen als nächstes auf die Grundzüge der Anfragesprache von O_2 ein. Dazu ist zunächst zu bemerken, daß O_2 klar trennt zwischen einer *Anfragesprache* für ad-hoc-Anfragen an eine Datenbank und *Programmiersprachenanbindungen*, über die auch von einer Sprache wie C oder C++ auf O_2-Datenbanken zugegriffen werden kann.

Grundsätzlich handelt es sich bei der Anfragesprache von O_2 um ein erweitertes SQL mit unter anderem den folgenden Eigenschaften:

- Es werden *Pfad-Ausdrücke* zur Navigation in komplex strukturierten Objekten bzw. Objektmengen unterstützt.

- Ein Aufruf benutzer-definierter Operatoren ist in Anfragen möglich.

- Man kann benutzer-definierte Kollektionen von Objekten bilden.

- Es gibt generische Methoden, z.B. zum Kopieren (copy sowie deep_copy) oder zum Test auf Gleichheit (equal, deep_equal usw.).

Beispiel 4.5

Als erstes Anfragebeispiel an die Datenbank des Automobilvertriebs betrachten wir die Anfrage „zeige die Namen der Firmen, in denen Meier Präsident ist":

```
select x.Name
from x in Firma
where x.Praesident.Name = 'Meier'
```

Hierbei ist x eine Variable, mit welcher die aktuelle Extension der Klasse Firma durchlaufen wird. Für jedes Firmenobjekt, welches die angegebene Selektionsbedingung erfüllt, wird der Wert des Attributs Name ausgegeben.

□

Der Anfragesprache von O_2 liegt eine Reihe von Entwurfs-Entscheidungen zugrunde, von denen die wichtigsten hier genannt seien:

(1)   Das Ergebnis einer Anfrageauswertung kann ein Objekt oder ein Wert sein. Dabei kann ein Wert aus den in der Datenbank vorhandenen konstruiert sein; ein Objekt als Ergebnis ist hingegen stets eines, das auch in der Datenbank existiert. Mit anderen Worten ist die Sprache nicht in der Lage, neue Objekte zu erzeugen.

(2)   Die Sprache hat zwar eine an SQL angelehnte Syntax, ist jedoch funktionaler Natur, d.h. Anfrage können grundsätzlich aus Basis-Funktionen durch Anwendung von Komposition und Iteration zusammengesetzt werden.

(3)   Die Sprache ist — im Unterschied zu den Programmiersprachenanbindungen — dynamisch getypt, d.h. eine Typprüfung findet erst zur Laufzeit statt. Des weiteren erlaubt sie einen freien Zugriff auf in Objekten enthaltene Werte, d.h. sie respektiert das Kapselungsprinzip nicht.

Anhand der folgenden Beispiele sollen einige Aspekte der Sprache illustriert werden, z.B. die Möglichkeit des Zugriffs auf alle Schachtelungsebenen einer komplexen Struktur oder die Möglichkeit der dynamischen Konstruktion von Mengen, Listen, Tupeln oder geschachtelten Strukturen.

Beispiel 4.6

Wir betrachten die Anfrage „zeige die Namen aller Angestellten über 50, die bei (irgendwelchen) Niederlassungen in Boston arbeiten". Diese läßt sich wie folgt formulieren:

```
select x.Name
from x in flatten
        select y.Angestellte
        from y in Niederlassung
        where y.Sitz.Ort = 'Boston'
where x.Alter > 50
```

Man beachte, daß mit der Variablen y hier die Menge der Niederlassungen in
Boston durchlaufen wird; der innere select-Ausdruck extrahiert aus jedem
Niederlassungs-Objekt die Menge der Angestellten und produziert somit eine
Menge von Mengen. Der Operator flatten eliminiert eine Ebene von Men-
genklammern und produziert somit hier eine Menge von Angestellten. Die
von der Anfrage vorgefundene Struktur wird also manipuliert. Für diejenigen über 50 wird schließlich der Name ausgegeben.

Ein einfachere Formulierung derselben Anfrage lautet:

```
select x.Name
from y in Niederlassung, x in y.Angestellte
where y.Sitz.Ort = 'Boston' and x.Alter > 50
```

□

Beispiel 4.7

Das folgende Beispiel zeigt die Möglichkeit der dynamischen Konstruktion
von z.B. Tupel-Strukturen. Wir betrachten die Anfrage „zeige die Qualifikationen der Präsidenten, die mehr als 100000 verdienen, von Firmen in Boston
zusammen mit dem Firmen-Namen". Zur Beantwortung dieser Anfrage nehmen wir an, daß die Objektmenge BostonFirmen bereits definiert sei wie
folgt:

```
define BostonFirmen as
    select x from x in Firma
        where x.Hauptsitz.Ort = 'Boston'
```

Die eigentliche Anfrage kann dann wie folgt formuliert werden:

```
select tuple(FiName: b.Name,
             PrQual: b.Praesident.Qualifikationen)
from b in BostonFirmen
where b.Praesident.Gehalt > 100000
```

Es wird also als Ausgabe eine Tupelstruktur mit den beiden Attributen
FiName (Firmenname) und PrQual (Präsidentenqualifikationen) gebildet. Die
Werte dieser ergeben sich durch einen Zugriff auf die Komponenten der Bo-
stoner Firmen, welche die Selektionsbedingung erfüllen.   □

Beispiel 4.8

Die Formulierung der folgenden Anfragen illustriert die Möglichkeit der Bildung von Schachtelungen:

(1) „Zeige die Namen der Firmen aus Boston":

```
select fi.Name
from fi in (select f
                from f in Firma
                where f.Hauptsitz.Ort = 'Boston')
```

(2) „Zeige die Namen der Firmen, an deren Hauptsitz sich eine Niederlassung einer anderen Firma befindet":

```
select fi.Name
from fi in Firma
where fi.Hauptsitz.Ort in
        (select d.Sitz.Ort
         from f in Firma, d in f.Niederlassungen)
```

(3) „Zeige die Namen und die Adressen von Hauptsitz und Niederlassungen der Firmen, die Niederlassungen am selben Ort haben":

```
select tuple(
    FiName: c.Name,
    FiAdresse: c.Hauptsitz,
    NiedAdressen:
        select d.Sitz
        from d in c.Niederlassungen
        where d.Sitz.Ort = c.Hauptsitz.Ort)
from c in Firma
```

□

Als letztes, umfangreicheres Beispiel wollen wir die Aufgabe betrachten, einen Angestellten zu löschen. Zur Erinnerung sei bemerkt, daß wir in Beispiel 4.3 die Signatur einer entsprechenden Methode in der Deklaration der Klasse Angestellter bereits vermerkt haben; dieser soll jetzt eine Implementierung zugeordnet werden. Dazu ist im einzelnen folgendes zu leisten:

(1)   Der betreffende Angestellte wird aus der Klasse Angestellter entfernt.

(2)   Alle Referenzen auf ihn werden ebenfalls entfernt.

(3)   Danach wird er in die Klasse Person neu eingefügt.

Wir vervollständigen zunächst unsere Klassendeklarationen des laufenden Beispiels (vgl. Beispiel 4.3) wie folgt:

```
class Firma
   type tuple( Name: string,
               Hauptsitz: Adresse,
               Niederlassungen: set(Niederlassung),
               Praesident: Angestellter )
   method public Ang_eig_Fahr: set(Angestellter)
end;

create name Firmen: set(Firma);

class Niederlassung
   type tuple( Name: string,
               Sitz: Adresse,
               Manager: Angestellter,
               Angestellte: set(Angestellter) )
end;

create name Personen: set(Person);
```

Die Implementierung der Methode `loeschen` kann dann wie folgt vorgenommen werden:

```
method body loeschen in class Angestellter {

o2 Firma fi;
o2 Niederlassung ni;
o2 Person p;
o2 Angestellter ang;
o2 unique set(Angestellter) set_ang;

(* loesche ggf. von Firma / Niederlassung aus
   ausgehende Referenzen *)

for ( fi in Firmen )
  { if ( fi->Praesident != nil )
      if ( self == fi->Praesident ) fi->Praesident = nil;
      for ( ni in fi->Niederlassungen )
        { if ( ni->Manager != nil )
            if ( self == ni->Manager )
                ni->Manager = nil;
          if ( self in ni->Angestellte )
            ni->Angestellte -= unique set(self);
        }
  }
```

```
p = new Person;
p->Name = self->Name;
p->Alter = self->Alter;
p->Wohnsitz = self->Wohnsitz;
p->Fuhrpark = self->Fuhrpark;

(* Code zur Bestimmung der Menge set_ang derjenigen
   Angestellten, die 'self' als Familienmitglied haben *)

for ( ang in set_ang )
  { ang->FamilienMitglieder -= unique set(self);
    ang->FamilienMitglieder += unique set(p);
  }

Personen -= unique set(self);
Personen += unique set(p);
};

end;
```

$\square$

Es sei abschließend bemerkt, daß die Anfragesprache von O_2 die meisten der in Kapitel 2 genannten allgemeinen Anforderungen an objekt-orientierte Datenbanksprachen erfüllt. Allerdings ist die Mächtigkeit der Sprache eingeschränkt, denn eine Integration von Datenbank- und Programmiersprache wird erst im Rahmen einer der höheren Sprachen wie z.B. O_2C erreicht.

4.4 GemStone

Das System *GemStone* wurde von der Servio Logic Development Corporation, die sich inzwischen in GemStone Systems Inc. umbenannt hat, entwickelt und wird seit 1987 (als erstes derartiges Datenbanksystem) vermarktet. Wir geben zunächst eine kurze Systemübersicht und erläutern sodann die wesentlichen Aspekte des Arbeitens mit der Sprache OPAL.

4.4.1 System-Übersicht

GemStone kombiniert die Konzepte einer objekt-orientierten Sprache, in diesem Fall Smalltalk, mit der Funktionalität eines Datenbanksystems; seine wesentlichen Charakteristika sind:

(1)   Es unterstützt große Sammlungen möglicherweise großer Objekte; ein einzelnes Objekt kann einfach oder komplex sein und als Byte-String bis zu 1 GB Speicherplatz belegen.

(2)   Es unterstützt benutzer-definierte Typen sowie Verhalten, Objekt-Iden-
        tität und Vererbung; Methoden können dynamisch kreiert und verändert
        werden.

(3)   Es besitzt eine einheitliche Sprache zur Daten-Definition bzw. -Manipu-
        lation; diese Sprache, genannt *OPAL*, ist ein Derivat von Smalltalk-80. In
        OPAL geschriebene Programme sind selbst Objekte im System. Sowohl
        der OPAL-Compiler als auch der OPAL-Interpreter benutzen den System-
        Kern zum Zugriff auf Objekte.

(4)   Zusätzlich zu OPAL kann eine Reihe von Hochsprachen wie Smalltalk,
        C, C++, Fortran, Cobol, Lisp, Objective C oder Ada zum Schreiben von
        Anwendungsprogrammen verwendet werden; ferner kann GemStone über
        Gateways mit SQL-Datenbanken gekoppelt werden.

(5)   Es stellt eine Mehrbenutzer-Umgebung bereit mit Schutz- und Autori-
        sierungs-Mechanismen, Index- und Cluster-Verwaltung für komplexe Ob-
        jekte und unterstützt Replikation.

Es sei bereits an dieser Stelle bemerkt, daß GemStone sehr eng an Smalltalk
orientiert ist und insbesondere die „Smalltalk-Philosophie" teilt, daß *alles* im
System ein Objekt ist. Hiermit zusammen hängt ein Wegfall der Unterscheidung zwischen Typen und Klassen.

GemStone hat eine Klienten/Server Architektur, bei welcher verschiedene
Prozesse unterschieden werden:

(1)   Gem-Serverprozesse: Diese können Methoden ausführen und Anfragen
        auswerten. Ein Gem-Server enthält ferner Cache-Speicher für Objekte
        sowie für Seiten; jeder Klientenprozeß ist mit einem Gem-Server assozi-
        iert.

(2)   ein Stone-Monitorprozeß: Dieser weist neue Objekt-Identitäten zu, koor-
        diniert Transaktionen und behandelt Fehlersituationen. Die Gems und
        der Stone stehen über Interprozeß-Kommunikation in Verbindung.

(3)   Seiten-Serverprozesse: Seiten-Server verschaffen dem Gem-Server Zugriff
        auf Files, und zwar auf Seiten-Ebene; die von einem Seiten-Server ver-
        waltete Datenbank kann dabei über mehrere Netzknoten verteilt sein.

(4)   Applikationen: Diese bilden die eigentlichen Klienten und sind jeweils mit
        einem Gem-Server assoziiert.

Der Stone benutzt eindeutige Surrogate, sogenannte *Object-Oriented Pointers*
(OOPs), zum Referenzieren von Objekten sowie eine Objekt-Tabelle zur Abbildung von OOPs auf physische Adressen; diese Tabelle kann bis zu 2^{31} Einträgen
haben, d.h. eine Datenbank kann bis zu $2^{31} \approx 2 \cdot 10^9$ Objekte enthalten. Ein
Objekt kann separat von seinen Subobjekten gespeichert sein, jedoch werden

die OOPs für die Werte der entsprechenden Instanz-Variablen stets zusammen
gespeichert („geclustert").

Die Gems können als virtuelle Maschinen verstanden werden, auf welche
ein Compiler oder ein Interpreter für OPAL abgebildet ist. Im Sinne von Abbildung 4.1 bildet der Stone zusammen mit den diesen Maschinen entsprechenden
Prozessen (den Gem-Prozessen) den Server.

Die Schnittstellen-Programme, mit denen die Gem-Prozesse kommunizieren, benutzen Bibliotheken von Funktionen oder Methoden der gerade benutzten Hochsprache (z.B. enthält das *GemStone C Interface* (GCI) eine Bibliothek von C-Funktionen). Diese Funktionen können von Anwendungsprogram-
men aus aufgerufen werden, um OPAL-Code auszuführen (z.B. als Antwort auf
einen Benutzer-Auftrag), um Nachrichten an GemStone-Objekte zu schicken
oder um direkt auf den Kern zuzugreifen. Im einzelnen können Schnittstellen-
Funktionen für folgende Aufgaben benutzt werden:

(1)   zur Verwendung von Objekten in Datenstrukturen eines in einer Hoch-
        sprache geschriebenen Programms und Transfer dieser Objekte an Gem-
        Stone; z.B. kann ein solches Objekt eine OPAL-Anfrage sein, welche an
        GemStone zur Ausführung geschickt wird;

(2)   zum Import von GemStone-Objekten in den „Speicher" eines Schnittstel-
        len-Programms zwecks Manipulation als Datenstruktur in einer höheren
        Sprache (z.B. zum Formatieren des Resultats einer OPAL-Anfrage);

(3)   zur Ausführung von System-Funktionen wie Transaktions-Commit, Auf-
        oder Abbau einer Session.

Die Kommunikations-Kanäle zwischen dem Server und den Interface-Program-
men werden also benutzt zum Transferieren von Objekten (einschließlich OPAL-
Code und Ergebnissen) als Byte-Streams. Darüber hinaus umfaßt die Ebene
der Interface-Programme Funktionen

    • zur Bestimmung der Größe, Klasse oder Implementierung eines Objekts,

    • zur Inspektion eines *Class-Defining Object* (siehe unten),

    • zum Erzeugen von Objekten,

    • zum Holen bzw. Speichern von Bytes oder Pointern aus bzw. in einem
      Objekt.

Zur Unterstützung des Benutzers bei Aufbau, Ausführung und Debugging von
OPAL-Programmen verfügt GemStone über das *OPAL Programming Environ-
ment* (OPE), bei welchem es sich um eine Sammlung spezieller Schnittstellen-
Programme handelt zum Editieren von Programmen, Browsing durch eine Datenbank oder Anlegen von OPAL-Klassen und -Methoden. Ferner existieren
unter anderem die folgenden Werkzeuge:

(1)   Der *Visual Schema Designer* zur graphischen Erzeugung und Manipula-
        tion von Klassen unter Verwendung von X-Windows;

(2)   *Facets* zum Aufbau von Bildschirm-Masken, Reports oder Menüs; hier-
        bei handelt es sich um eine Klassen-Bibliothek, welche mit Hilfe einer
        formular-basierten 4GL die Entwicklung von Anwendungen unterstützt.

Die folgenden Abschnitte geben eine Einführung in OPAL; OPAL ist eine
höhere Programmiersprache, die zusätzlich Datenbank-Funktionalität besitzt,
so daß zahlreiche Anwendungen allein in dieser Sprache geschrieben werden
können.

4.4.2   Einführung in OPAL

Wir beschreiben zunächst die Grundlagen der Funktionalität von OPAL. Die
Sprache kennt den Begriff des Objekts mit Struktur und Verhalten sowie Klassenzugehörigkeit; allerdings unterscheidet sie, wie bereits erwähnt, nicht zwischen Klassen und Typen (so daß diese Bezeichnungen im Zusammenhang mit
GemStone bzw. OPAL synonym verwendet werden können). In OPAL werden
die Methoden und die Struktur, die allen Objekten einer Klasse gemeinsam
sind, in einem *Class-Defining Object* (CDO) gehalten (die Definition einer neu-
en Klasse wird damit selbst als Objekt betrachtet; alle Instanzen enthalten eine
Referenz auf „ihr" CDO). Außerdem ist jedes Objekt Instanz in *genau einer*
Klasse.
        Die meisten Objekte haben eine interne Struktur, die über Instanz-Va-
riablen bzw. Attribute beschrieben ist.

Beispiel 4.9

Abbildung 4.6 zeigt ein Objekt einer Klasse *Angestellter*. Dieses Objekt hat
die drei Instanz-Variablen *Name, Wohnsitz* und *Gehalt. Wohnsitz* referenziert
dabei ein Objekt der Klasse *Adresse*. Objekte der Klasse *Adresse* haben die
beiden Attribute *Strasse* und *Ort*.   □

Es sei bemerkt, daß nicht alle Objekte Attribute besitzen; insbesondere gewisse
Basistypen wie *SmallInteger* oder *Character* sind intern nicht weiter strukturiert. Objekte dieser Klasse haben insbesondere keine eigene Identität.
        Ein *Nachrichten-Ausdruck* in OPAL hat (ähnlich wie in Smalltalk) die
folgende Grundform:

```
receiver      list-of-selectors      [list-of-arguments]
```

Die erste Komponente einer Nachricht ist ein Identifier (oder ein Ausdruck),
welcher das Empfänger-Objekt repräsentiert. Diese wird gefolgt von einem
oder mehreren Identifiern, die *Selektoren* heißen und die zu sendende Nachricht spezifizieren. Schließlich können Nachrichten einen dritten Teil bestehend

Angestellter
   Name
     String
       Ray Ross
  Wohnsitz
   Adresse
    Strasse
     String
       Alameda
    Ort
     String
       Gresham
  Gehalt
   SmallInteger
    45578

Abbildung 4.6: Angestellten-Objekt mit 3 Instanz-Variablen.

aus Argumenten haben; diese können ihrerseits als Nachrichten-Ausdrücke geschrieben sein. Jede Nachricht liefert ein Ergebnis an ihren Absender, welches ebenfalls ein Objekt ist.

OPAL kennt als Smalltalk-Derivat drei Arten von Nachrichten, welche sich in der Art, der Bindungsstärke und der Anzahl ihrer Selektoren und Argumente unterscheiden:

(1)   *Unary messages*: Diese haben keine Argumente; der Selektor ist ein einzelner Identifier, z.B.

     7 negated

(2)   *Binary message expressions*: Diese haben neben dem Empfänger ein einzelnes Argument sowie einen einzelnen Selektor bestehend aus einem oder zwei Sonderzeichen, z.B.

     8 * 4

Binäre Nachrichten werden auch für Vergleiche benutzt, z.B.

     4 < 5

liefert „true" als Ausgabe. Analog liefert,

     myObject = yourObject

den Wert „true", falls beide Objekte wertgleich sind, wohingegen

     myObject == yourObject

„true" liefert, falls beide Objekte identisch sind (denselben OOP haben).

(3) *Keyword messages*: Diese haben einen Empfänger und bis zu 15 Paare
     der Form „Schlüsselwort–Argument", wobei jedes Schlüsselwort (jeder
     Selektor) mit „:" endet, z.B.

```
7 rem: 3
```

oder

```
arrayOfStrings at: (2+1) put: 'Curly'
```

Nachrichten können ineinander geschachtelt werden, wobei durch Klammerun-
gen die Reihenfolge der Auswertung bestimmt werden kann, wie z.B. in

```
2 + 2 negated
```

(liefert 0) im Vergleich zu

```
(2 + 2) negated
```

(liefert −4).

Ferner können Nachrichten-*Kaskaden* gebildet werden, falls eine Reihe
von Nachrichten demselben Objekt geschickt werden soll; es hat z.B.

```
arrayOfComposers add: 'Mozart'; add: 'Beethoven'.
```

denselben Effekt wie

```
arrayOfComposers add: 'Mozart'.
arrayOfComposers add: 'Beethoven'.
```

4.4.3 Struktur-Definition in OPAL

Ähnlich wie Smalltalk stellt OPAL eine umfangreiche Hierarchie vordefinierter
Klassen („*Kernel Classes*") bereit, welche in Abbildung 4.7 gezeigt ist. Wir
geben exemplarisch Erläuterungen zu einiger dieser Klassen:

(1) `Object`, `Set`: Diese Klassen besitzen keine Attribute, sondern lediglich
     diverse Methoden.

(2) `Association`: Die Attribute dieser Klasse sind `key` und `value`; Instanzen
     sind Paare assoziierter Objekte.

(3) `Fraction`: Die Attribute dieser Klasse (zur Darstellung von Brüchen)
     sind `numerator` und `denominator`.

(4) `Magnitude`: Diese Klasse kennt Methoden für linear geordnete Objek-
     te, wie z.B. Integers; sie kennt ferner Vergleichsfunktionen wie „<" oder
     „>=" und Konvertierungsfunktionen wie `asInteger` oder `asLowercase`.

```
Object
    Association
        SymbolAssociation
    Behaviour
        Class
        Metaclass
    Boolean
    Collection
        SequenceableCollection
            Array
                InvariantArray
                Repository
            String
                InvariantString
                    Symbol
        Bag
            Set
                Dictionary
                    SymbolDictionary
                        LanguageDictionary
                SymbolSet
                UserProfileSet
    CompiledMethod
    Magnitude
        Character
        DateTime
        Number
            Float
            Fraction
            Integer
                LargeNegativeInteger
                LargePositiveInteger
                SmallInteger
    MethodContext
        Block
            SelectionBlock
    Segment
    Stream
        PositionableStream
            ReadStream
            WriteStream
    System
    UndefinedObject
    UserProfile
```

Abbildung 4.7: Hierarchie der *OPAL Kernel Classes*.

(5) **Boolean**: Die Klasse hat nur die beiden Instanzen **true** und **false** und
     als Methoden Boolesche Funktionen wie **or**, **xor** oder **not**; man kann
     keine Unterklassen dieser Klasse definieren.

Jede Klasse in dieser Hierarchie erbt Struktur und Verhalten von ihrer Oberklasse, wobei Mehrfachvererbung ausgeschlossen ist. Zur Deklaration einer neu-
en Klasse ist die „geeignete" Stelle in der Hierarchie zu lokalisieren, an welcher
die neue Klasse einzuhängen ist; der „Default-Wert" ist die Wurzel *Object* der
Hierarchie.

Die Deklaration einer neuen Unterklasse einer bereits existierenden (Kern-
oder benutzer-definierten) Klasse erfolgt durch Senden der Nachricht **subclass**
an diese Klasse, wodurch sie aufgefordert wird, eine neue Unterklasse von sich
selbst anzulegen. Diese Nachricht ist ein *keyword message* der folgenden allgemeinen Form:

```
receiver    subclass:    'subclass-name'
         instVarNames: ...
         classVars: ...
         inDictionary: ...
         constraints: ...
         isInvariant: ...
```

Hierbei kann **instVarNames**: bis zu 255 Argumente haben, welche angegeben
werden in der Form

```
#( 'string1' 'string2' ... )
```

Jeder dieser Strings stellt den *Namen* eines Attributs dar. Anders als in Smalltalk können Attribute hier durch entsprechende Angaben unter **constraints**:
getypt werden, wie in folgendem Beispiel für das Attribut *Name* der Klasse
Angestellter:

```
constraints: #[ #[ #Name, String ]]
```

Unter **classVars**: angegebene *Klassen-Variablen* enthalten zur Laufzeit Werte, auf welche *alle* Objekte der betreffenden Klasse zugreifen können. Als
Beispiel könnte eine Klasse *Angestellter* eine Instanz-Variable *Beruf* und eine
Klassen-Variable *Durchschnittsgehalt* haben, wobei letztere durch eine entsprechende Methode stets auf dem aktuellen Stand gehalten wird.

Unter **inDictionary**: kann angegeben werden, in welchem Verzeichnis
diese Klasse installiert werden soll; z.B. legt

```
inDictionary: UserGlobals
```

die betreffende Klasse in einem „öffentlichen" Bereich ab. Schließlich kann
man in einer Klassen-Deklaration spezifizieren, ob die Instanzen dieser Klasse verändert werden dürfen oder nicht; dies geschieht durch Eintragung von
„true" oder „false" unter **isInvariant**:.

Beispiel 4.10

Als erstes Beispiel für die Benutzung von OPAL als Datendefinitionssprache betrachten wir die „Simulation" eines relationalen Schemas zur Beschreibung von *Angestellten*, wobei jeder Angestellte durch die Attribute *Name, Abteilung* und *Gehalt* beschrieben sei. Relationale Strukturen können in OPAL wie folgt definiert werden:

(1)   Man deklariere eine Klasse für *Tupel-Objekte*, deren Instanzen einzelne Tupel mit den genannten Attributen sind;

(2)   man deklariere ein *Mengen-Objekt*, dessen Elemente die bereits deklarierten Tupel-Objekte sind.

Da die vorgegebene Klassenhierarchie keine Klasse *tuple* kennt, wird im ersten Schritt eine neue Unterklasse von Object deklariert:

```
Object subclass: 'Angestellter'
                    instVarNames:  #('Name' 'Abteilung' 'Gehalt')
                       classVars:  #()
                    inDictionary:  UserGlobals
                     constraints:  #[ #[ #Name, String ],
                                      #[ #Abteilung, String ],
                                      #[ #Gehalt, SmallInteger ]]
                     isInvariant:  false.
```

Sodann wird eine Unterklasse der Klasse Set deklariert für Mengen von Angestellten-Tupeln wie folgt:

```
Set subclass: 'Angestellte'
                 instVarNames:  #()
                    classVars:  #()
                 inDictionary:  UserGlobals
                  constraints:  Angestellter
                  isInvariant:  false.
```

□

Beispiel 4.11

Als komplexeres Beispiel betrachten wir einen Ausschnitt der in Abbildung 1.8 gezeigten Anwendung. Die nachfolgend angegebenen Deklarationen, bei welchen Klauseln mit leeren bzw. stets denselben Eintragungen im allgemeinen weggelassen sind, benutzen lediglich die Oberklassen *Object* und *Set*. Zunächst wird der *FahrzeugAntrieb* bestehend aus einem *OttoMotor* definiert:

```
Object subclass: 'OttoMotor'
                 instVarNames:  #( 'PS' 'CCM')
                  constraints:  #[ #[ #PS, SmallInteger ],
                                   #[ #CCM, SmallInteger ] ].
```

```
Object subclass: 'FahrzeugAntrieb'
                  instVarNames:  #( 'Motor' 'Getriebe' )
                  constraints:   #[ #[ #Motor, OttoMotor ] ,
                                    #[ #Getriebe, String ] ].
```

Die folgende Klasse *Fahrzeug* referenziert unter anderem die in der folgenden
Auflistung noch nicht definierte Klasse *Firma*:

```
Object subclass: 'Fahrzeug'
                  instVarNames:  #( 'Modell' 'Hersteller' 'Farbe' )
                  constraints:   #[ #[ #Modell, String ],
                                    #[ #Hersteller, Firma ],
                                    #[ #Farbe, String ] ].
```

Die Klasse *Automobil* kann jetzt als Unterklasse von *Fahrzeug* definiert werden:

```
Fahrzeug subclass: 'Automobil'
                   instVarNames:  #( 'Antrieb' 'Karosse' )
                   constraints:   #[ #[#Antrieb, FahrzeugAntrieb],
                                     #[ #Karosse, String ] ].
```

```
Object subclass: 'Adresse'
                  instVarNames:  #( 'Strasse' 'Ort' )
                  constraints:   #[ #[ #Strasse, String ],
                                    #[ #Ort, String ] ].
```

Zur Vorbereitung der Definition der Klasse *Person*, die das mengenwertige
Attribut *Fuhrpark* erhalten soll, wird als nächstes eine Menge von Fahrzeugen
definiert:

```
Set subclass: 'Fahrzeuge'
              instVarNames:  #()
              constraints:   Fahrzeug.
```

Damit ist die Klasse *Person* wie folgt definierbar:

```
Object subclass: 'Person'
                  instVarNames:  #( 'Name' 'Alter' 'Wohnsitz'
                                    'Fuhrpark' )
                  constraints:   #[ #[ #Name, String ],
                                    #[ #Alter, SmallInteger ],
                                    #[ #Wohnsitz, Adresse ],
                                    #[ #Fuhrpark, Fahrzeuge ] ].
```

Weitere Klassendefinitionen zu dem in Abbildung 1.8 gezeigten Schema möge
der Leser als Übungsaufgabe selbst aufstellen.

Als Ergebnis der oben angegebenen Folge von Deklarationen ist die Hierarchie
der vordefinierten Klassen erweitert wie in Abbildung 4.8 gezeigt (wobei nur
die relevanten Kern-Klassen [unterstrichen] gezeigt sind).   □

```
Object
    OttoMotor
    FahrzeugAntrieb
    Fahrzeug
        Automobil
    Adresse
    Collection
        Bag
            Set
                Fahrzeuge
    Person
```

Abbildung 4.8: Auszug aus der Klassenhierarchie nach Deklaration des Fahrzeug-Beispiels.

4.4.4 Methoden-Erzeugung in OPAL

Nach abgeschlossener Struktur-Deklaration sind Methoden zu definieren, durch welche Instanzen erzeugt, Klassen initialisiert, Klassen und Objekte benutzt werden können. Da GemStone keine „leeren" Instanzen automatisch erzeugt, benötigt man insbesondere Methoden, um Daten in Objekten zu speichern.

Bei Methoden werden (ebenfalls wie in Smalltalk) grundsätzlich *Klassen-Methoden* von *Instanz-Methoden* unterschieden. Erstere werden von Klassen, letztere nur von Instanzen verstanden. Speziell verstehen die meisten Klassen die Nachricht new zum Erzeugen einer neuen Instanz, wie z.B. in

> Fahrzeug new

Allgemein enthält die Definition einer Methode stets ein *message pattern*, unter welchem die Methode später aktiviert werden kann, gefolgt von einem *message body*, in welchem Selektor und gegebenenfalls formale Parameter, eventuell temporäre Variablen, OPAL-Statements und ein Return-Statement vorkommen. Die Syntax von OPAL-Methoden in BNF lautet wie folgt:

Method	::= MessagePattern MethodBody
MessagePattern	::= UnaryPattern | BinaryPattern | KeywordPattern
UnaryPattern	::= Identifier
BinaryPattern	::= BinarySelector VariableName
BinarySelector	::= SelChar[SelChar] | ˜ SelChar
SelChar	::= + | \ | * | ˜ | < | > | = | ¦ | / | &
VariableName	::= Identifier
KeywordPattern	::= Keyword VariableName
	[Keyword VariableName ...]
Keyword	::= Identifier :

MethodBody	::=	[Temporaries] [Statements]
Temporaries	::=	| VariableName [VariableName ...] |
Statements	::=	Statement . [Statement . ...]
		[[^] Statement [.]]
Statement	::=	Assignment | Expression
Assignment	::=	VariableName := Statement
Expression	::=	Primary [Message [; CascadeMessage ...]]
Primary	::=	ArrayBuilder | Literal | Path | Block
		| SelectionBlock | ParenStatement
ArrayBuilder	::=	#[[Expression [, Expression ...]]]
Literal	::=	Number | NegNumber | StringLiteral
		| CharacterLiteral | SymbolLiteral | ArrayLiteral
		| SpecialLiteral
Path	::=	Identifier.Identifier[.Identifier ...]
Block	::=	[[BlockParams] Statements]
BlockParams	::=	Parameter [Parameter ...] |
Parameter	::=	:VariableName
SelectionBlock	::=	{ [BlockParams] Predicate }
Predicate	::=	{ AnyTerm | ParenTerm } [& Term ...]
AnyTerm	::=	Operand [Operator Operand]
Operand	::=	Path | Literal | Identifier
Operator	::=	= | == | < | > | <= | >= | ˜ = | ˜ ˜
ParenTerm	::=	(AnyTerm)
Term	::=	ParenTerm | Operand
ParenStatement	::=	(Statement)
Message	::=	[UnaryMessages][BinaryMessages]
		[KeywordMessage]
UnaryMessages	::=	UnaryMessage [UnaryMessage ...]
UnaryMessage	::=	Identifier
BinaryMessages	::=	BinaryMessage [BinaryMessage ...]
BinaryMessage	::=	BinarySelector Primary [UnaryMessages]
KeywordMessage	::=	KeywordPart [KeywordPart ...]
KeywordPart	::=	Keyword Primary [UnaryMessages]
		[BinaryMessages]
CascadeMessage	::=	UnaryMessage | BinaryMessage
		| KeywordMessage
StringLiteral	::=	'[{ Character | ' ' } ...]'
CharacterLiteral	::=	$Character
SymbolLiteral	::=	# { Identifier | BinarySelector
		| Keyword [Keyword ...] }
ArrayLiteral	::=	#([Literal [Literal ...]])
SpecialLiteral	::=	True | False | Nil

In dieser Beschreibung fehlen die sogenannten *primitiven* Methoden, welche für arithmetische, Vergleichs-Operationen und andere Funktionen existieren.

Wenn durch Senden von **new** an eine Klasse ein neues Objekt dieser Klasse erzeugt wird, werden alle Attribute dieses Objekts zunächst mit dem Objekt „nil" versehen. Zur Zuweisung anderer Werte muß eine entsprechende Klassen-Methode definiert werden, welche dann per Nachricht aktiviert werden kann.

Beispiel 4.12

Eine Klassen-Methode für die oben eingeführte Klasse *OttoMotor* zur Belegung von Attributen mit Werten kann lauten:

```
classmethod: OttoMotor
makeMotor
        ^ (self new) PS: 136;
            CCM: 1998 %
```

Die erste Zeile instruiert das OPE, den nachfolgenden Text als Methode aufzufassen, welche zu compilieren und in der betreffenden Klasse zu installieren ist; % ist der Kommando-Begrenzer.

Die zweite Zeile ist das *message pattern*, welches nachfolgend zur Klassen-Instanziierung etwa wie folgt verwendet werden kann:

```
OttoMotor makeMotor.
```

Die dritte Zeile beginnt mit einem „hat" (^), welcher den Return-Value der Methode bezeichnet; dieser wird durch das, was dem „hat" folgt, näher spezifiziert. Im angegebenen Beispiel folgt als nächstes (**self new**). Hierbei ist **self** eine spezielle Variable, zu welcher alle Methoden Zugang haben und welcher den Empfänger repräsentiert. (**self new**) sendet also dem Empfänger, hier der Klasse *OttoMotor*, die Nachricht **new**, durch welche eine neue Instanz erzeugt wird. Die restlichen Teile der Zeile weisen den betreffenden Attributen Werte zu, und zwar durch Schlüsselwort-Nachrichten. Der Return-Value der Methode ist also eine neue Instanz von *OttoMotor* mit den angegebenen Werten. Wird sodann die folgende Nachricht an *OttoMotor* geschickt,

```
(OttoMotor makeMotor) PS
```

so wird eine neue Instanz erzeugt wie oben erläutert, aus welcher der Wert 136 des Attributs *PS* zurückgegeben wird (vorausgesetzt, die folgende *Instanz-Methode*, welche auf *PS* „projiziert", ist für *OttoMotor* bereits definiert).

```
method: OttoMotor
PS                      (* message pattern *)
        ^ PS %          (* return statement *)
```

□

Offensichtlich ist diese Art der Initialisierung von Objekten umständlich, da die Methode keine formalen Parameter hat, über welche sie für unterschiedliche Werte-Kombinationen wiederverwendbar wäre. Dieses Problem wird gelöst durch Definition einer Methode zur Instanz-Erzeugung, deren Argumente die Werte spezifizieren, die Attributen zugewiesen werden sollen.

Beispiel 4.13

Für obiges Beispiel erhält man eine solche Methode unter Referenzierung der Klassen-Methode **new** (aus der Oberklasse *Object*) und Verwendung dieser im Methoden-Rumpf wie folgt:

```
classmethod: OttoMotor
newPS: aNumber newCCM: anotherNumber
| tempMotor |
tempMotor := self new.
tempMotor PS: aNumber; CCM: anotherNumber;
^ tempMotor %
```

Bei Ausführung dieser Methode wird ein neues Objekt wie folgt erzeugt: Zunächst wird eine temporäre Variable namens tempMotor in Zeile 3 definiert, welche instanziiert wird durch Aufruf von **new**. Dem resultierenden Objekt wird sodann eine Schlüsselwort-Nachricht mit den entsprechenden Werten geschickt; schließlich wird das neue Objekt ausgegeben. Zur Speicherung eines neuen Ottomotors reicht jetzt ein Aufruf der folgenden Art:

```
OttoMotor newPS: 136 newCCM: 1998
```

□

4.4.5   Datenmanipulation

Nachdem die Struktur einer Datenbank sowie Methoden zu ihrer Initialisierung definiert sind, können Methoden zur Manipulation von Objekten eingeführt werden. Einige elementare derartige Methoden zeigt das folgende Beispiel.

Beispiel 4.14

Die folgenden Methoden sind Instanz-Methoden, welche auf Objekte der oben beschriebenen Klasse *Angestellter* anwendbar sind, deren Definition wir hier noch einmal angeben:

```
Object subclass: 'Angestellter'
                instVarNames: #('Name' 'Abteilung' 'Gehalt')
                   classVars: #()
                inDictionary: UserGlobals
                 constraints: #[ #[ #Name, String ],
                                 #[ #Abteilung, String ],
                                 #[ #Gehalt, SmallInteger ]]
                 isInvariant: false.
```

Wir unterstellen, daß bereits Objekte in dieser Klasse existieren; die Kommentare geben im folgenden jeweils an, was die betreffende Methode leisten soll:

```
method: Angestellter
Name
        ^ Name          (* liefert den Namen des Empfängers *)
%
```

```
method: Angestellter
Abteilung
        ^ Abteilung     (* liefert die Abteilung des Empfängers *)
%
```

```
method: Angestellter
Gehalt
        ^ Gehalt        (* liefert das Gehalt des Empfängers *)
%
```

```
method: Angestellter
Abteilung: aString      (* message pattern *)
Abteilung := aString    (* weist der Abteilung des Empfängers
                           einen neuen Wert zu *)

%
```

```
method: Angestellter
Gehalt: aSmallInt
Gehalt := aSmallInt
%
```

Die ersten drei Nachrichten (vom Typ „Access") sind zwar inhaltlich trivial, werden aber benötigt zum Zugriff auf die Attribut-Werte eines Angestellten-Objekts. Wir werden sie später in Anfragen verwenden.

Die letzten beiden Nachrichten können für (mindestens) zwei Zwecke verwendet werden: Update von Objekten (hier speziell Transfer eines Angestellten von einer Abteilung in eine andere bzw. für eine Gehaltskorrektur) und als

Alternative bei der Zuweisung von Werten an neu erzeugte Objekte.   □

Beispiel 4.15

Die folgende (Klassen-) Methode dient der Erzeugung einer neuen Instanz
der Klasse *Angestellter*:

```
classmethod: Angestellter
newName: aName
| tempAng |
tempAng := self new.
tempAng Name: aName
^ tempAng %
```

Falls diese in der Datenbank bekannt ist, können die (Instanz-) Methoden
des letzten Beispiels (`Abteilung` und `Gehalt`) dazu verwendet werden, die
mit „nil" initialisierten Werte der Attribute *Abteilung* und *Gehalt* eines neuen
Objekts auf einen „realen" Wert zu setzen.   □

In GemStone können Datenbank-Objekte nicht explizit gelöscht werden. Statt
dessen ist der hier gewählte Ansatz demjenigen vergleichbar, welcher in Netz-
werk-Datenbanksystemen zur Anwendung kommt: Ein Objekt wird „gelöscht"
dadurch, daß seine „Erreichbarkeit" zerstört wird. Es verbleibt in einem solchen
Fall zunächst im Speicher; der belegte Platz wird vom System im Rahmen
einer *Garbage Collection* zur Wiederverwendung freigegeben. Objekte werden
unerreichbar dadurch, daß alle referenzierenden Attribut-Werte (von welchen
sich einige in Dictionarys befinden können) auf „nil" gesetzt werden, oder daß
die Methode **remove** benutzt wird, welche in den meisten Klassen-Protokollen
enthalten ist.

Beispiel 4.16

Die Klasse *Set* erbt **remove** von ihrer Oberklasse *Bag*. Bezeichnet dann `Opfer`
ein zu löschendes Objekte der weiter oben beschriebenen Klasse *Angestellte*,
welche Unterklasse von *Set* ist, so leistet die folgende Nachricht das Gewünschte:

```
Angestellte remove: Opfer
```

□

Die Selektion eines „Opfers" kann auf mehrere Arten erfolgen, auf welche wir
jetzt im Zusammenhang mit Anfragen zu sprechen kommen. Grundsätzlich
kann die Anfragesprache in OPAL verstanden werden als eine Kombination von

Methoden, welche für die verschiedenen Unterklassen von `Collection` implementiert sind. Dabei wird sowohl Iteration als auch index-assoziativer Zugriff unterstützt.

Beispiel 4.17

Die folgenden beiden Methoden beziehen sich wieder auf Angestellte und codieren einfache Anfragen:

```
method: Angestellter
asString
^ (self Name) + '  ' +
      (self Abteilung) + '  ' +
      (self Gehalt asString) %
```

Diese Methode liefert als Return-Value einen String, welcher sich durch Konkatenation (+) von drei Strings, welche Werte repräsentieren, und eingeschobenen Blanks (zur Verbesserung der Lesbarkeit) ergibt. Die Werte sind den Attributen des Empfänger-Objekts entnommen, wobei der Wert von *Gehalt* noch von *SmallInteger* in *String* zu konvertieren ist.

Die nächste Methode druckt eine Menge von Angestellten-Objekten in tabellarischer Form, mit je einem Objekt pro Zeile:

```
method: Angestellte
asTable
| aString |
aString := String new.
self do: [ :n | aString := aString + n asString.
                 aString := aString add: Character lf ].
^ aString %
```

Zunächst wird eine neue Instanz der Klasse *String* angelegt und der temporären Variablen *aString* zugewiesen. Sodann wird der Empfänger, also eine Instanz von *Angestellte*, angewiesen, eine do: Methode auszuführen, deren Argument ein in eckigen Klammern eingeschlossener „Block" ist. Diese Methode durchläuft die Elemente des Empfängers in einer Schleife und wertet den Block für jedes einzelne aus. Oben dient die Variable n der Verarbeitung von Angestellten-Elementen in der Empfänger-Menge.

Während des ersten Schleifendurchlaufs erhält *aString* einen neuen Wert, konkateniert (+) aus seinem altem („nil") und dem ersten an n zugewiesenen Objekt; letzteres wird zunächst als String dargestellt unter Verwendung der zuvor definierten Methode **asString**. Sodann wird das Ergebnis mit einem „linefeed character" konkateniert und im zweiten Durchlauf um einen weiteren Employee-String erweitert usw.   □

Als nächstes wollen wir uns Anfragen an GemStone-Datenbanken zuwenden. Auch hierbei sind Nachrichten an Instanzen von Klassen zu schicken, wie wir anhand der folgenden Beispiele erläutern; diese beziehen sich wieder auf die beiden Klassen *Angestellter* und *Angestellte*. Auf die Angabe vollständiger OPE-Syntax wird im folgenden verzichtet.

Beispiel 4.18

Der folgende OPAL-Code *selektiert* alle Angestellten, die in der Forschungs-Abteilung arbeiten; hierbei ist unterstellt, daß eine Instanz von *Angestellte* namens *AktAng* existiert:

```
| forschAng |
forschAng := AktAng select: [ :anEmp
                 | anEmp.Abteilung = 'Forschung' ].
forschAng asTable.
```

Die **select:** Methode wird ererbt von *Collection*. Sie wertet (wie die **do:** Methode) einen Block aus, wobei die Elemente des Empfängers der Reihe nach als Argumente dienen. Die Werte, für welche die Block-Auswertung „true" ergibt, werden in einem Objekt vom selben „Typ" wie der Empfänger abgelegt, welches schließlich ausgegeben wird. Im obigen Beispiel durchläuft **select:** also *AktAng* und liefert die gesuchten Angestellten durch Zugriff auf die Werte des Attributs *Abteilung* in einem Pfad-Ausdruck. Ausgegeben wird eine Tabelle, welche unter Verwendung der Methode **asTable** aus dem letzten Beispiel erzeugt wird.

Dasselbe Ergebnis ist erzielbar dadurch, daß das Block-Argument von **select:**, welches durch eckige Klammern begrenzt wird, durch ein *Selection-Block*-Argument ersetzt wird, welches durch geschweifte Klammern begrenzt wird, d.h. durch

```
... select: { :anEmp | anEmp.Abteilung = 'Forschung' }.
```

(der Unterschied besteht darin, daß letzteres vom System schneller ausgewertet werden kann).   □

Beispiel 4.19

Die folgende Methode liefert alle Angestellten der Forschungs-Abteilung, die mehr als 50.000 verdienen:

```
| forschAng50 |
forschAng50 := AktAng select: { :anEmp |
                 (anEmp.Abteilung = 'Forschung')
                 & (anEmp.Gehalt > 50000) }.
forschAng50 asTable.
```

(Hierbei steht „&" für ein logisches Und; „|" würde benutzt für ein logisches
Oder und „˜" für ein logisches Nicht.)   □

Falls eine Ausgabe aller Objekte erwünscht ist, für welche ein gegebener Selektions-Block zu „false" ausgewertet wird, kann die Methode **reject:** als Ersatz
für **select:** benutzt werden.

Beispiel 4.20

Die folgende Anfrage liefert alle Angestellten, die *nicht* in der Forschungs-
Abteilung arbeiten:

```
| nonForschAng |
nonForschAng := AktAng reject: { :anEmp
                    | anEmp.Abteilung = 'Forschung' }.
nonForschAng asTable.
```

□

Die Methode **detect:** dient bei Objekten der Klasse *Collection* oder einer
Unterklasse hiervon zur Ausgabe von *einzelnen* Elementen, für welche ein gegebener Selektions-Block „true" ergibt.

Beispiel 4.21

Der folgende Ausdruck liefert einen Angestellten namens Smith (falls ein
solcher existiert) bzw. den ersten solchen, falls es mehrere gibt:

```
AktAng detect: { :anEmp | anEmp.Name = 'Smith' } .
```

Falls es einen solchen nicht gibt, wird eine Fehlermeldung zurückgegeben,
und der Interpreter stoppt; letzteres kann verhindert werden durch die Hin-
zunahme eines *exception block*, wie z.B. in

```
AktAng detect: { :anEmp | anEmp.Name = 'Smith' }
                ifNone: [ nil ].
```

□

Zur Beschleunigung der Anfrage-Verarbeitung können *Indexe* verwendet werden, welche die Werte von Attributen als Schlüssel verwenden. Indexe können
für Instanzen von Unterklassen von *Collection* eingerichtet werden, wobei *Iden-
titäts-Indexe*, welche Anfragen nach Identität unterstützen, von *Gleichheits-
Indexen*, welche Anfragen nach Gleichheit unterstützen, unterschieden werden.

Beispiel 4.22

Die folgende Nachricht an *AktAng* kreiert einen Indentitäts-Index über das
Attribut *Name*:

```
AktAng createIdentityIndexOn: 'Name'
```

□

Schließlich sei erwähnt, daß die Klasse *Bag* Methoden zum Sortieren von Objekten kennt.

Beispiel 4.23

Die folgende Methode zum Sortieren erwartet als Argument ein *Array* von
Pfaden; es wird zuerst nach dem ersten Pfad sortiert und sodann nach dem
zweiten:

```
| returnArray tempString |
tempString := String new.
returnArray := AktAng sortAscending:
                      #( 'Name' 'Abteilung' ).
returnArray do: [ :n | tempString add: (n Name);
          add: ' '; add: (n Abteilung);
          add: Character lf ].
^ tempString.
```

Es werden also Angestellte zunächst nach den Werten von *Name* sortiert; Angestellte mit dem gleichen Namen werden sodann nach Werten von *Abteilung*
sortiert. Ausgegeben wird eine Liste der sortierten Objekte.

Falls eine aufsteigende Sortierung nach Namen, jedoch eine absteigende nach
Abteilungen gewünscht wird, ist die entsprechende Zeile oben zu ersetzen
durch

```
returnArray := AktAng sortWith:
                         #( 'Name' 'Ascending'
                         'Abteilung' 'Descending').
```

□

4.5   ObjectStore

ObjectStore ist ein weiteres Beispiel für einen Ansatz, der eine objekt-orientierte
Programmiersprache zu einem Datenbanksystem weiterentwickelt. ObjectStore basiert auf C++, da dieser Sprache die größte Bedeutung in dem für ObjectStore gesehenen Anwendungsbereich zugeschrieben wird. Das ObjectStore

zugrundeliegende Datenmodell ist somit im wesentlichen das Objektmodell von
C++. Persistenz eines Objektes wird orthogonal zum Typ des Objektes gesehen. Dies bedeutet, daß Objekte eines beliebigen C++-Typs entweder transient
oder persistent sein können, d.h. innerhalb eines Programms kann es zu demselben Typ transiente und persistente Objekte geben.

ObjectStore hat eine Seiten-Server-Architektur. Die Verarbeitung der
Objekte findet somit ausschließlich an den Klienten statt. Für Referenzen zwischen Objekten wird die in C++ verwendete Technik übernommen. Damit ist
im Prinzip für die Verarbeitung persistenter Objekte im Vergleich zu transienten (gewöhnlichen C++-) Objekten kein zusätzlicher Aufwand vonnöten.
Diese Aussage gilt natürlich nur dann, wenn das persistent in der Datenbank
gespeicherte Objekt bereits im Hauptspeicher des Klienten liegt. Der Klient
geht bei seinen Verarbeitungen zunächst davon aus, daß dies der Fall ist. Trifft
die Annahme nicht zu, und das ist sicher bei Beginn einer Verarbeitung fast
immer der Fall, dann wird durch die Referenz auf ein nicht präsentes Objekt ein
Seitenfehler ausgelöst, der dann zu einer Anfrage nach dem benötigten Objekt
bzw. der entsprechenden Seite beim Server führt.

Für uns sind hier insbesondere die durch ObjectStore vorgenommenen
Erweiterungen des Objektmodells von C++ interessant; hierzu gehört in erster
Linie die Erweiterung der Klassenbibliothek um eine Klasse für *Kollektionen*,
die als Unterklassen Klassen für die Behandlung von Mengen, Multimengen
(Bags), Listen und Felder besitzt. Bzgl. solcher Kollektionen ist in Anfragen
auch ein assoziativer Zugriff möglich. Eine andere interessante Erweiterung
sind bidirektionale Beziehungen zwischen Objekten, die eine Gewährleistung
von referentieller Integrität unterstützen.

Beispiel 4.24

Die folgenden Definitionen von Klassen demonstrieren die Verwendung von
bidirektionalen Beziehungen inverse_member und Mengen os_Set.

```
class Angestellter
{
public:
    string Name;
    int Gehalt;
    Niederlassung* AngNiederlassung
        inverse_member Niederlassung::Angestellte;
};
```

AngNiederlassung ist hier ein Attribut von einem Referenztyp der Klasse
Niederlassung, das zu jedem Angestellten die Niederlassung angibt, in der
er beschäftigt ist. AngNiederlassung ist als inverse Beziehung definiert; das
Gegenstück ist die durch das mehrwertige Attribut Angestellte repräsen-
tierte Beziehung zwischen Niederlassung und Angestellter. Man beachte
hier, daß Angestellte von einem Mengentyp {Angestellter} ist, wie folgende Definition der Klasse Niederlassung zeigt (vgl. auch Abbildung 1.8):

```
class Niederlassung
{
public:
    char* Name;
    Angestellter* Manager;
    os_Set<Angestellter*> Angestellte
        inverse_member Angestellter::AngNiederlassung;

    void Add_Angestellter (Angestellter *e)
        { Angestellte -> insert(e); }

    int Arbeitet_Hier (Angestellter *e)
        { return Angestellte -> contains(e); }
};
```

Entsprechend ist in **Niederlassung** das Attribut **Angestellte** als invers zu der durch das Attribut **AngNiederlassung** repräsentierten Beziehung zwischen **Angestellter** und **Niederlassung** definiert.

Die Methode **Add_Angestellter**, angewendet auf eine konkrete Niederlassung, fügt eine Referenz auf einen neuen Angestellten zu der Menge der Angestellten einer Niederlassung hinzu, und die Methode **Arbeitet_Hier** testet entsprechend, ob eine als Parameter übergebene Referenz zu einem Angestellten zu der Menge der Referenzen der Angestellten der Niederlassung gehört. Man beachte, daß die beiden Methoden die speziellen, in der Klasse für Kollektionen definierten Methoden **insert** und **contains** zur Verarbeitung benutzen.   □

Inverse Beziehungen unterstützen referentielle Integrität. Wird beispielsweise ein in einer Beziehung zu **Niederlassung** stehender Angestellter gelöscht, so wird auch die Referenz auf ihn automatisch aus der Menge **Angestellte** entfernt. Ein anderer interessanter Effekt ist, daß beim Einfügen einer Referenz auf einen Angestellten in die Menge der Angestellten einer Niederlassung (s.o.) automatisch das Attribut **AngNiederlassung** als Wert die Referenz auf die betreffende Niederlassung erhält.

Assoziativer Zugriff zu Objekten vom Typ einer Kollektion wird unter Verwendung von Booleschen C++Ausdrücken erreicht. Das Ergebnis eines solchen Anfrage-Ausdrucks ist die Teilmenge der Kollektion, für welche der Boolesche Ausdruck „true" ergibt.

Beispiel 4.25

Im folgenden Beispiel wir zunächst eine Menge von Angestellten und anschließend die Teilmenge der überbezahlten Angestellten definiert, indem aus der Menge aller Angestellten diejenigen selektiert werden, die die Bedingung erfüllen.

```
os_Set<Angestellter*> AlleAngestellten;

os_Set<Angestellter*>&
        Ueberbezahlt =
            AlleAngestellten [: Gehalt >= 100000 :];
```

Der Boolesche Ausdruck [: Gehalt >= 100000 :] wird bzgl. jedem Objekt
der Menge **AlleAngestellten** ausgewertet. Hierzu unterhält ObjectStore eine im Prinzip implizite Bereichsvariable, an der die Referenzen zu den einzelnen Objekten der Reihe nach zugewiesen werden. Soll auf diese Variable
explizit Bezug genommen werden, so kann man hierfür den Namen **this**
verwenden. Wir können den booleschen Ausdruck somit auch schreiben zu

$$[: \text{this} \rightarrow \text{Gehalt} >= 100000 :].$$

□

Beispiel 4.26

Über die einzelnen Elemente einer Kollektion kann iteriert werden, wie folgender Programmausschnitt zur Gehaltserhöhung um 10 Prozent zeigt:

```
Niederlassung* d;
...
foreach (Angestellter* e, d -> Angestellte)
    e->Gehalt *= 1.1;
```

foreach ist ein ObjectStore-Konstrukt zu Iteration über die Elemente einer Kollektion. **e** ist die Laufvariable über die einzelnen Elemente; diese
ergeben sich gerade als die Menge der Referenzen auf Objekte vom Typ
Angestellter, die die Angestellten der Niederlassung d bilden. Man beachte, daß d -> Angestellte und e -> Gehalt Pfad-Ausdrücke darstellen;
ersetzen wir den Pfeil durch einen Punkt, so erhalten wir die uns geläufige
Notation.   □

Ein Pfad-Ausdruck im allgemeinen entsteht durch mehrere hintereinanderge-
setzte ->-Ausdrücke. So wird durch den Ausdruck

```
a -> AngNiederlassung -> Name
```

gerade der Name der Niederlassung des a zugeordneten Angestellten bestimmt.
Pfad-Ausdrücke ergeben sich auch implizit durch die Verwendung geschachtelter Anfragen.

Beispiel 4.27

Es sollen diejenigen Angestellten aus einer interessierenden Menge von Angestellten bestimmt werden, die in einer Niederlassung beschäftigt sind, deren
Manager „Primus" heißt.

```
os_Set <Angestellter*> DieseAngestellten;

DieseAngestellten[:
    AngNiederlassung[:
        Manager -> Name == 'Primus' :] :]
```

Der in dieser Anfrage enthaltene Pfad-Ausdruck hat die Form

```
DieseAngestellten -> AngNiederlassung -> Manager -> Name.
```

Man beachte aber den Unterschied: Während dieser Pfad-Ausdruck gerade zu
jedem Angestellten der Menge DieseAngestellten den Namen des Managers
seiner Niederlassung bestimmt, wird in obiger geschachtelter Anfrage eine
Teilmenge der Menge DieseAngestellten definiert.

In geschachtelten Anfragen besteht manchmal die Notwendigkeit, auf das
Objekt einer äußeren Ebene Bezug zu nehmen. So werden in der folgende
Variante der Anfrage diejenigen Angestellten bestimmt, die Manager ihrer
Niederlassung sind.

```
DieseAngestellten[: d = this,
                    AngNiederlassung[:
                        Manager == d :] :]
```

this ist hier die mit der äußeren Anfrage verbundene Bereichsvariable. Um
sich von der inneren Anfrage auf die Bereichsvariable der äußeren Anfrage
beziehen zu können, muß diese dann einen Alias-Namen, hier d, erhalten,
um von der Bereichsvariablen mit Namen ebenfalls this der inneren Anfrage
unterschieden werden zu können.   □

In ObjectStore können auch konventionelle Verbund-Operationen ausgedrückt
werden, in denen Beziehungen zwischen Objekten aufgebaut werden, die durch
Werte von Attributen definiert sind. Man mache sich jedoch klar, daß ein ei-
gentlicher Bedarf nach solchen Operationen in ObjectStore-Anwendungen nicht
bestehen sollte, da Verbund-Operationen durch Attribute von Referenztypen
ausgedrückt werden. Beispielsweise betrachte man obige Pfad-Ausdrücke. Die
einzelnen Attribute haben als Wert jeweils eine Referenz auf das in Beziehung
stehende Objekt; der gewünschte Verbund ist somit bereits materialisiert.

Beispiel 4.28

Der folgende Ausdruck berechnet einen Verbund zwischen Projekten und Angestellten, wobei der Verbund über die Attribute ProjektNr und Arbeitet
definiert sind. Wir nehmen an, daß beide Attribute vom Typ int sind.

```
Projekt [: Angestellter [: ProjektNr ==  Arbeitet &&
                            Name == 'Fred' :] :]
```

□

4.6   Bibliographische Hinweise

Übersichten über eine Reihe kommerziell verfügbarer objekt-orientierter Datenbanksysteme sowie über Forschungs- und Entwicklungsprojekte in diesem
Bereich findet man bei Heuer (1992) sowie bei Kemper und Moerkotte (1994);
zahlreiche Literaturhinweise finden sich auch hierzu in der Bibliographie von
Vossen (1993). Der Abschnitt über Illustra basiert auf Manola (1994). Genauere Informationen über O_2 finden sich insbesondere in den Originalarbeiten zu
diesem System, also etwa bei Bancilhon et al. (1988), Lecluse et al. (1988),
Lecluse und Richard (1989), Velez et al. (1989) oder Deux et al. (1990); Bancilhon et al. (1992) ist ein Kompendium solcher Originalarbeiten, die während
der Entwicklung dieses Systems veröffentlicht wurden. Weiteres zu GemStone
findet man auch bei Ullman (1988), Butterworth et al. (1991), Maier et al.
(1986), Penney und Stein (1987) oder Purdy et al. (1987). Zu ObjectStore sei
verwiesen auf Lamb et al. (1991), Orenstein et al. (1992) sowie Soloviev (1992).

Kapitel 5

Standardisierungsaktivitäten

In diesem Kapitel behandeln wir Standardisierungsaktivitäten im Bereich objekt-orientierter Datenbanken. Hierzu sei grundsätzlich bemerkt, daß das Fehlen allgemein akzeptierter Standards im Bereich der objekt-orientierten *Datenbanken* mit als ein Grund dafür angesehen wird, daß diese Systeme bisher am Markt nur eine untergeordnete Rolle spielen. Die Entwicklung von Standards wird daher als besonders wichtig erachtet, zumal diese im Bereich der objekt-orientierten *Systeme* bereits erfolgreich ist und sich in Produkten niederschlägt.

Im einzelnen sollen in diesem Kapitel drei verschiedene Standards behandelt werden: Zunächst beschreiben wir *SQL3*, die Weiterentwicklung des relationalen Sprachstandards SQL, welche erstmals objekt-orientierte Eigenschaften besitzen wird. SQL3 bewegt sich damit in Richtung der im vorangegangenen Kapitel exemplarisch beschriebenen objekt-relationalen Systeme. Sodann behandeln wir den Standardisierungsvorschlag *ODMG-93* der *Object Database Mangement Group* (ODMG); bei dieser handelt es sich um ein Firmenkonsortium, welches sich mit der Entwicklung von Standards für objekt-orientierte *Datenbanken* befaßt. Wir gehen auf die wesentlichen Bestandteile dieses Vorschlags ein, von dem erwartet wird, daß er sich in naher Zukunft in kommerziell verfügbaren Produkten wiederfinden wird.

Bevor wir auf die ODMG eingehen, beschreiben wir die quasi „übergeordneten" Aktivitäten der *Object Management Group* (OMG), die sich mit der Standardisierung von Architekturen objekt-orientierter *Systeme* beschäftigt und bisher erheblich erfolgreicher ist als die ODMG. Speziell gehen wir kurz auf die wesentlichen Aspekte der *Object Management Architecture* (OMA) sowie der *Common Object Request Broker Architecture* (CORBA) ein, welche in Form von Produkten bereits käuflich zu erwerben sind. Wir behandeln hier die OMG-Aktivitäten auch aus dem Grund, daß diese derzeit als stabiler als die der ODMG anzusehen sind, denn OMG-Standards sind bereits verabschiedet und in kommerziellen Produkten umgesetzt, während ODMG-Standards noch diskutiert werden. Außerdem soll der unterschiedliche Charakter der beiden Gruppen bzw. ihrer Standards deutlich werden: Während die ODMG sich um einen *Portabilitätsstandard* bemüht, hatte sich die OMG von vornherein einen

Interoperabilitätsstandard zum Ziel gesetzt. Beide Aspekte sind mit zunehmender Verbreitung der Objekt-Orientierung auch und gerade über Datenbanken hinaus für die Zukunft von hoher Bedeutung.

5.1 SQL3

Für relationale Datenbanken ist seit nunmehr rund 10 Jahren der Sprachstandard SQL (inzwischen ein Akronym für *Standard Query Language*) in Gebrauch; er wird von praktisch allen Herstellern relationaler (und auch anderer) Datenbanksysteme unterstützt. Seit 1992 ist die Version 2 von SQL (bekannt als SQL92 oder auch SQL2) verabschiedet, und die Arbeit an der Nachfolgeversion wurde ebenfalls etwa zu dieser Zeit begonnen. Die Version 3 des SQL-Standards (kurz SQL3) soll vor allem der in Zukunft stärker zu erwartenden Verwendung objekt-orientierter Konzepte in relationalen Datenbanken Rechnung tragen. Die wesentlichen Kennzeichen von SQL3 werden daher als nächstes beschrieben; zu dieser Beschreibung ist allerdings anzumerken, daß der SQL3-Standard zum gegenwärtigen Zeitpunkt (Herbst 1995) *nicht* verabschiedet ist, so daß einige der in diesem Abschnitt gemachten Bemerkungen unter Umständen ungültig werden können, wenn die Verabschiedung erfolgt.

5.1.1 Erweiterungen von SQL2

Wir unterstellen in diesem Abschnitt, daß der Leser mit den Grundlagen des Umgangs mit SQL vertraut ist. Hierzu erinnern wir insbesondere an Abschnitt 1.3, in welchem die Grundzüge des Arbeitens mit SQL im Hinblick auf Tabellendeklarationen, Änderungsoperationen und das Formulieren von Anfragen erläutert wurden. Die Neuerungen von SQL3 gegenüber SQL2 beinhalten einerseits naheliegende Fortentwicklungen bzw. Erweiterungen bereits existierender Konzepte, andererseits aber auch die Aufnahme völlig neuer. In die erste dieser beiden Kategorien fällt z.B. folgendes:

(1)   Ein *Trigger-Konzept* zur Erweiterung der Möglichkeiten der Integritätsüberwachung. Trigger werden in Datenbanksystemen z.B. dazu verwendet, nach Änderungsoperationen automatisch zu testen, ob Schlüssel- oder Fremdschlüsselbedingungen in den Datenbankrelationen noch erfüllt sind. Gegebenenfalls werden Warnungen ausgegeben oder selbständig Korrekturen vorgenommen.

(2)   Verbesserte Sicherheitsmaßnahmen auf der Basis der Kommandos `grant` und `revoke`. Diese SQL-Kommandos ermöglichen eine Vergabe bzw. einen Entzug von Zugriffsrechten an den eigenen Tabellen oder Sichten.

(3)   Erweiterungen der Anfragemöglichkeiten, etwa durch die Verwendung von Rekursion, zusätzlicher Prädikate (z.B. `for all`, `for some`) oder erweiterter Verbundoperationen.

(4) Eine eingeschränkte Möglichkeit zur Definition komplex strukturierter Werte durch den ROW-Datentyp, der ein Attribut tupelwertig macht (siehe unten).

(5) Neue vordefinierte Datentypen, insbesondere Aufzählungstypen, Boolesche Werte sowie sogenannte *Large Objects* (LOBs) zur Aufnahme großer Speicherobjekte; letztere können entweder binär (*Binary LOBs*, kurz BLOBs) oder vom Typ character (*Character LOBs*, kurz CLOBs) sein.

Beispiel 5.1

Als Beispiel für die Verwendung des ROW-Datentyps wird die folgende Deklaration einer Tabelle für Personen betrachtet:

```
create table Person
   (Name varchar(40),
    Alter int,
    Adresse row( Strasse varchar(30),
                 Ort     varchar(20),
                 Telefon row(Vorwahl char(5),
                             Nummer  char(7))));
```

Das Attribut Adresse ist hier also tupelwertig und besteht aus den drei Attributen Strasse, Ort und Telefon; letzteres Attribut ist seinerseits tupelwertig.   □

5.1.2 Wert- und Objekttypen

In die zweite oben genannte Kategorie der gegenüber SQL2 neuen Konzepte fallen insbesondere die folgenden Aspekte, welche kollektiv auch als die *Major Object-Oriented SQL Extensions*, kurz MOOSE, bezeichnet werden:

(1) Erweiterung des bisherigen Typsystems von SQL um *abstrakte Datentypen* (ADTs), wobei unterschieden wird zwischen *Werttypen* (engl. *Value Types*) als Verallgemeinerung des Domain-Konzepts von SQL2 und *Objekttypen* (engl. *Object Types*) zur Unterstützung von Objekten mit wertunabhängiger Identität.

(2) ADTs können in ihrer Struktur auf die Typkonstruktoren LIST, SET und MULTISET zurückgreifen.

(3) Spezialisierung, d.h. ein Typ kann als Untertyp eines oder mehrerer anderer Typen (Obertypen) vereinbart werden, wobei jeder Untertyp genau einen (direkten oder indirekten) „maximalen" Obertyp hat, welcher seinerseits keinen weiteren Obertyp besitzt. Die Möglichkeit der Bildung von Untertypen gilt gleichermaßen für Wert- und für Objekttypen.

(4) Tabellenverbände als Form der Spezialisierung für Relationen: Eine Ta-
     belle kann als *Untertabelle* einer oder mehrerer anderer Tabellen definiert
     werden (vgl. nächster Unterabschnitt).

(5) Benutzer-definierte Funktionen als Bestandteile eines ADTs, welche in
     SQL selbst oder als externe Funktionen realisiert werden können. Wesent-
     lich soll eine strenge Typprüfung sein; allerdings besteht die Möglichkeit,
     Funktionsnamen zu überladen.

(6) Methoden- bzw. Funktionsaufrufe im Rahmen von SELECT-Ausdrücken.

Anhand einiger Beispiele soll hier insbesondere auf die abstrakten Datentypen eingegangen werden. Bei den benutzer-definierten Typen (die in diesem
Zusammenhang auch als *User-defined Data Types* oder kurz UDTs bezeichnet werden) werden, wie erwähnt, Wert- und Objekttypen unterschieden; die
wesentlichen Eigenschaften dieser Typen sind die folgenden:

Die Werte (Instanzen) von Werttypen verhalten sich wie die Werte vordefinierter Typen dieser Sprache, d.h. sie „existieren immer" und brauchen weder
explizit erzeugt noch zerstört zu werden. Die Instanzen eines Objekttyps verhalten sich demgegenüber wie Objekte in anderen objekt-orientierten Sprachen,
d.h. sie haben eine wohlbestimmte Lebensdauer, müssen explizit erzeugt werden und können aufhören zu existieren. Letztere haben ferner, im Gegensatz
zu ersteren, eine eindeutige Identität unabhängig vom Wert und können daher
mehrfach (von unterschiedlichen Stellen aus) referenziert werden.

Mit Hilfe von Werttypen lassen sich komplexe Objekte ohne Identität
unmittelbar aufbauen, wie das folgende Beispiel zeigt.

Beispiel 5.2

Durch die folgenden Deklarationen wird für unser laufendes Beispiel eine
Tabelle *Automobil* aufgebaut, deren Attribut *Antrieb* eine Instanz eines zuvor
definierten Werttyps aufnehmen kann:

```
create value type OttoMotor
   (PS int,
    ccm int);

create value type FahrzeugAntrieb
   (Motor OttoMotor,
    Getriebe varchar(12));

create table Automobil
   (Antrieb FahrzeugAntrieb,
    Karosse varchar(20));
```

□

Zur Benutzung von Werttypen sei bemerkt, daß für jedes Attribut eines solchen Typs systemintern eine *Observer-* sowie eine *Mutator-*Funktion erzeugt wird; formal stehen diese an der Schnittstelle des (gekapselten) ADTs nach außen zur Verfügung, um einen aktuellen Wert abzufragen oder zu verändern. Der Erzeugung bzw. der Initialisierung von Werten dient eine ebenfalls system-erzeugte *Constructor-*Funktion. Neben diesen stets vorhandenen Funktionen kann man für einen Wert- sowie für einen Objekttyp eigene Funktionen einführen. Ferner kann man unter Verwendung der Zusätze `public` bzw. `private` festlegen, ob Attribute bzw. Funktionen nach außen sichtbar sein sollen. Schließlich lassen sich von Werttypen *Untertypen* bilden, und zwar über mehrere Stufen hinweg. Dabei werden Attribute und Funktionen eines Obertyps an jeden Untertyp vererbt, und es ist Mehrfachvererbung zugelassen.

Als nächstes betrachten wir Objekttypen und speziell folgendes Beispiel.

Beispiel 5.3

In unserem laufenden Beispiel können Objekttypen wie folgt zur Anwendung kommen:

```
create object type Person
    (Name varchar(30),
     Alter int,
     Wohnsitz Adresse);
```

`Adresse` bezeichne hierbei den Werttyp, welcher im letzten Beispiel bereits definiert wurde.

```
create object type Angestellter under Person
    (Qualifikation varchar(30),
     Gehalt decimal(7,2),
     FamilienMitglieder set(Person));
```

Der Objekttyp `Person` hat den Untertyp `Angestellter`; ein Beispiel für die Verwendung eines dieser Typen in einer Tabellendeklaration ist das folgende:

```
create table Firma
    (Name varchar(30),
     Hauptsitz Adresse,
     Niederlassungen set(varchar(30)),
     Praesident Angestellter);
```

□

Die gezeigten Beispiele deuten bereits die Komplexität an, mit welcher relationale Datenbankstrukturen in Kürze ausgestattet werden können. Kritisch ist dazu anzumerken, daß SQL auch in der Version 3 Redundanzen enthält, die auf Dauer Anlaß zu Diskussionen zwischen Herstellern von Datenbankprodukten und deren Anwendern geben werden, denn wie schon bei SQL2 legt der Standard die *Syntax* der Sprache, keineswegs aber deren *Semantik* fest.

Bei einem Objekttyp kann sogar die Objekt-Identiät sichtbar gemacht werden; dazu ist der Typ mit dem Zusatz WITH OID VISIBLE zu deklarieren. Wir geben als nächstes einige Beispiele für Anfragen.

Beispiel 5.4

(1) Zeige die Namen aller Personen, die in Boston wohnen:

```
select Name
from Person
where Adresse.Ort = 'Boston'
```

Man beachte hier die Verwendung der Punkt-Notation zum Zugriff auf Komponenten eines ADTs.

(2) Zeige die Angestellten, bei denen ein Familienmitglied „Peter Smith" heißt:

```
select *
from Angestellter a
where 'Peter Smith' in
   (select b.Name
    from (a.FamilienMitglieder) b)
```

Diese Anfrage illustriert den Zugriff auf die Elemente eines mengenwertigen Attributs (hier FamilienMitglieder).   □

5.1.3 Untertabellen

Abschließend wollen wir die bereits erwähnte Möglichkeit beschreiben, Tabellen als *Untertabellen* bereits existierender zu deklarieren. Grundsätzlich geht SQL3 in seinem Tabellenkonzept in verschiedenen Aspekten über SQL2 hinaus:

(1) Tabellen können nicht nur *Mengen* von Tupeln sein, wie das im relationalen Datenmodell vorgesehen ist. Darüber hinaus kann eine Tabelle jetzt wahlweise auch eine *Multimenge* oder eine *Liste* von Tupeln sein. In der Deklaration der betreffenden Tabelle wird dazu der Zusatz SET, MULTISET oder LIST angegeben, wobei die zweite dieser Optionen voreingestellt ist.

Man beachte, daß durch diese Neuerung lediglich das explizit gemacht wird, was in den meisten realen Systemen schon immer praktiziert wurde, daß nämlich eine Tabelle eine Multimenge von Tupeln ist (in der also doppelte Einträge erlaubt sind), die in einer bestimmten Reihenfolge gespeichert sind (also geordnet sind und daher de facto eine Liste darstellen).

(2)   Jedes Tupel in einer Tabelle kann mit einer eindeutigen *Zeilen-Identität* (*row identifier*) ausgestattet werden, die entweder nur implizit zur Identifikation oder auch explizit z.B. als Fremdschlüsselwert verwendet werden kann. Eine Zeilen-Identität ist ein spezieller Datentyp mit systemweit eindeutigen Werten. Für jede Basistabelle kann eine Zeilen-Identität explizit durch den Zusatz WITH IDENTITY vereinbart werden; eine solche Tabelle hat dann ein weiteres Attribut mit dem Namen IDENTITY, welches in Ergebnissen von select *-Anfragen nicht gezeigt wird. Andererseits kann man auf den Wert dieses Attributs, etwa zur Bildung von Aggregationen, implizit zugreifen.

Beispiel 5.5

Die folgende Tabelle deklariert Person, im Unterschied zu Beispiel 5.3, jetzt als Tabelle mit dem neuen Attribut Partner:

```
create table Person with Identity
    (Name varchar(30),
     Alter int,
     Wohnsitz Adresse,
     Partner Person Identity);
```

Die Tabelle Person hat Identity als weiteres Attribut; der Wert dieses Attributs ist für jedes Tupel ein eindeutiger Wert vom implizit definierten Typ Person Identity. Dieser zusätzliche Typ kann wie ein gewöhnlicher Typ benutzt werden, hier z.B. als Wert des Attributs Partner.   □

Speziell das Konzept der Zeilen-Identitäten wird benutzt bei der Einrichtung und Wartung von *Untertabellen*, was ebenfalls neu für SQL3 ist: Eine Tabelle kann als Untertabelle (*Subtable*) einer oder mehrerer anderer Tabellen deklariert werden, wie etwa in folgendem Beispiel:

Beispiel 5.6

Zu der im letzten Beispiel deklarierten Tabelle Person wird die folgende Untertabelle deklariert:

```
create table Angestellter under Person
    (Qualifikation varchar(10),
     Gehalt int,
     FamilienMitglieder set(Person Identity));
```

Die Tabelle Angestellter erbt von der Tabelle Person alle Attribute und definiert darüber hinaus weitere. Jedes Tupel in der Tabelle Angestellter muß genau ein Tupel in der Tabelle Person als Entsprechung besitzen.   □

Die im letzten Beispiel erwähnte Entsprechung von Tupeln zwischen Tabellen und Untertabellen wird über die oben beschriebenen Zeilen-Identitäten realisiert: Jede Basistabelle, zu der es eine Unter- oder eine Obertabelle gibt, ist implizit mit Zeilen-Identität versehen, also mit einem Attribut vom Identity-Typ. Im letzten Beispiel etwa hat die Tabelle Person ein implizit definiertes Attribut von Typ Person Identity, die Tabelle Angestellter ein solches vom Typ Angesteller Identity, und es gilt, daß letzterer Typ ein Untertyp von ersterem Typ ist.

Wichtig ist, daß in Gegenwart von Untertabellen und Zeilen-Identitäten auch die Änderungsoperationen so definiert werden müssen, daß die Tupel eines Untertabellen-Verbandes untereinander konsistent sind; im einzelnen ist folgendes vorgesehen:

(1)   Falls ein Tupel in eine Tabelle, die Untertabelle einer anderen ist, eingefügt wird, so wird ein Tupel mit derselben Zeilen-Identität in die übergeordnete Tabelle eingefügt; da das Untertabellen-Tupel mehr Attributwerte besitzt, als für die Obertabelle benötigt werden, ergibt sich das Obertabellen-Tupel durch Projektion aus dem neuen Tupel.

(2)   Falls ein Tupel in einer Tabelle, die Untertabellen besitzt, verändert wird, werden alle vererbten Attributwerte in der Untertabellen bzw. den Untertabellen entsprechend geändert.

(3)   Falls ein Tupel in einer Tabelle, die Untertabelle ist, geändert wird, werden seine Entsprechungen in den übergeordneten Tabellen ebenfalls geändert.

(4)   Wird ein Tupel aus einer Tabelle, die zu einem Untertabellen-Verband gehört, gelöscht, so werden sämtliche Entsprechungen ebenfalls gelöscht.

5.2   OMG-Standards

Die Entwicklung von SQL als Sprachstandard für relationale Datenbanken wurde de facto erst fast 15 Jahre nach der Vorstellung dieses Modells begonnen. Als Folge dessen war es zumindest in den späten 80er Jahren schwierig, diesen Standard in kommerziell verfügbaren Systemen durchzusetzen, wenngleich sich die Hersteller über die positiven Implikationen eines solchen Standards einig waren. Für objekt-orientierte Datenbanken ist die Situation hinsichtlich einer Standardisierung zunächst anders, denn einerseits gibt es viele Möglichkeiten, ein Objektmodell für Datenbanken zu präzisieren, und andererseits ist Objekt-Orientierung weit über den Datenbankbereich hinaus von Bedeutung. Andererseits geht eine Standardisierung, wenngleich sie in einem erheblich früheren Stadium als bei relationalen Datenbanken begonnen wurde, keineswegs so zügig voran, wie das wünschenswert wäre.

Es ist heute zu erwarten, daß z.B. objekt-orientierte *Datenbanksysteme* lauffähig sein müssen auf Rechnern, welche von objekt-orientierten *Betriebssystemen* verwaltet werden, und z.B. mit objekt-orientierten *Programmiersprachen* koppelbar sein müssen. Ferner werden in naher Zukunft praktisch alle Rechensysteme *verteilte* Systeme sein, welche sich zumindest einer Klienten/Server-Architektur, wie sie in Kapitel 4 beschrieben wurde, bedienen. Um dieser Bedeutung der objekt-orientierten „Technologie" speziell für die nahe und mittlere Zukunft Rechnung zu tragen, hat man hier bereits früh begonnen, sich über eine Standardisierung Gedanken zu machen. Den Zweck einer Standardisierung verfolgt insbesondere die *Object Management Group* (OMG), ein Zusammenschluß von einschlägigen Hardware- und Software-Herstellern. Ein wesentliches Ziel der OMG war zunächst die „Definition" eines *Object Request Brokers* (ORB), welcher als Schnittstelle zwischen Hard- und Software-Komponenten unterschiedlicher Hersteller verstanden werden kann, das insbesondere die Festlegung gemeinsamer Schnittstellen zum Gegenstand hat. Der ORB wurde sodann zentraler Bestandteil eines *Common Object Request Broker Architecture* (CORBA) genannten Vorschlags, welcher die Architektur heterogener und interoperabler Systeme auf der Ebene von Schnittstellen und Diensten beschreibt. Hierauf wird in diesem Abschnitt näher eingegangen.

Bei den Arbeiten der OMG geht es wesentlich um die zwei Bereiche *Objekt-Orientierung* und *verteilte Systeme*. Diese beiden Bereiche werden als zentral für die zukünftige Entwicklung der Informationsverarbeitung angesehen. Die Vorstellung ist, daß in Zukunft Objekte sich in heterogenen Hard- und Softwarelandschaften miteinander unterhalten, Dienste austauschen und anbieten, und zum Zwecke von Programmausführungen, Berechnungen, Datenbankzugriffen und ähnlichem im wesentlichen entsprechende Nachrichten versenden. Unter dieser Vorstellung sind zwei Aufgaben von zentraler Bedeutung:

(1) die Erzielung von *Interoperabilität*, d.h. der Möglichkeit des Zusammenwirkens unterschiedlichster Software in einer heterogenen und verteilten Hardware-Landschaft,

(2) die angemessene *Integration* von neu entwickelten und alten, sogenannten *Legacy*-Systemen.

5.2.1   Verteilte Objektverwaltung

Als eine wichtige und vielversprechende Möglichkeit, die gerade genannten Ziele von Interoperabilität und Integration zu erreichen, wird heute die *verteilte Objektverwaltung* (engl. *Distributed Object Management*, kurz DOM) angesehen, denn diese unterstützt die Interoperabilität und Integration von heterogenen, lokal autonomen und verteilten Systemen durch

(1) eine Repräsentation der Datenstrukturen sowie der Funktionalität solcher Systeme als gekapselte Objekte, die über Nachrichten an wohldefinierte

Schnittstellen kommunizieren, und durch

(2)   die Ermöglichung eines transparenten Zugriffs auf (Server-)Objekte durch
       (Klienten-)Anwendungen (d.h. ohne Wissen über die genaue Lokalität,
       die interne Darstellung oder die verwendete Zugriffssprache).

Die Idee der verteilten Objektverwaltung besteht also in einer Zusammenfüh-
rung von Konzepten der objekt-orientierten, verteilten Systemmodelle, der An-
wendungs-Integrationsumgebungen und der objekt-orientierten Datenbanken,
so daß sämtliche in einem Netzwerk verfügbaren Ressourcen dem Benutzer als
eine Sammlung von generell zugänglichen Objekten erscheint, die für spezifische Anwendungen geeignet kombiniert werden können. Im Idealfall wird unter
anderem unterstützt:

(1)   die Fähigkeit, existierende und separat entwickelte Sammlungen von Ob-
       jekten bzw. Daten zu einem heterogenen Datenbanksystem zu integrieren,

(2)   die Fähigkeit der Integration von Daten unterschiedlichen Typs (z.B. kon-
       ventionell formatiert, Audio-Daten, Bilder etc.),

(3)   die Möglichkeit, auf die integrierte Sammlung von Objekten übliche Daten-
       bank-Techniken (wie Anfrageverarbeitung, Transaktionssynchronisation)
       anzuwenden,

(4)   die Fähigkeit, existierende Anwendungen zur Definition von Objekt-Opera-
       tionen zu verwenden,

(5)   die Fähigkeit der Integration von Ressourcen auf jeder gewünschten Gra-
       nularitätsstufe (z.B. Objekte, die ganze DBMS darstellen, vs. Objekte,
       die Rechtecke oder Angestellte darstellen),

(6)   die Fähigkeit, die „Ausführung" von Kombinationen von Objekten (ir-
       gendwo im Netz) zu starten und zu kontrollieren, gegebenenfalls unter
       Bewegung von Objekten an einen gewünschten Ort,

(7)   die Fähigkeit, Kooperation zwischen intelligenten Komponenten zu un-
       terstützen.

Es leuchtet nun ein, daß man hier das Klienten/Server-Konzept anwenden
kann, und zwar in der Form, daß Objekte als gekapselte Einheiten mit wohldefi-
nierten Schnittstellen sowohl als Klienten als auch als Server (Diensterbringer)
auftreten. Ein System zur verteilten Objektverwaltung (ein *Distributed Object
Management System*, kurz DOMS) umfaßt dann grundsätzlich

(1)   eine beliebige Anzahl verteilter Knoten; diese „fahren" Anwendungspro-
       gramme, Datenbanksysteme oder einfache Objekte und bilden die Res-
       sourcen,

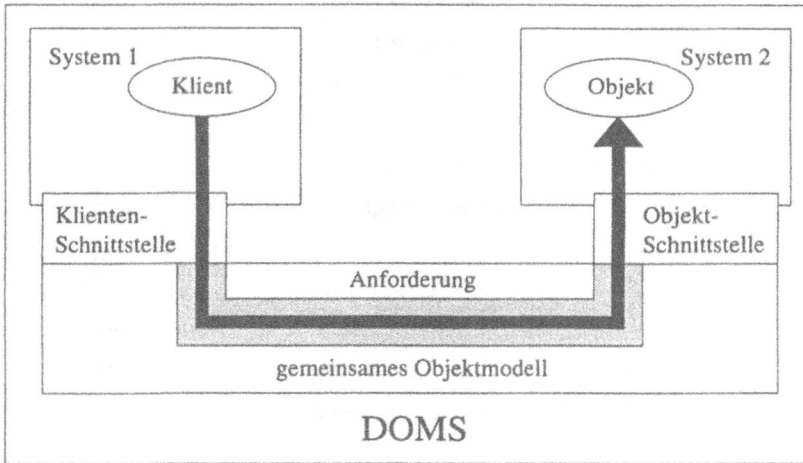

Abbildung 5.1: Prinzip der verteilten Objektverwaltung.

(2)   eine Sammlung von Klienten, die ebenfalls Anwendungsprogramme, Soft-
        ware-Werkzeuge oder einfache Objekte sein können und die Anforderun-
        gen (Requests) absetzen, die von den Ressourcen bedient werden.

Verteilte Objektmanager vermitteln zwischen Klienten und Ressourcen auf der
Basis eines gemeinsamen Objektmodells, was sich dann anschaulich wie in Abbildung 5.1 gezeigt darstellt. Allerdings wird man aufgrund der Komplexität
eines solchen Systems im allgemeinen nicht mehr so vorgehen, daß jedes Objekt von jedem anderen weiß, welchen Dienst es dort in Anspruch nehmen kann
bzw. welche Funktionalität zu erwarten ist. Statt dessen wird die gewöhnliche
Klienten/Server-Architektur erweitert um eine *Vermittlungskomponente*, welcher Diensterbringer ihre verfügbare Funktionalität mitteilen. Klienten können
sich an den Vermittler wenden, um zu erfahren, welches Objekt im System
einen benötigten Dienst erbringen kann. Der Vermittler unterhält im wesentlichen ein Verzeichnis, aus welchem er Anfragen nach Diensten beantworten
kann. Dabei gibt es zwei grundsätzliche Vorgehenweisen:

(1)   Man spricht von einem *Trader*, falls der Vermittler tatsächlich nur ver-
        mittelt, also einen Klienten mit einem Server kurzschließt. Dies ist in
        Abbildung 5.2 dargestellt, wobei, der in diesem Kontext üblichen Termi-
        nologie folgend, der Klient als *Importer*, der Server als *Exporter* (eines
        Dienstes) bezeichnet wird.

(2)   Man spricht von einem *Broker*, falls der Vermittler eine Dienstanfrage an
        einen Server weiterleitet und das Ergebnis an den Klienten zurückgibt,
        wobei gegebenenfalls weitere Broker zwischengeschaltet werden, wenn ein
        gewünschter Dienst von einem angesprochenen Broker direkt nicht befrie-
        digt werden kann.

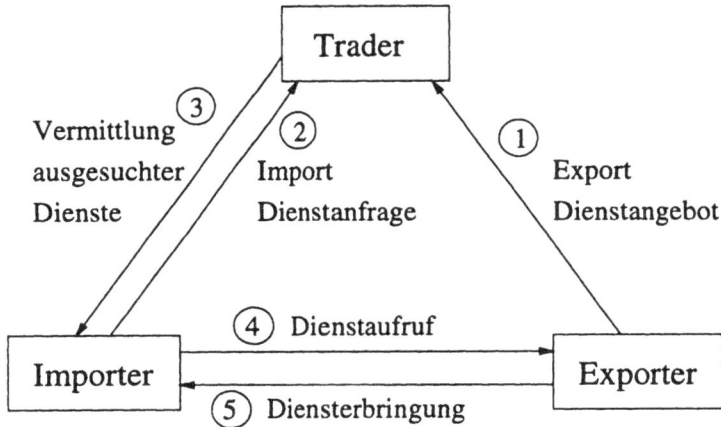

Abbildung 5.2: Trader-Prinzip.

Das letztgenannte Konzept des Objekt-Brokers wird von der OMG favorisiert und daher in den nachfolgenden Unterabschnitten genauer behandelt.

5.2.2 Object Management Architecture

Unter den oben diskutierten Aspekten kann man die OMG verstehen als ein Konsortium, welches zur Standardisierung von DOM-Architekturen und -Diensten gegründet wurde. Die architektonische Grundlage der OMG-Empfehlungen ist ein Objektmodell mit den üblichen, hier bereits hinreichend diskutierten Eigenschaften. Dieses Modell wird herangezogen zur Unterstützung der Integration verteilter Anwendungen. Grundsätzlich sollen derartige Anwendungen bausteinartig zusammengesetzt werden können, wobei sich die einzelnen Bausteine über wohldefinierte Schnittstellen gegenseitig aufrufen.

Den allgemeinen Rahmen der OMG-Aktivitäten gibt die *Object Management Architecture* (OMA) vor, die in Abbildung 5.3 im Überblick gezeigt ist. Diese Architektur definiert ein Referenzmodell, welches die Komponenten, Schnittstellen und Protokolle identifiziert und charakterisiert, die eine verteilte Objekt-Architektur ausmachen; die OMA hat vier wesentliche Bestandteile:

(1) Spezifische Anwendungsobjekte (*Application Objects*): Das eigentliche Ziel der OMA sind die Anwendungen, die interoperabel, portabel und wiederverwendbar sein sollen. Die Anwendungsobjekte sind daher diejenigen Objekte, die für die einzelnen Endbenutzer-Applikationen spezifisch sind.

(2) *Object Request Broker* (ORB): Dies ist die zentrale Komponente; sie vermittelt zwischen den verteilten Objekten, leitet Methodenaufrufe zum passenden Zielobjekt und Ergebnisse zurück zum Aufrufer. Die Architektur und Funktion des Brokers sind in der CORBA-Spezifikation festgelegt

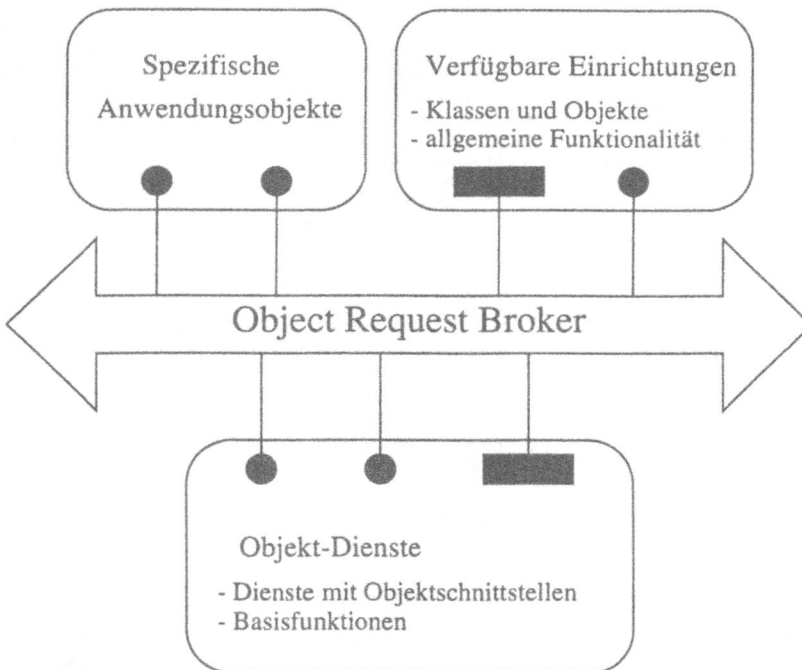

Abbildung 5.3: Object Management Architecture (OMA).

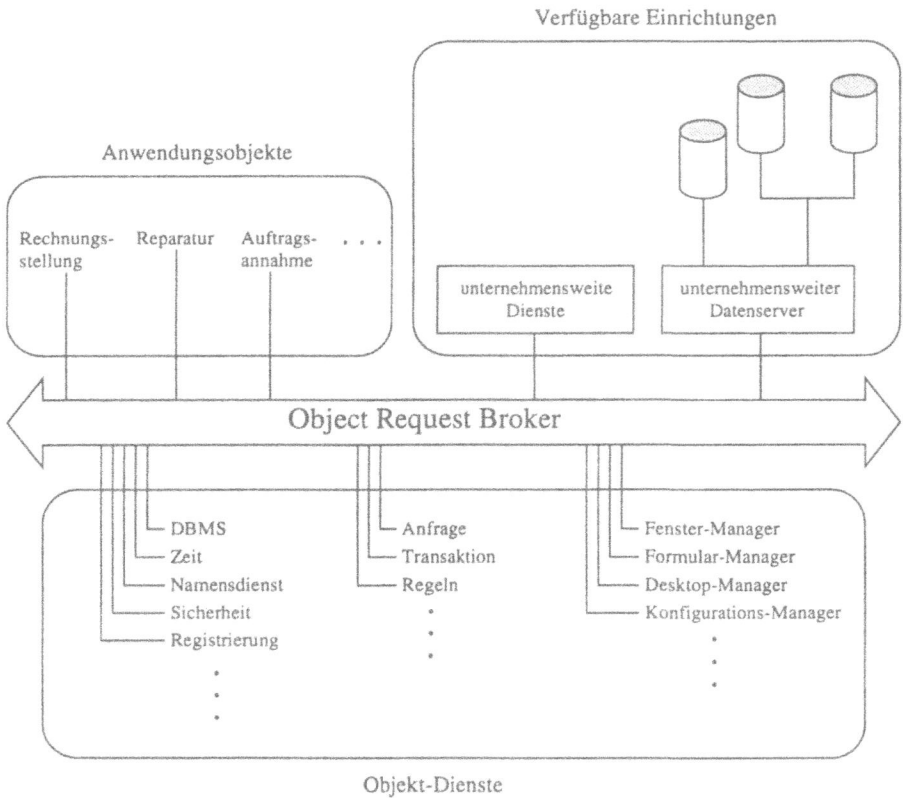

Abbildung 5.4: Beispielanwendung der OMA.

(vgl. nächster Abschnitt).

(3)   Objekt-Dienste (*Object Services*): Diese Dienste unterstützen die Abwick-
      lung der Kommunikation zwischen verteilten Objekten. Sie umfassen Ba-
      sisfunktionen wie Sicherheit, Ereignisbehandlung, Abrechnung oder persi-
      stente Speicherung. Bereits festgeschriebene Spezifikationen sind dement-
      sprechend die *Lifecycle Services*, die *Event Notification Services* und die
      Persistence Services.

(4)   Verfügbare Einrichtungen (*Common Facilities*): Diese bilden eine Samm-
      lung allgemein nützlicher Objekte (z.B. zur Fehlerbehandlung oder zum
      Drucken), die in vielen Anwendungen benötigt werden.

Abbildung 5.4 zeigt eine mögliche Anwendung der Object Management Architecture im Rahmen eines Unternehmens. Zu den Anwendungsobjekten gehören
hier Dinge wie Rechnungsstellung, Auftragsannahme oder Reparatur; diese
können bereits objekt-orientiert realisiert sein oder aber gekapselte Altsyste-

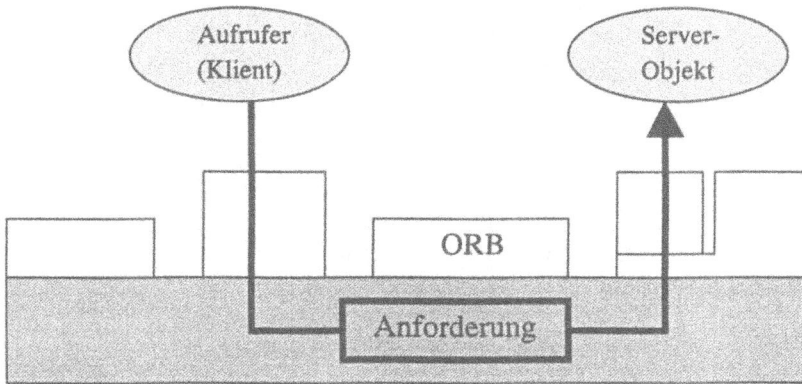

Abbildung 5.5: ORB-Vermittlung.

me (Legacy-Systeme) darstellen, die lediglich nach außen wie Objekte erscheinen. Die generell verfügbaren Einrichtungen sind insbesondere verschiedene Datenbanken, deren Verwaltung bzw. Zugriff einem unternehmensweiten Datenserver obliegt. Die Objekt-Dienste, die hier benötigt werden, behandeln z.B. Datenbank-Interaktionen (Anfragen, Transaktionen, etc.), diverse Verwaltungsfunktionen sowie die allgemeinen Funktionalitäten wie Namensdienst oder Registrierung.

Der Broker wird im Rahmen der OMA als eine Art Verbindungsebene für den Nachrichtenaustausch angesehen, welcher unter Umständen mehrere Systeme umspannt. Physisch kann es sich dabei um eine einzelne Komponente oder um mehrere Komponenten handeln, die miteinander kooperieren. Die Idee der ORB-Arbeit ist die der Vermittlung zwischen Dienstnutzern und Dienstanbietern; Dienstanbieter teilen dem ORB mit, welche Dienste sie erbringen können. Zugrunde liegt dabei, wie erwähnt, eine Klienten/Server-Kommunikation, jetzt in der in Abbildung 5.5 gezeigten Form: Ein Klient als Aufrufer eines Objekt-Dienstes kommuniziert unter Hinzuziehung eines Brokers mit einem Server-Objekt, welches diesen Dienst erbringen kann. Eine Anforderung besteht dabei aus einer Operation, einem Zielobjekt, eventuell Parametern und einem optionalen Anforderungs-Kontext. Der ORB hat dann die Aufgabe, diejenige Objekt-Implementierung zu finden, die dem angegebenen Zielobjekt entspricht, diese Implementierung aufzurufen, die Anforderung zur Bearbeitung zu übergeben und die Ergebnisse zurückzuliefern.

5.2.3   CORBA

Die *Common Object Request Broker Architecture* (CORBA) konkretisiert als zentrale DOM-Architektur der OMG den Aufbau, die Funktionalität und die Schnittstellen eines Brokers. Abbildung 5.6 zeigt CORBA im Überblick. Der

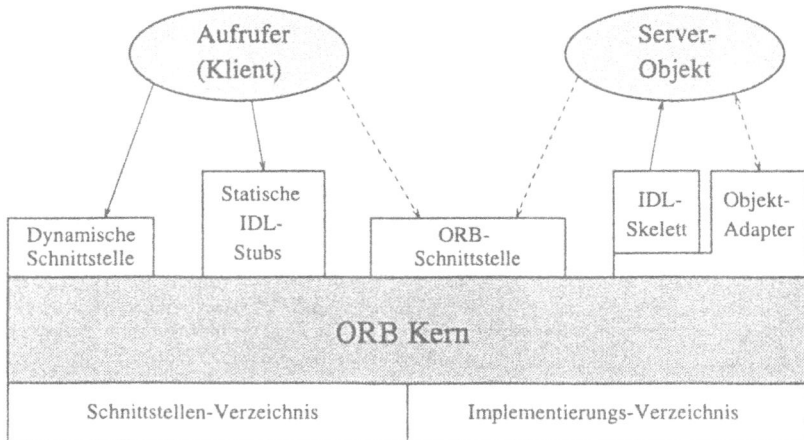

Abbildung 5.6: CORBA-Übersicht.

Schwerpunkt der Spezifikation liegt auf den Schnittstellen, die ein ORB zur Verfügung stellt, wobei folgende Unterscheidung vorgenommen wird:

(1)   Über *Aufrufschnittstellen* können Klienten-Objekte Aufrufe an ein Server-Objekt senden.

(2)   Über die *ORB-Schnittstelle* können Server sowie Klienten auf die Infrastrukturfunktionen des ORB zugreifen.

Bei den Aufrufschnittstellen werden eine *statische* sowie eine *dynamische* unterschieden. Erstere erzeugt vor Ausführung des Klienten-Programms einen sogenannten *Stub* (ein fest vorgegebenes Programmteil) aus der Schnittstellenbeschreibung und bindet diesen statisch an das Programm. Letztere erlaubt das dynamische Zusammenbauen und Absetzen von Aufrufen. Beide Schnittstellen werden in einer speziellen Schnittstellenbeschreibungssprache (*Interface Definition Language*), der IDL, beschrieben. Für ein aufgerufenes Objekt ist nicht erkennbar, über welche der beiden Aufrufschnittstellen sein Dienst angefordert wurde. Ein Aufruf gelangt zum Server-Objekt über den spezifischen Objekt-Adapter und das IDL-Skelett (*IDL Skeleton*). Dem Aufrufer bleibt dabei verborgen, ob das gewünschte Objekt lokal ist oder sich auf einem entfernten Knoten befindet.

Das Implementierungs-Verzeichnis (*Implementation Repository*) ist eine Datenbank mit Informationen über Implementierungen von Server-Objekten, die von einem Objekt-Adapter benutzt werden können; es kann z.B. Namen und Ort der Datei enthalten, in welcher der ausführbare Code eines Objektes abgelegt ist. Das Schnittstellen-Verzeichnis (*Interface Repository*) schließlich enthält die IDL-Beschreibungen der aktuell bekannten Server-Schnittstellen;

diese können zur Definition neuer Anwendungen oder (von Klienten) zur Konstruktion dynamischer Anforderungen verwendet werden.

Die bereits erwähnte IDL dient der Definition von Objekt-Schnittstellen, die unabhängig von der Implementierung eines Objekts festgelegt werden (Implementierungen sind in einer entsprechenden Programmiersprache vorzunehmen). Eine Schnittstellen-Definition besteht aus einer Menge von Methoden- oder Operationssignaturen zusammen mit einer möglicherweise leeren Menge von Typdeklarationen, welche neue Typen zum Zwecke der Verwendung innerhalb der Deklaration definieren. Eine solche Signatur umfaßt einen Operationsnamen, eine Menge von Eingabeparametern, ein Ergebnis und Ausnahmen, welche durch die Operation ausgelöst werden können.

Wir bemerken abschließend, daß Plattformen für kooperierende Objekte bzw. CORBA-Implementierungen bereits kommerziell verfügbar sind, z.B. als *ObjectBroker* von Digital Equipment Corp., als *Distributed System Object Model* (DSOM) vom IBM, als *ORBplus* von Hewlett-Packard oder als *Distributed Objects Everywhere* (DOE) von Sun. Diese erlauben verteilte objekt-orientiertes Programmieren, d.h. Programme können über ein heterogenes Netz verteilt sein. Ein anderer Ansatz ist die Integration von Anwendungsobjekten in sogenannte *Verbunddokumente* (Compound Documents), wobei ein „Dokument" aus einer Menge von Objekten besteht. Beispiele hierfür sind OpenDoc von Apple, IBM und anderen (dieses ist CORBA-kompatibel) oder OLE 2.0 (Object Linking and Embedding) von Microsoft (dieses ist *nicht* CORBA-kompatibel).

5.2.4 Zum Objektmodell der OMG

Die OMG hat sich entschieden, anstelle eines einzelnen Objektmodells, welches von allen, die an einer Broker-Architektur teilhaben wollen, unterstützt werden muß, eine zweigeteilte Strukturierung zu setzen:

(1)   Das *Kernmodell* ist gewissermaßen der kleinste gemeinsame Nenner, auf den sich die Konsortiumsmitglieder einigen konnten; es umfaßt das, was minimal die Bezeichnung „Objekt-Technologie" rechtfertigt: Identität, Typisierung, Operationen, Vererbung sowie Untertypisierung.

(2)   *Komponenten* sind kompatible Erweiterungen des Kerns, die man in machen Anwendungen benötigt, aber nicht in allen, wie z.B. Attribute oder Beziehungen.

Eine Kombination des Kernmodells mit einer oder mehreren Komponenten wird sodann als *Profil* bezeichnet; ein Profil bildet ein Objektmodell, das in einem spezifischen Bereich verwendbar ist. Derartige Bereiche können technologischer Natur (objekt-orientierte Datenbanksysteme, graphische Benutzerschnittstellen, Programmiersprachen) oder konkrete Anwendungen sein. In diesem Sinne stellen die (unten beschriebenen) ODMG-Spezifikationen ein eigenes Profil dar, welches sich auf objekt-orientierte Datenbanken bezieht und

ORB-Profil   OODB-Profil

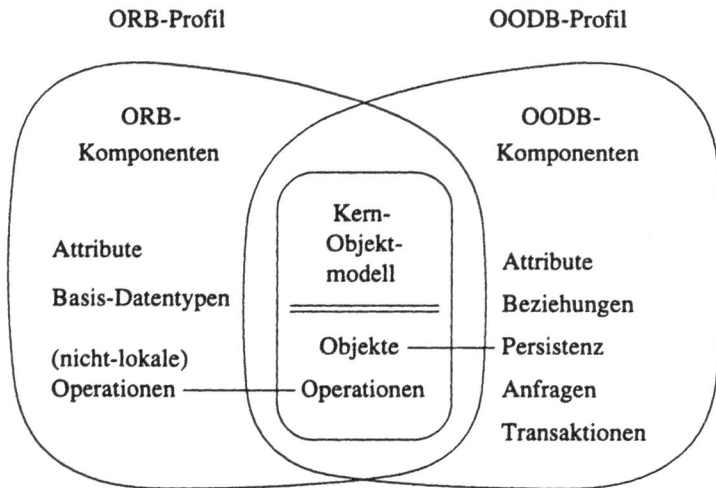

Abbildung 5.7: Profil-Konzept der OMG.

die Komponenten umfaßt, die zusammen mit dem OMG-Modell das ODMG-Modell ergeben. Auf dieses Modell gehen wir im nächsten Abschnitt ein. Abbildung 5.7 illustriert die gerade beschriebene OMG-Idee der Bildung von Profilen.

Wir bemerken abschließend, daß die OMA, CORBA sowie das Objektmodell der OMG mit dem hier eigentlich beschriebenen Thema der objektorientierten Datenbanksysteme auf mindestens zwei Weisen in Beziehung stehen:

(1)   Ein objekt-orientiertes Datenbanksystem kann im Rahmen einer CORBA-Realisierung von einem ORB aus verwaltet werden, d.h. ein Broker regelt den Zugriff auf gespeicherte Objekte von Anwendungen aus. Die Anwendungen haben dabei Zugriff auf alle an den Broker angeschlossenen Datenbanksysteme, und es ist sogar datenbank-übergreifender Zugriff (unter Einbeziehung des ORB) möglich. Diese Sicht ist in Abbildung 5.8 veranschaulicht.

(2)   Die Gesamtheit der Objekte innerhalb einer verteilten Objekt-Architektur kann selbst als eine objekt-orientierte Datenbank betrachtet werden, falls entsprechende Dienste mit datenbank-ähnlicher Funktionalität verfügbar sind. Dies ist realistisch, da die oben beschriebenen Objekt-Dienste der OMA derartige Funktionalität teilweise bereits abdecken. Unter dieser Betrachtungsweise wird dann CORBA zu einem internen Implementierungshilfsmittel für ein objekt-orientiertes Datenbanksystem und ist nicht länger nur ein externer Kommunikationsmechanismus. Diese Betrachtungsweise ist in Abbildung 5.9 veranschaulicht.

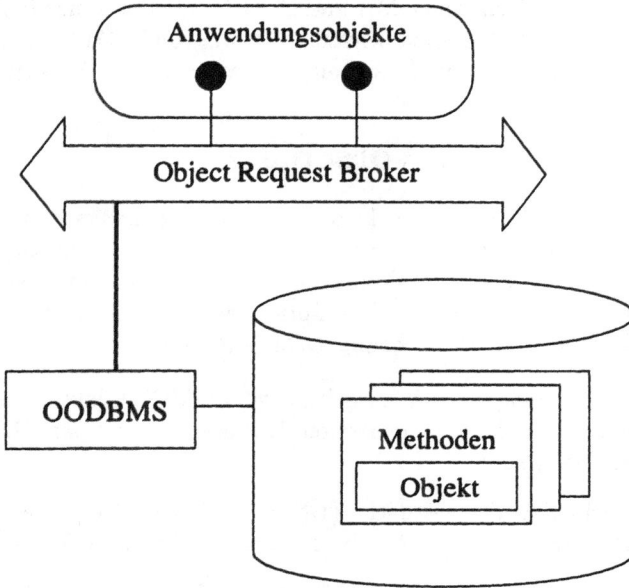

Abbildung 5.8: Datenbankzugriff über CORBA.

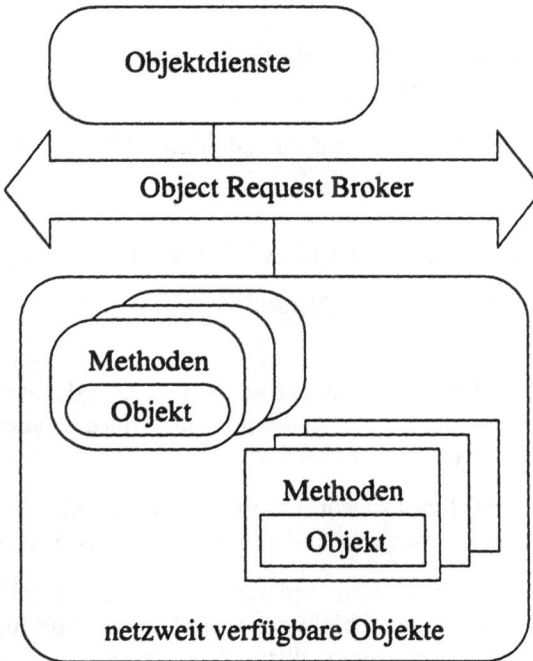

Abbildung 5.9: CORBA als Datenbanksystem.

Man kann also festhalten, daß OMA und CORBA als Basis für die Entwicklung von objekt-orientierten Datenbanksystemen sowie von DOM-Architekturen dienen können, in denen Datenbanksysteme dieses Typs zum Einsatz kommen.

5.3 Die ODMG-Vorschläge

Die Entwickler und Hersteller objekt-orientierter Datenbanksysteme haben sich, wie bereits erwähnt, in einer „Untergruppe" der OMG, der *Object Database Management Group* (ODMG), zusammengeschlossen, die inzwischen einen Vorschlag für einen Standard für objekt-orientierte Datenbanksysteme gemacht hat. Dieser ist unter der Bezeichnung *ODMG-93* bekannt und umfaßt

(1)   ein Objektmodell, welches ausgehend vom OMG-Objektmodell festgelegt wurd; im Sinne der oben gemachten Bemerkungen ist das ODMG-Modell ein spezielles Profil,

(2)   eine Objekt-Definitionssprache (*Object Definition Language*, kurz ODL), deren Syntax sich an der bereits erwähnten IDL der OMG orientiert,

(3)   eine Objekt-Anfragesprache (*Object Query Language*, kurz OQL), die sich als deklarative Sprache an SQL orientiert, allerdings nicht auf SQL3 basiert,

(4)   Anbindungen an objekt-orientierte Programmiersprachen, insbesondere an C++ und Smalltalk.

Wir wollen in diesem Abschnitt auf das Objektmodell, die ODL und die OQL einführend eingehen.

5.3.1 Grundlagen des ODMG-93-Objektmodells

Das Objektmodell des ODMG-93-Vorschlags läßt sich kurz wie folgt charakterisieren:

(1)   Zentrales Modellierungskonstrukt ist das *Objekt*, welches mit einer Objekt-Identität ausgestattet ist. Ein Objekt kann ferner einen oder mehrere benutzer-definierte Namen besitzen.

(2)   Objekte können *Typen* zugeordnet werden, wobei alle Objekte eines Typs gleiche (Zustands-)Struktur und gleiches Verhalten besitzen.

(3)   Das Verhalten von Objekten wird durch eine *Menge von Operationen* festgelegt, welche auf einem Objekt des betreffenden Typs ausgeführt werden können. Operationen werden durch *Signaturen* definiert; eine Signatur legt den Namen der Operation, den Namen und Typ von Argumenten und Rückgabewert sowie gegebenenfalls Ausnahmen fest.

(4)   Der Zustand eines Objekts wird definiert durch Werte für eine *Menge von Eigenschaften*. Diese Eigenschaften können entweder *Attribute* des Objekts oder *Beziehungen* des Objekts zu anderen Objekten sein. Attribute können lediglich Literale als Werte haben. Beziehungen (*Relationships*) sind ausnahmslos binär und von der Kardinalität $1:1$, $1:n$ oder $m:n$; zu jeder Beziehungsdefinition gehört eine inverse Beziehung.

Das folgende Beispiel zeigt eine Schnittstellendefinition (*Interface-Definition*) für einen Objekttyp, welche diese grundlegenden Aspekte illustriert.

Beispiel 5.7

Wir betrachten die Definition von Objekt-Typen für Personen und Fahrzeuge in unserem laufenden Beispiel. Wesentlich ist hier die Tatsache, daß das ODMG-Modell keine objektwertigen Attribute kennt, sondern für Referenzen eine Beziehung mit inverser benötigt. In Abwandlung unserer bisherigen Beispiele ergibt sich daher folgendes:

```
interface Person

// type properties:
(       extent Personen
        key Name )

// instance properties:
{
        attribute String Name;
        attribute Integer Alter;
        attribute String Wohnsitz;
        relationship Set<Fahrzeug> Fuhrpark
           inverse Fahrzeug::Gefahren_von;

// instance operations:
        .....
};
```

Jede Person hat also die hier bereits mehrfach benutzten Attribute, wobei Wohnsitz jetzt als einfacher Typ angenommen ist. Das Attribut Fuhrpark ist eigentlich objektwertig und referenziert eine Menge von Objekten der Klasse Fahrzeug; es wird daher jetzt zu einer Beziehung. Von den referenzierten Objekten aus müssen Rückreferenzen vorgesehen sein.

Die Definition der Klasse Fahrzeug lautet:

```
interface Fahrzeug

// type properties:
(       extent Fahrzeuge
```

```
              key (Modell, Hersteller) )

      // instance properties:
      {
              attribute String Modell;
              attribute String Hersteller;
              attribute String Farbe;
              relationship Person Gefahren_von
                    inverse Person::Fuhrpark;


      // instance operations:
                  . . . . .
      };
```

Auch in dieser Definition weichen wir von unserem Beispiel insofern ab, als wir das Attribut **Hersteller** nicht als objektwertig vereinbaren.   □

Ein Typ hat grundsätzlich eine Schnittstelle oder Signatur und eine (oder sogar mehrere) Implementierungen. Eine Kombination aus Signatur und Implementierung wird auch als *Klasse* bezeichnet. Typen sind selbst Objekte und können daher eigene Eigenschaften haben, welche *Typ-Eigenschaften* genannt werden; zwei der drei wesentlichen dieser Eigenschaften wurden im letzten Beispiel bereits benutzt:

(1)   *Obertypen*: Objekt-Typen können in einer IS-A-Beziehung zueinander stehen; alle Attribute, Beziehungen und Operationen des Obertyps werden dabei an den Untertyp vererbt. Letzterer kann diesen weitere hinzufügen oder ererbte redefinieren.

(2)   *Extents*: Die Menge aller Instanzen eines Typs bildet dessen Extent (Extension); ein solcher Extent kann benannt sein (vgl. letztes Beispiel).

(3)   *Keys*: Optional können Attribute eines Typs als Mitglieder eines Schlüssels für diesen Typ ausgezeichnet werden.

Die Signatur eines Objekt-Typs kann neben Typ-Eigenschaften sogenannte *Instanz-Eigenschaften* sowie *Instanz-Operationen* umfassen, wobei die Operationen lediglich durch Angabe einer Signatur spezifiziert werden. Zu den Instanz-Eigenschaften zählen die erwähnten Attribute und die Beziehungen.

Das ODMG-93-Modell sieht eine Reihe vordefinierter Typen vor, welche in Abbildung 5.10 gezeigt sind. Die Wurzel der (Teil-) Hierarchie der Objekt-Typen ist der Typ **Denotable_Object**, welcher untergliedert ist in „veränderbar" und „unveränderbar" (*immutable*): Grundsätzlich können *Objekte* verändert werden, *Literale* hingegen nicht. Bei Objekten können sich insbesondere die Werte ihrer Attribute oder die Beziehungen, an denen sie teilnehmen, ändern (nicht aber der Identifikator). Beide Unterteilungen sind weiter

```
Denotable_Object
    Object
        Atomic_Object
            Type
            Exception
            Iterator
        Structured_Object
            Collection < T >
                Set < T >
                Bag < T >
                List < T >
                    String
                    Bit_String
                Array < T >
            Structure < e₁ : T₁ ... eₙ : Tₙ >
    Literal
        Atomic_Literal
            Integer
            Float
            Character
            Boolean
        Structured_Literal
            Immutable_Collection < T >
                Immutable_Set < T >
                Immutable_Bag < T >
                Immutable_List < T >
                    Immutable_String
                    Immutable_Bit_String
                Immutable_Array < T >
                Enumeration
            Immutable_Structure < e₁ : T₁ ... eₙ : Tₙ >
                Date
                Time
                Timestamp
                Interval
```

Abbildung 5.10: Vordefinierte ODMG-Typhierarchie.

untergliedert in „atomar" und „strukturiert". Sämtliche Instanzen des Typs
Denotable_Object haben eine Identität, jedoch ist die Instanz eines Literals
mit dessen Wert identisch. Neben einem Identifikator kann ein Objekt auch
einen (oder sogar mehrere) vom Benutzer vergebene Namen besitzen. Wesentlich ist ferner, daß der Typ Object mit den vordefinierten Eigenschaften

```
has_name?: Boolean;
names: Set<String>;
type: Type:
```

sowie den vordefinierten Operationen

```
delete();
same_as?(oid: Object_id) -> b: Boolean;
```

ausgestattet ist. Objekte werden erzeugt durch die create-Operation, welche
Speicherplatz für das gerade erzeugte Objekt reserviert und einen neuen Identifikator vergibt.

Zu den Literalen zählen insbesondere die üblichen Basistypen („atomare
Literale") wie Integer oder Float. Strukturierte Objekte sowie strukturierte Literale werden unter Verwendung von Konstruktoren wie Set oder List
gebildet. Die Struktur eines Objekts vom Typ Structure bzw. eines Literals
vom Typ Immutable_Structure kann beliebig zusammengesetzt werden. Ein
besonderes Literal ist die Enumeration, welche einen Aufzählungstyp erzeugt.

Im Hinblick auf Anfragen bzw. auf das Arbeiten mit einer Datenbank
in diesem Modell ist das zentrale Konstrukt die *Kollektion* (*collection*); eine
Kollektion ist ein Objekt, welches andere Objekte (desselben Typs) umfaßt.
In Anfragen wird man im allgemeinen über derartige Kollektionen *iterieren*,
d.h. die in einer Kollektion enthaltenen Objekte der Reihe nach durchlaufen.
Dazu dient ein Objekt des Typs Iterator, welches insbesondere eine „aktuelle
Position" beim Traversieren einer Kollektion unterhält. Die in Abbildung 5.10
gezeigten Untertypen des Typs Collection $< T >$ verfügen alle über eine
Reihe vordefinierter Operationen (wie z.B. Mengenoperationen für Objekte
vom Typ Set $< T >$), welche teilweise vom Obertyp ererbt und überschrieben
sind.

Wir bemerken abschließend, daß das Objektmodell des ODMG-93-Vor-
schlags eine Reihe weiterer Einzelheiten festlegt, z.B. die Möglichkeit der Festlegung einer Lebensdauer (*lifetime*) für ein (veränderbares) Objekt oder einen
Transaktions-Begriff.

5.3.2   Die Objekt-Definitionssprache ODL

Wir wollen als nächstes auf die im ODMG-93-Vorschlag enthaltene *Object Definition Language* (ODL) eingehen, wobei wir die Syntax nicht in vollem Umfang

vorstellen werden. ODL ist eine Spezifikationssprache, deren Zweck die Definition der Schnittstellen bzw. Signaturen für Objekt-Typen ist, welche mit dem ODMG-Modell konform sind. In diesem Sinne soll ODL die Portabilität von Datenbank-Schemata unterstützen. Sie ist, wie erwähnt, an der *Interface Definition Language* (IDL) der OMG orientiert.

Das im letzten Unterabschnitt angegebene Beispiel deutete einige wichtige Sprachelemente bereits an. Ein Typ wird durch die Spezifikation einer Signatur definiert, generell gemäß folgender Syntax:

```
interface_dcl    ::= INTERFACE identifier [ inheritance_spec ]
                     type_property_list
                     [ : persistence_dcl ]
                     { [ interface_body ] } ;


persistence_dcl ::= PERSISTENT | TRANSIENT
```

Schlüsselwörter der Sprache werden hier durch Großschreibung kenntlich gemacht; geschweifte Klammern sind Teil der Syntax.

Die Charakteristika eines Typs (Obertyp-Information, Extent-Benennung und Schlüsselspezifikation) werden gemäß folgender Syntax definiert:

```
inheritance_spec     ::= scoped_name_list

type_property_list ::= ([ extent_spec ] [ key_spec ])
extent-spec          ::= EXTENT identifier
key_spec             ::= KEY[S] key-list
key                  ::= property_name_list
property_name        ::= scoped_name
scoped_name          ::= identifier
                       | :: identifier
                       | scoped_name :: identifier
```

Der `interface_body` besteht im wesentlichen aus der Deklaration von Attributen, Beziehungen und Operationen. Die wichtigsten Syntax-Elemente hierzu lauten:

```
interface_body ::= export_list
export         ::= attr_dcl | rel_dcl | op_dcl

attr_dcl       ::= [ READONLY ] ATTRIBUTE
                   domain_type identifier
domain_type    ::= simple_type_spec
                 | struct_type
                 | enum_type
                 | attr_coll_spec literal
```

```
                          | attr_coll_spec identifier
attr_coll_spec ::= SET | LIST | BAG | ARRAY

rel_dcl          ::= RELATIONSHIP
                      target_of_path identifier
                      [ INVERSE inverse_path ]
                      [ { ORDER_BY attr_list } ]
target_of_path ::= identifier
                  | rel_coll_type identifier
inverse_path     ::= identifier :: identifier
attr_list        ::= scoped_name_list

op_dcl           ::= [ ONEWAY ] op_type_spec identifier
                      ( [ param_dcl_list ] ) [ raises-expr ]
op_type_spec     ::= simple_type_spec | VOID
param_dcl        ::= param_attr simple_type_spec declarator
param_attr       ::= IN | OUT | INOUT
raises_expr      ::= RAISES ( scoped_name_list )
```

Wir verzichten hier auf die Angabe der genauen Syntax zur Spezifikation von Operationen. Wir betrachten abschließend ein Beispiel, bei welchem es sich um eine Fortsetzung von Beispiel 5.7 handelt.

Beispiel 5.8

Wir betrachten weiterhin den Automobilvertrieb, für welchen im letzten Beispiel bereits eine Definition der Objekt-Typen Person und Fahrzeug angegeben wurde. Wir tragen jetzt die Definition weiterer Objekt-Typen nach, wobei wir uns auf die Definition struktureller Aspekte beschränken:

```
interface Angestellter: Person
    (   extent AngMenge   )
    {
        attribute set<String> Qualifikationen;
        attribute Float Gehalt;
        relationship Niederlassung ist_Mgr_von
                    inverse Niederlassung::Manager;
        relationship Niederlassung ist_Ang_von
                    inverse Niederlassung::Angestellte;
        relationship Firma ist_Praes_von
                    inverse Firma::Praesident;
    };
```

Der Typ Angestellter (hier definiert ohne Familienmitglieder) ist einerseits ein Untertyp des oben bereits definierten Typs Person und steht andererseits mit zwei anderen Typen, Niederlassung und Firma, in insgesamt drei Beziehungen. Die Definitionen der noch fehlenden Typen lauten:

```
interface Firma
   (   extent Firmen   )
   {
       attribute String Name;
       attribute String Hauptsitz;
       relationship Angestellter Praesident
                      inverse Angestellter::ist_Praes_von;
       relationship Set<Niederlassung> Niederlassungen
                      inverse Niederlassung::ist_Nied_von;

       hirePraes (in Person);
       firePraes (in Angestellter) raises (nicht_vorhanden)
   };
```

Es sind bei **Firma** auch die Signaturen zweier Operationen, **hirePraes** und **firePraes**, angegeben, von denen bei der zweiten eine Ausnahmebedingung angegeben ist.

```
interface Niederlassung
   (   extent NiedMenge   )
   {
       attribute String Name;
       attribute String Sitz;
       relationship Angestellter Manager
                      inverse Angestellter::ist_Mgr_von;
       relationship Set<Angestellter> Angestellte
                      inverse Angestellter::ist_Ang_von;
       relationship Firma ist_Nied_von
                      inverse Firma::Niederlassungen;
   };
```

Die gerade bzw. die oben in Beispiel 5.7 definierten Typen und ihre Beziehungen untereinander sind in Abbildung 5.11 veranschaulicht.   □

5.3.3   Die Objekt-Anfragesprache OQL

Wir gehen als nächstes auf die *Object Query Language* (OQL) der ODMG ein. Diese Sprache basiert auf den folgenden Prinzipien und Annahmen:

(1)   Grundlage der Sprache ist das Objektmodell der ODMG wie oben skizziert.

(2)   Die Sprache ist deklarativ und optimierbar, aber nicht Turing-vollständig. Es handelt sich also um eine „klassische" Anfragesprache (und man verfolgt nicht wie bei SQL3 das Ziel der Bereitstellung einer vollständigen Programmiersprache).

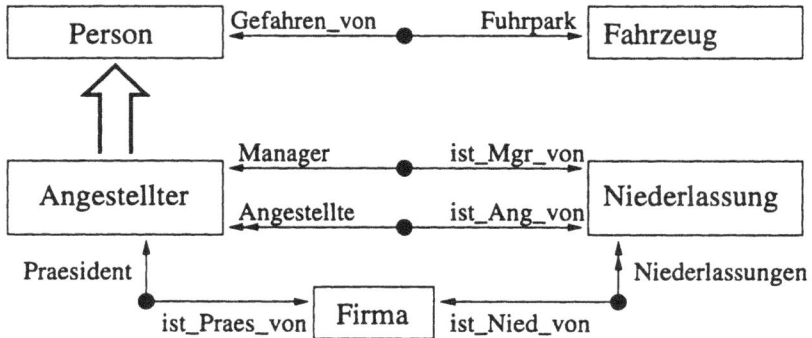

Abbildung 5.11: Laufendes Beispiel (Auszug) im ODMG-Modell.

(3)   Die Syntax von OQL ist an die von SQL angelehnt; weitere Syntaxbe-
      schreibungen werden folgen und insbesondere die Integration in Program-
      miersprachen festlegen.

(4)   Im Unterschied zu SQL favorisiert die Sprache *nicht* die Menge als An-
      fragemedium, sondern behandelt z.B. Tupelstrukturen oder Listen als zu
      Mengen gleichwertig.

(5)   OQL enthält keine expliziten Änderungs-Befehle oder -Operationen, son-
      dern unterstellt, daß zum Zwecke der Veränderung von Objekten entspre-
      chende Methoden geschrieben werden.

Zu Punkt (3) ist zu bemerken, daß sich die Syntax von OQL derzeit weder
in einem stabilen Zustand befindet noch in implementierter Form vorliegt. Sie
lehnt sich in ihrer derzeitigen Form (Herbst 1995), d.h. in der Version 1.2,
eng an die hier bereits beschriebene Sprache O_2SQL an; aus diesem Grund
verzichten wir hier auf eine Beschreibung der OQL-Syntax und beschränken
uns auf einige Beispiele.

OQL ist streng getypt und erlaubt Anfragen, welche atomare oder strukturierte Objekte oder Literale als Antwort liefern. Zu ihren Entwurfszielen
zählen Orthogonalität, d.h. jeder Mechanismus der Sprache ist auf jedes Konstrukt anwendbar, und beliebige Schachtelbarkeit von Anfragen, d.h. OQL ist
eine funktionale Sprache.

Beispiel 5.9

Die folgende Anfrage liefert das Alter von Personen mit Namen „John Smith":

```
select distinct x.Alter
from Personen x
where x.Name = "John Smith"
```

Man beachte, daß diese Anfrage an die Extension **Personen** des Typs **Person** gerichtet ist, welche weiter oben definiert wurde. Die Ausgabe dieser Anfrage ist ein Literal vom Typ **set<Integer>**.   □

Beispiel 5.10

Die folgende Anfrage liefert die Namen der jenigen Angestellten, die für eine Niederlassung einer Firma arbeiten, deren Präsident mehr als 100.000 verdient, zusammen mit dem Namen dieser Firma:

```
select distinct struct(AName: x.Name, FName: y.Name)
from AngMenge x, Firmen y
where x in (select z.Angestellte
            from NiedMenge z
            where z in y.Niederlassungen)
      and y.Praesident.Gehalt > 100000
```

Hier wird die Ausgabe in Form einer Tupelstruktur geliefert, welche zwei Attribute besitzt.   □

In OQL benötigt man nicht für jede Anfrage einen **select**-Ausdruck. Ist z.B. **HenryFord** der Name eines Objekts des Typs **Person**, so ist

HenryFord

eine gültige Anfrage. Ebenso kann man direkt auf Eigenschaften dieses Objekts zugreifen, wie z.B. in dem Ausdruck

HenryFord.Alter

Anfragen können also einzelne Objekte, Mengen von Objekten, einzelne Literale oder Mengen von Literalen als Antwort liefern.

Beispiel 5.11

In der aktuellen Version 1.2 sind in Anlehnung an das relationale SQL einfache Möglichkeiten des Anfragens relationaler Strukturen vorgesehen: Eine Selektion, die Objekt-Identitäten zurückgibt, ist

```
select x
from Personen x
where x.Name = "John Smith"
```

Eine Projektion von Fahrzeug-Objekten auf die Attribute **Modell** und **Hersteller** lautet

```
select Modell, Hersteller
from Fahrzeug
```

□

Es sei abschließend noch einmal betont, daß die hier gegebene Beschreibung
der ODMG-Aktivitäten als aktuelle Momentaufnahme zu verstehen ist, da die
Arbeit dieses Gremiums noch nicht abgeschlossen ist. Die ursprünglich für An-
fang 1995 geplante Einführung des Standards in kommerzielle Produkte hat
nicht stattgefunden, so daß abzuwarten bleibt, wann diese erfolgen wird. Andererseits stellt der ODMG-Standard eine wichtige Entwicklung dar, und es
darf erwartet werden, daß sich SQL3 und die OQL der ODMG mittelfristig
aneinander annähren werden.

5.4   Bibliographische Hinweise

Generelle Einführungen in die in diesem Kapitel beschriebenen Standardisierungsaktivitäten findet man z.B. bei Kim (1995) oder Simon (1995); besonderes
hingewiesen sei in diesem Zusammenhang auf Manola (1994) sowie auf Moss
(1994). Die CORBA-Spezifikation sowie eine solche der OMA findet man in
den Dokumenten der Object Management Group (1991, 1992). Genauere Be-
schreibungen des ODMG-93-Modells findet man bei Cattell (1994a, b). Geihs
(1995) gibt eine Einführung in Klienten/Server-Systeme im allgemeinen und in
CORBA im besonderen. Abbildung 5.4 ist adaptiert aus dem Buch von Brodie
und Stonebraker (1995).

Teil III

Theoretische Konzepte

Kapitel 6

Algebraische Operationen auf Datenbanken

In diesem Kapitel wollen wir einige grundlegende Überlegungen zu algebraischen Operationen auf objekt-orientierten Datenbanken anstellen. In relationalen Datenbanken haben sich algebraische Operationen als Grundlage der Semantik von Anfragesprachen, aber auch als Grundlage der Optimierung von Anfragen bewährt. Darüber hinaus haben sich algebraische Sprachen dort als äquivalent z.B. zu kalkülartigen erwiesen; sie können daher sowohl als ein „robustes" Konzept gelten als auch als Maßstab der Ausdruckskraft einer Sprache herangezogen werden. Es liegt dann die Frage nahe, ob sich bei objekt-orientierten Datenbanken ähnlich interessante Eigenschaften algebraischer Operationen bzw. Sprachen ergeben; auf diese Frage wollen wir in diesem Kapitel einführend eingehen. Unser Ziel ist es, die wesentlichen Analogien zwischen der klassischen Relationenalgebra und sogenannten *Objektalgebren* aufzuzeigen und gleichzeitig zu demonstrieren, welche neuartigen Probleme bei der Definition algebraischer Operationen auf komplexen Strukturen zu lösen sind. Wir gehen jedoch nicht auf spezifische Objektalgebren ein, sondern verweisen dazu auf die unten angegebene Literatur.

6.1 Algebraische Operationen auf Relationen

Wir stellen als erstes einige wichtige Aspekte der klassischen Datenbank-Algebra, der *relationalen Algebra*, zusammen, um diese anschließend im Hinblick auf Objekt-Orientierung durchleuchten zu können.

6.1.1 Die Relationenalgebra und ihre Eigenschaften

Wir erinnern zunächst an die Ausführungen in Abschnitt 1.3.2, in welchem wir den Zusammenhang zwischen SQL und der relationalen Algebra bereits kurz erläutert haben: Die grundlegenden Operationen dieser Algebra, die Projektion

(π), die Selektion (σ), die Mengenoperationen Vereinigung ($\cup$) und Differenz
($-$) sowie der natürliche Verbund ($\bowtie$), werden in SQL wie folgt ausgedrückt:

(1)   Sei R ein Relationenschema mit Attributmenge X und $\{A_1, \ldots, A_k\} \subseteq X$.
       Die *Projektion* $\pi_{A_1 \ldots A_k}(R)$ von R auf $\{A_1, \ldots, A_k\}$ wird ausgedrückt durch

```
SELECT DISTINCT A1, ... , Ak FROM R
```

(2)   Sei R wie oben mit $A, B \in X$. Die *Selektion* $\sigma_{A=a}(R)$ von R anhand der
       Bedingung $A = a$ wird ausgedrückt durch

```
SELECT DISTINCT * FROM R WHERE A = a
```

(3)   Sind R und S Relationenschemata mit gleicher Attributmenge, dann wird
       die *Vereinigung* $R \cup S$ ausgedrückt durch

```
SELECT DISTINCT * FROM R
    UNION SELECT DISTINCT * FROM S
```

Analog wird die *Differenz* $R - S$ ausgedrückt durch

```
SELECT DISTINCT * FROM R
    EXCEPT SELECT DISTINCT * FROM S
```

(4)   Sei R ein Relationenschema mit den Attributen $A_1, \ldots, A_n, B_1, \ldots, B_m$
       und S ein solches mit den Attributen $B_1, \ldots, B_m, C_1, \ldots, C_l$. Dann wird
       der *natürliche Verbund* $R \bowtie S$ von R und S ausgedrückt durch

```
SELECT DISTINCT A1, ..., Am, R.B1, ..., R.Bm, C1, ..., Cl
FROM R, S
WHERE R.B1 = S.B1 AND ... AND R.Bm = S.Bm
```

Mittels dieser fünf grundlegenden Operationen (sowie gegebenenfalls der Möglichkeit, Attribute *umzubenennen*) lassen sich zahlreiche weitere definieren; wesentlich ist, daß sich durch andere Operationen (unter Verzicht auf Kontrollstrukturen) keine grundsätzlich neuen Möglichkeiten ergeben, Anfragen an eine
relationale Datenbank zu formulieren.

Die Relationenalgebra hat eine Reihe wichtiger Eigenschaften, die sie als
Grundlage einer Semantik für relationale Anfragesprachen geeignet machen:

(1)   Die Relationenalgebra ist *abgeschlossen*, d.h. es werden durch ihre Aus-
       drücke stets Relationen in Relationen überführt. Das Ergebnis der Aus-
       wertung einer einzelnen Operation oder eines Ausdrucks kann daher stets
       als „Eingabe" für die Auswertung einer weiteren Operation bzw. eines
       weiteren Ausdrucks dienen.

Diese Beobachtung läßt sich formalisieren dadurch, daß man Anfragen an eine relationale Datenbank als *Abbildungen* von Relationen in Relationen auffaßt; die in der Relationenalgebra ausdrückbaren Anfragen sind dann spezielle solche Abbildungen, welche sich sogar durch bestimmte Eigenschaften auszeichnen.

(2) Die Relationenalgebra ist *sicher* in dem Sinne, daß jedes von einem ihrer Ausdrücke gelieferte Ergebnis endlich ist, also endlich viele Tupel enthält.

(3) Mit der Sprache der Relationenalgebra steht ein Werkzeug zur Definition externer Sichten zur Verfügung.

(4) Alle Ausdrücke der Relationenalgebra sind *effizient* auswertbar, denn die zugrunde liegenden Operationen haben sämtlich eine polynomielle Zeitkomplexität. Der Zeitaufwand zur Auswertung einer der Operationen ist genauer polynomiell in der „Größe" der jeweiligen Eingabe unabhängig davon, wie diese intern gespeichert ist.

Man kann sogar zeigen, daß die Berechnungskomplexität der Relationenalgebra *niedrig polynomiell* ist, was eine positive und eine negative Konsequenz hat: Zum einen bietet ein algebraischer Ausdruck im allgemeinen Möglichkeiten der Optimierung (vgl. nächster Unterabschnitt) und im Rahmen dessen sogar Möglichkeiten der *parallelen* Auswertung. Zum anderen ist die *Ausdruckskraft* der Relationenalgebra beschränkt, was allgemein als der Preis angesehen wird, welcher für hohe Effizienz zu entrichten ist.

Der letztgenannte Aspekt ist für Datenbanksprachen von fundamentaler Wichtigkeit: Wenn man *garantieren* will, daß jede in einer gegebenen Sprache formulierbare Anfrage effizient ausgewertet werden kann, so muß man in der Ausdruckskraft Einschränkungen vornehmen. Speziell kommt in der Relationenalgebra z.B. keine Rekursion und keine Iteration vor, beides Konstrukte, mit welchen man in höheren Programmiersprachen unter bestimmten Voraussetzungen ineffiziente oder sogar nicht terminierende Programme schreiben kann.

Im weiteren Verlauf dieses Abschnitts gehen wir auf zwei Aspekte der Algebra genauer ein: die Möglichkeit, Anfrageoptimierung zu betreiben, sowie die Rolle der Algebra als „Meßlatte" für andere relationale Sprachen.

6.1.2 Algebraische Optimierung

Von besonderer Bedeutung für die Relationenalgebra ist, daß für ihre Operationen eine Reihe von *Rechenregeln* gelten, die z.B. aussagen, wann zwei Operationen *kommutieren* oder ob eine Operation *assoziativ* ist. Eine wichtige Anwendung solcher Regeln ist die Bereitstellung von Techniken zur *Optimierung* von Anfragen, also der Transformation einer gegebenen Anfrage in eine solche („äquivalente"), die stets das gleiche Ergebnis liefert, aber effizienter

deklarative Sprache: SQL, Kalkül
↓
Kalkül-Optimierung
↓
Transformation in **Algebra**
↓
Algebra-Optimierung
↓
Zugriffsplan-Erzeugung

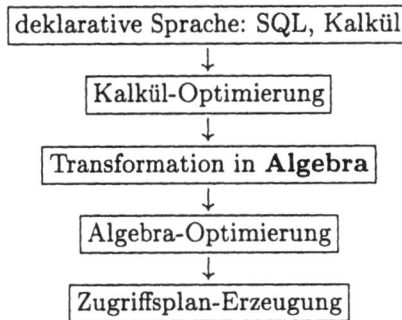

Abbildung 6.1: Die Rolle algebraischer Sprachen.

(relativ zu einem Kostenmaß) auszuwerten ist. Einige einfache Beispiele sollen dies erläutern:

(1)   Falls man eine Projektion und eine Selektion auf eine Relation anwenden will, so kann man diese vertauschen, falls sich die Selektionsattribute unter denen befinden, auf die projiziert wird.

(2)   Wird eine Selektion auf einen Verbundausdruck angewendet und kommen die Selektionsattribute lediglich in einem der Verbundoperanden vor, so kann die Selektion distributiv in den Verbundausdruck hineingezogen (und dann nur auf den betreffenden Operanden angewendet) werden.

Die Bedeutung solcher Regeln hinsichtlich einer Optimierung von Anfragen wird klar, wenn man sich die in Datenbanksystemen üblicherweise einer Algebra zugedachte Rolle vergegenwärtigt: Algebraische Operationen werden in realen Systemen nicht an der Benutzerschnittstelle, sondern systemintern zur Implementierung und insbesondere zur Optimierung verwendet, wie in Abbildung 6.1 angedeutet.

Es gibt verschiedene Gründe, aus denen diese Rolle einer algebraischen Sprache gerechtfertigt ist:

(1)   Syntaktisch kann man die Relationenalgebra im Vergleich zu SQL als eine Art „Assemblersprache" bezeichnen, da man in ihr nur mit einer fest vorgegebenen Menge von Basisoperationen arbeiten kann. Man wird sie daher der Allgemeinheit von Datenbank-Benutzern nur in Ausnahmefällen direkt zugänglich machen wollen.

(2)   Aus interner Sicht läßt sich einer „logischen" Algebra wie der hier betrachteten eine „physische" Algebra gegenüberstellen, in welcher Operatoren implementiert vorliegen und die in Form von Prozessen unmittelbar ausführbar sind.

Gründe wie diese legen es nahe, auch in anderen Datenmodellen, insbesondere in objekt-orientierten, zu versuchen, den algebraischen Sprachansatz nachzubilden. Auf die dabei möglicherweise entstehenden Probleme gehen wir weiter unten ein.

6.1.3 Die Relationenalgebra als Sprachmaßstab

Im relationalen Datenmodell kennt man neben der Relationenalgebra den *Tupel*-sowie den *Wertebereichskalkül* als deklarative Gegenstücke. Diese Kalküle basieren auf der Erkenntnis, daß ein Relationenschema R mit n Attributen und ein Relationenname R der Stelligkeit n in der Logik verwandte Konzepte sind. Eine Menge $\{ R_1, \ldots, R_k \}$ von Relationenschemata eines Datenbankschemas kann damit als ein Vokabular von Relationsnamen angesehen werden. Zusätzlich benötigt man für eine logische Sprache sodann *Variablen*; repräsentieren diese Variablen Tupel aus Relationen, spricht man von *Tupelvariablen*, repräsentieren sie einzelne Wertebereichselemente, spricht man von *Wertebereichsvariablen*. Formeln im Tupelkalkül (mit Tupelvariablen) bzw. im Wertebereichskalkül (mit Wertebereichsvariablen) werden mit einer Semantik versehen, indem sie als Formel über einer gegebenen Datenbank interpretiert werden.

Grundsätzlich sind beide Kalküle *nicht* sicher im Sinne des letzten Unterabschnitts und daher mächtiger als die Algebra, da eine Formulierung von Anfragen mit unendlichen Ergebnissen möglich ist. Diese zusätzliche Ausdruckskraft ist jedoch für praktische Anwendungen weitgehend bedeutungslos, so daß man die Kalküle üblicherweise so (auf „sichere Formeln") einschränkt, daß unendliche Ergebnisse nicht mehr möglich sind. Die sicheren Kalküle sind dann zur Algebra äquivalent, d.h. beide Ansätze zum Entwurf relationaler Anfragesprachen sind gleichwertig. Eine wichtige Konsequenz hieraus ist ein *Vollständigkeitsmaß* für relationale Anfragesprachen, die sogenannte *Codd-Vollständigkeit*: Eine relationale (Anfrage-)Sprache heißt Codd-vollständig, falls ihre Ausdruckskraft mit der der Relationenalgebra übereinstimmt.

Bereits auf gewöhnlichen Relationen bzw. relationalen Datenbanken erscheint der Begriff der Codd-Vollständigkeit bei näherer Betrachtung als nicht sehr weittragend, da man zeigen kann, daß wichtige Anfragen (wie z.B. die transitive Hülle einer zweistelligen Relation) nicht in der Algebra oder einem der Kalküle ausdrückbar sind. Man hat daher in der Vergangenheit andere Formen der Charakterisierung von Ausdruckskraft für relationale Anfragesprachen entwickelt, welche auch Konzepte der Theoretischen Informatik geeignet auf den Datenbank-Kontext anpassen.

Zentral ist hierbei der Begriff der *berechenbaren* Anfrage: In Analogie zu einer berechenbaren Funktion ist eine berechenbare Anfrage zunächst eine partiell-rekursive Funktion, welche zu einer als Eingabe gegebenen Datenbank als Ausgabe eine Relation über dem Wertebereich der Datenbank liefert und dabei zusätzlich ein *Konsistenz-Kriterium* erfüllt, welches im wesentlichen verlangt, daß das Anfrage-Ergebnis von der internen Repräsentation der Datenbank unabhängig ist. Dieses Kriterium, auch als *C-Generizität* bezeichnet, erfaßt die Intuition, daß eine Anfrage lediglich Information „benutzt", die auf der konzeptionellen Ebene der betreffenden Datenbank zur Verfügung steht. Insbesondere können unterschiedliche Werte nur dann verschieden behandelt werden, falls sie anhand von konzeptioneller Information unterscheidbar sind oder explizit in der Anfrage erscheinen. Formal ist dies wie folgt ausdrückbar:

Ist C eine endliche Menge von Werten aus einem Universum U, und ist q eine Anfrage, welche eine als Eingabe gegebene Menge d von Relationen auf eine Ausgaberelation abbildet, so heißt q *C-generisch*, falls für jede Permutation ρ auf U mit $\rho(x) = x$ für jedes $x \in C$ die Bedingung

$$\rho(q(d)) = q(\rho(d)).$$

gilt, d.h. das folgende Diagramm kommutiert:

$$
\begin{array}{ccc}
d & \xrightarrow{\;q\;} & q(d) \\
\rho \downarrow & & \downarrow \rho \\
\rho(d) & \xrightarrow{\;q\;} & q(\rho(d)) = \rho(q(d))
\end{array}
$$

Ist $C = \emptyset$, so heißt q *generisch*. Generizität verlangt also, daß eine Anfrage nicht sensitiv ist gegen eine Umbenennung der in einer Datenbank vorkommenden Konstanten (mittels der Permutation ρ). Eine solche Menge C spezifiziert „besondere" Konstanten, welche in der Anfrage, insbesondere in Selektionsbedingungen, explizit erwähnt werden. Allerdings ist jede C-generische Anfrage als generische Anfrage auffaßbar, indem man die Konstanten aus C in die Eingabe aufnimmt. Man kann sich so auf die Betrachtung generischer Anfragen (anstatt C-generischer) beschränken.

Eine *Anfrage* muß also berechenbar und generisch sein. Eine Sprache heißt des weiteren *vollständig*, falls sie alle Anfragen ausdrücken kann. Es ist dann leicht einzusehen, daß alle in der Relationenalgebra ausdrückbaren Anfragen auch Anfragen in diesem Sinne (berechenbar und generisch) sind; sie sind sogar C-generisch, wobei der *aktive* Wertebereich der gegebenen Datenbank als die Menge C gewählt wird. Andererseits bilden sie eine echte Teilmenge der Menge aller Anfragen, da z.B. die transitive Hülle ebenfalls eine (berechenbare) Anfrage, aber nicht in der Relationenalgebra ausdrückbar ist. Die gleichen Aussagen gelten auch für Kalkül-Anfragen, d.h. sowohl die Algebra als auch die Kalküle sind nicht vollständig.

Es gibt zahlreiche Vorschläge zum Entwurf einer Sprache, in der alle berechenbaren und generischen Anfragen ausgedrückt werden können, von denen wir die zwei wichtigsten erwähnen: Die erste verallgemeinert die Relationenalgebra in eine imperative Programmiersprache durch Einführung von Variablen, die Relationen als Werte annehmen, Zuweisungen und einer **while**-Kontrollstruktur. Letztere erlaubt eine Iteration eines Programms oder eines Programmteils, solange eine Bedingung (formuliert in der Logik erster Stufe) erfüllt ist. Anfragen in der zweiten Sprache werden unter Verwendung eines

Kalküls zusammen mit einem Fixpunkt-Operator konstruiert, welcher einen
Prädikatsnamen R bindet, der in der betreffenden Formel frei und lediglich po-
sitiv (d.h. unter einer geraden Anzahl von Negationen) vorkommt. Die Formel
wird solange iteriert, bis ein Fixpunkt erreicht ist und somit sich das Ergebnis nicht mehr verändert. Beide Ansätze sind wichtige Meilensteine auf dem
Weg zu vollständigen Sprachen; weitere Einzelheiten entnehme man der unten
angegebenen Literatur.

6.2 Algebraische Operationen auf geschachtelten Relationen

Wir erweitern jetzt unsere Betrachtungen auf in einer bestimmten Weise strukturierte Objekte noch ohne Identität, sogenannte *geschachtelte* Relationen. Diese unterscheiden sich von den bisher betrachteten dadurch, daß einzelne Attribute nicht nur atome Werte, sondern Relationen als Werte besitzen können
(vgl. Abschnitt 1.2).

Beispiel 6.1

In unserem laufenden Beispiel (vgl. Abbildung 1.8) ließe sich Automobil-
Information unter Verzicht auf Objekt-Identitäten in einer geschachtelten
Relation wie folgt darstellen:

Automobil	Modell	...	Karosse	Antrieb		
				Getriebe	Motor	
					PS	CCM
	Sierra		5T	MT75	120	1998
	Mondeo		4T	MT75	115	1795
	⋮			⋮		

In diesem Fall ist das Attribut *Antrieb* (sogar zweifach) geschachtelt; allerdings sind die jeweiligen „Unterrelationen" nur einwertig. Besonders naheliegend ist eine Schachtelung bei mehrwertigen Attributen, wie z.B. bei Firmen:

Firma	Name	Hauptsitz	Niederlassungen		...
			Ort	Strasse	
	Ford	Köln	Köln	Fordstrasse	
			Gent	Brusselweg	
			Saarlouis	Autoallee	
	VW	Wolfsburg	Kassel	Hauptstrasse	
			Pamplona	Av. Carlos	

□

Auch für das geschachtelte Relationenmodell lassen sich algebraische Operationen definieren; diese ergeben sich zum Teil als direkte Verallgemeinerung der

von flachen Relationen her bekannten. Exemplarisch erwähnen wir Selektion und Projektion, die im wesentlichen wie bei gewöhnlichen Relationen wirken, mit folgenden Unterschieden:

(1)   Eine Selektionsoperation kann jetzt, aufgrund der Relationenwertigkeit und damit der Mengenwertigkeit von Attributen, andere Formen von Selektionsbedingungen enthalten, z.B. Teilmengenbildung.

(2)   Eine Projektion kann auf komplexe (relationenwertige) Attribute genauso wie auf flache angewendet werden; man kann sie allerdings im allgemeinen nicht unmittelbar auf eine Komponente eines komplexen Attributs anwenden.

Beispiel 6.2

Wir betrachten wieder die beiden Relationen des letzten Beispiels sowie die folgenden Operationen:

(i) Eine *Selektion* in der Relation *Firma* gemäß der Bedingung

$$\text{„}\{ \text{ Köln, Gent } \} \subseteq \textit{Niederlassungen. Ort}\text{“}$$

liefert:

Firma	*Name*	*Hauptsitz*	*Niederlassungen*		...
			Ort	*Strasse*	
	Ford	*Köln*	*Köln*	*Fordstrasse*	
			Gent	*Brusselweg*	
			Saarlouis	*Autoallee*	

(ii) Eine *Projektion* von *Automobil* auf das flache Attribut *Modell* sowie das komplexe Attribut *Antrieb* liefert:

Automobil	*Modell*	*Antrieb*		
		Getriebe	*Motor*	
			PS	*CCM*
	Sierra	*MT75*	*120*	*1998*
	Mondeo	*MT75*	*115*	*1795*
			$\vdots$	

□

Während die algebraischen Operationen, die sich als Verallgemeinerung derjenigen des gewöhnlichen Relationenmodells definieren lassen, auch in der bekannten Weise wirken, also Ergebnisrelationen liefern, deren Schema hinsichtlich einer eventuell gegebenen hierarchischen Strukturierung nicht manipuliert wurde, gibt es für geschachtelte Relationen neuartige Operationen, die komplexe Attribute in flache überführen können und umgekehrt. Diese Operationen werden als *Nestung* (Schachtelung) bzw. als *Entnestung* (Entschachtelung) bezeichnet; ihre Wirkung sei hier lediglich an einem Beispiel demonstriert.

Beispiel 6.3

Eine Entnestung kann auf die Relation *Firma* des vorletzten Beispiels hinsichtlich des Attributs *Niederlassungen* angewendet werden; dieses Attribut wird dabei durch seine Komponenten ersetzt, so daß weitere Tupel entstehen, deren Werte für die übrigen Attribute aus den jeweils gegebenen repliziert werden. Im Beispiel erhalten wir folgendes Ergebnis:

Firma	*Name*	*Hauptsitz*	*Ort*	*Strasse*	...
	Ford	Köln	Köln	Fordstrasse	
	Ford	Köln	Gent	Brusselweg	
	Ford	Köln	Saarlouis	Autoallee	
	VW	Wolfsburg	Kassel	Hauptstrasse	
	VW	Wolfsburg	Pamplona	Av. Carlos	

Durch eine Nestung könnte in diesem Beispiel die gerade vorgenommene Entnestung wieder rückgängig gemacht werden, wobei dann für die entstehende Unterrelation ein Bezeichner, etwa *Niederlassungen*, wieder eingeführt werden müßte.   □

Das geschachtelte Relationenmodell kennt damit gegenüber dem flachen Relationenmodell neuartige Operationen, welche auf vorhandene komplexe Strukturen wirken. Es leuchtet dann ein, daß solche Operationen sich auch dann definieren lassen, wenn man außer Tupel- und Mengenkonstruktor weitere Konstruktoren zuläßt und die Forderung nach deren streng alternierender Anwendung aufgibt. Damit werden algebraische Operationen auch für beliebig komplex strukturierte Objekte relevant bzw. anwendbar, so daß man insbesondere versuchen kann, die aus dem Relationenmodell bekannten attraktiven Eigenschaften eines algebraischen Sprachansatzes auch in einem solchen Kontext zu realisieren.

Wir bemerken dazu abschließend, daß es tatsächlich möglich ist, in Abwesenheit von Objekt-Identität viele der aus dem Relationenmodell bekannten Eigenschaften einer Algebra auf komplexe Strukturen zu verallgemeinern. Dabei ist jedoch unter Umständen mit gewissen „Komplikationen" zu rechnen. So gilt z.B. im geschachtelten Relationenmodell grundsätzlich *nicht*, daß die Operationen der Nestung und der Entnestung zueinander invers sind. Man kann zwar eine Nestung stets durch eine nachfolgende Entnestung rückgängig machen, jedoch gilt die Umkehrung nur unter gewissen Zusatzvoraussetzungen.

6.3   Algebraische Operationen auf Objektbanken

Wir kommen jetzt auf objekt-orientierte Datenbanken zurück. Nach den oben
angestellten umfassenden Vorüberlegungen könnte man meinen, eine Verallgemeinerung algebraischer Operationen auf diesen Kontext verlaufe ähnlich. Es
wird sich jedoch herausstellen, daß ein solches Unterfangen hier erhebliche neue
Probleme aufwirft.

6.3.1   Einführende Überlegungen

Eine algebraische Sprache für Objektbanken muß offensichtlich Operationen
bereitstellen, welche sowohl auf komplexe Werte anwendbar sind als auch Objekt-Identität angemessen unterstützen. Operationen auf komplexen Werten
bzw. auf Mengen derartiger Werte ergeben sich z.B., wie oben diskutiert, als
Verallgemeinerung geschachtelter Relationen. Bei Operationen auf (Mengen
von) Objekten sind zumindest die folgenden Unterscheidungen relevant:

(1)   Als *objektspezifische* Operationen bezeichnet man die Methoden, die man
       für bestimmte Objekte bzw. Klassen schreibt, d.h. das dezidierte Ver-
       halten, mit welchem Objekte und Klassen ausgestattet werden. Es sei
       bemerkt, daß man in machen Systemen (z.B. bei GemStone) lediglich
       diesen Typ von Operationen vorfindet. Als problematisch kann sich dann
       erweisen, daß die Optimierbarkeit solcher Operationen nicht gegeben und
       Typ-Sicherheit schwierig zu gewährleisten ist.

(2)   Als *implizite* oder *generische* Operationen bezeichnet man Anfrageope-
       rationen, die – im Stile der Relationenalgebra – als zum Datenmodell
       gehörig zu betrachten sind und daher keiner expliziten Definition relativ
       zu einer bestimmten Klasse bedürfen.

Wir wollen uns im Sinne dieser Einteilung hier auf generische Operationen
beschränken und dabei sogar von Änderungsoperationen absehen. Generische
algebraische Operationen können grundsätzlich entweder vorhandene Klassen-
instanzen, also Mengen von Objekten, manipulieren oder neue Objektmengen
aus vorhandenen ableiten. Eine wesentlichen Einfluß hat dabei eine Antwort
auf die Frage, von welcher Art das Ergebnis auf eine Anfrage sein soll. Es gibt
nämlich grundsätzlich zwei Möglichkeiten:

(1)   Eine Anfrage liefert stets eine Menge von Werten, d.h. ein Zugriff auf Ob-
       jekte extrahiert stets Werte unter Vernachlässigung von Objekt-Identitä-
       ten.

(2)   Eine Anfrage liefert (stets oder in Abhängigkeit von der Formulierung)
       eine Menge von Objekten.

Es sollte einleuchten, daß erstere Option eine starke Einschränkung darstellt und insbesondere – im Sinne unserer Ausführungen in Abschnitt 2.1 – z.B. das Kriterium der Abgeschlossenheit verletzt: Wird eine Operation auf eine Objektmenge angewendet und liefert sie nur Werte, so kann eine weitere Operation derselben Art nicht unmittelbar angewandt werden. Mit analoger Argumentation erkennt man, daß die Bildung von Sichten ausgeschlossen wird. Außerdem gehen bei einem solchen Vorgehen stets Objekt-Identitäten verloren, so daß Objekte nicht mehr auf Identischsein verglichen werden können und die jeweils zugeordneten Methoden nicht mehr anwendbar sind.

Es erscheint daher naheliegend, algebraische Operationen so einzuführen, daß sie in der Lage sind, mit Objektmengen umzugehen und insbesondere Objektmengen als Ergebnisse liefern können. Wir wollen uns dies genauer ansehen, zunächst unter der Annahme, daß algebraische Operationen die Identitäten vorhandener Objekte erhalten; man spricht dann auch von *objekterhaltenden* Operationen. Für diese stellt sich die neuartige Aufgabe, ein Anfrageergebnis zu klassifizieren bzw. zu typisieren; dies behandeln wir exemplarisch im nächsten Unterabschnitt. Eine Form der Lösung des hier auftretenden Klassifikationsproblems ist, die Operationen *objekterzeugend* zu machen, worauf wir im übernächsten Unterabschnitt eingehen. Wir greifen damit Überlegungen wieder auf, welche in Beispiel 2.19 bereits angedeutet wurden.

6.3.2   Objekterhaltende Operationen

Objekterhaltende Operationen bewahren, wie die Bezeichnung suggeriert, die Identität der in sie einfließenden bzw. von ihnen verarbeiteten Objekte. Wenn man dann das Ergebnis einer solchen Operation in die gegebene Klassen- bzw. Typhierarchie einordnen will, etwa um vorhandene Methoden auf die erhaltenen Objekte anwenden zu können, so treten dabei gewisse Schwierigkeiten auf, wie die folgenden Beispiele zeigen.

Beispiel 6.4

Wir betrachten die folgende Instanz der Klasse Automobil (vgl. Abbildung 1.9):

Automobil		
	Antrieb	Karosse
#10	#20	Limousine
#11	#21	Fließheck
#12	#22	Limousine

Eine *Selektion* aller derjenigen Automobil-Objekte, die eine Limousinenkarosse haben, liefert offensichtlich die folgende Objektmenge:

	Antrieb	Karosse
#10	#20	Limousine
#12	#22	Limousine

Man erkennt, daß sich der Typ gegenüber dem Operanden Automobil nicht verändert hat; allerdings ist eine Teilmenge der ursprünglichen Objektmenge entstanden und damit eine Unterklasse der Klasse Automobil.   □

Die im letzten Beispiel beschriebene Situation, daß eine (objekterhaltende) Selektion eine Unterklasse des Operanden mit gleichem Typ liefert, kann dann zu Problemen führen, wenn der Operand bereits Unterklassen besitzt. Hätte Automobil z.B. die Unterklasse Viertürer, so wäre zu klären, in welchem Verhältnis das oben angegebene Selektionsergebnis zu dieser Klasse steht. Ob die beiden Unterklassen disjunkt oder bzgl. Mengeninklusion unvergleichbar sind, ist zustandsabhängig, aber nicht a priori festlegbar.

Beispiel 6.5

Wir betrachten wieder die im letzten Beispiel angegebene Instanz der Klasse Automobil und interessieren uns jetzt für eine *Projektion* auf das Attribut Antrieb. Das Ergebnis lautet:

	Antrieb
#10	#20
#11	#21
#12	#22

Jetzt hat sich die Menge der Objekte nicht verändert, wohl aber der Typ: Der Typ des Ergebnisses ist ein Obertyp des Typs des Operanden, denn der Operandentyp hat (als Tupeltyp) mehr Attribute!   □

In Analogie zur oben für die Selektion aufgeworfenen Frage könnte es bei einer Projektion sinnvoll sein zu klären, in welchem Verhältnis der Typ eines Projektionsergebnisses zu anderen Obertypen des Operandentyps steht, in unserem laufenden Beispiel also etwa zum Typ der Klasse Fahrzeug.

Für die Mengenoperationen *Differenz* und *Durchschnitt* gelten analoge Überlegungen wie für die Selektion:

Beispiel 6.6

Eine (objekterhaltende) Differenz läßt sich sinnvollerweise nur bei Objektmengen mit nicht-leerem Durchschnitt bilden, also etwa bei Klassen, die Unterklassen voneinander sind. Bildet man in unserem laufenden Beispiel etwa

Person - Angestellter,

so erhält man alle Personen(-objekte), die nicht Angestellter sind. Es wurde also eine Unterklasse der Personen mit gleichem Typ wie Person gebildet. □

Während sich bei den bisher betrachteten Operationen entweder der Typ des Ergebnisses von dem des Operanden verschieden war oder eine Unterklasse gebildet wurde, ändert sich bei einer *Vereinigung* beides, wie das folgende Beispiel zeigt.

Beispiel 6.7

Wir betrachten die in Abbildung 2.1 gezeigte Modifikation unseres laufenden Beispiel, insbesondere die Unterklassen `Aktionaer` und `Angestellter` der Klasse `Person`. Eine Vereinigung der Form

<code>Aktionaer ∪ Angestellter</code>

bildet eine heterogene Objektmenge, deren Typ Untertyp sowohl von `Aktionaer` als auch von `Angestellter` ist und welche Obermenge von beiden Operanden ist. □

Es sei abschließend bemerkt, daß sich diese Überlegungen auch auf verbundartige Operationen anwenden lassen, die im allgemeinen zu Typerweiterungen und daher zu einer Untertypbildung führen.

Beispiel 6.8

Bildet man in unserem laufenden Beispiel einen Verbund der Klassen `Person` und `Adresse` über das Attribut `Wohnsitz`, so kann dies als eine Entnestung betrachtet werden, welche für jedes Objekt der Klasse `Person` die als Wert des Attributs `Wohnsitz` gespeicherte Identität einer Adresse durch ein Wertetupel mit den zugehörigen Werten für `Strasse` und `Ort` ersetzt. □

Grundsätzlich kann man zumindest auf zwei Weisen Abhilfe bei den hier behandelten Problemen der Klassifikation und der Typisierung bei objekterhaltenden Operationen schaffen:

(1) Man läßt zu, daß es zu einem Typ mehrere Klassen gibt. Dies ist einerseits eine in Programmiersprache übliche Sicht, daß zu einem Datentyp mehrere Variablen dieses Typs existieren, die über den Namen unterschieden werden. Dies ist andererseits auch die von der ODMG vertretene Sicht, daß erst eine Kombination aus Typ-Signatur und Typ-Implementierung als Klasse bezeichnet wird (vgl. Abschnitt 5.3.1).

(2) Man verwendet objekterzeugende Operationen anstelle von objekterhaltenden.

Auf die letztgenannte dieser Optionen gehen wir als nächstes genauer ein.

6.3.3 Objekterzeugende Operationen

Objekterzeugende Operationen setzen aus den gegebenen Klassen-Instanzen
neue Mengen von Objekten zusammen, d.h. es entsteht eine Ergebnis-Klasse,
deren Objekte durch neue Identitäten gekennzeichnet sind.

Beispiel 6.9

Wir betrachten noch einmal die oben bereits verwendeten Instanzen der Klasse `Automobil`:

Automobil		
	Antrieb	Karosse
#10	#20	Limousine
#11	#21	Fließheck
#12	#22	Limousine

Eine *objekterzeugende* Projektion auf das Attribut `Antrieb` kann dann folgendes Ergebnis produzieren:

	Antrieb
#110	#20
#111	#21
#112	#22

Die Ergebnisklasse enthält neue Objekte; ihr Typ ist ein Obertyp des Typs
des Operanden.   □

Die Ergebnisklasse einer objekterzeugenden Operation existiert in der gegebenen Klassenhierarchie quasi „parallel" zu allen anderen Klassen und kann
damit keine Methoden erben, die auf den Operanden-Klassen definiert sind.
Eine Ausnahme bildet die allgemeinste Klasse `Object`, falls eine solche existiert. Die Objekterzeugung selbst kann auf unterschiedliche Weisen erfolgen,
z.B. *implizit*, also von außen nicht beeinflußbar, *frei*, also von außen durch den
Benutzer in weitgehend beliebiger Weise gesteuert, oder *funktional*, also von
außen in vordefinierter und kontrollierter Weise gesteuert.

Wenn man unterstellt, daß eine objekterzeugende Operation wie die im
letzten Beispiel gezeigte Projektion die Werte der neuen Objekte durch Kopieren aus den Werten der vorhandenen Objekten gewinnt, so wird die Verwendung von Objektreferenzen unter Umständen problematisch. Bereits im letzten Beispiel referenzieren die neu erzeugten Objekte dieselben Antriebsobjekte
wie die ursprünglichen Automobilobjekte. Inwieweit dies tolerabel ist, stellt eine der Entwurfsentscheidungen für eine Objektalgebra mit objekterzeugenden
Operationen dar.

Wir bemerken abschließend, daß nahezu alle in der Literatur vorgeschla-
genen Objektalgebren über objekterhaltende Operationen verfügen, jedoch nur

wenige über objekterzeugende. Selektion, Projektion, verschiedene Verbund-
operationen und Mengenoperationen finden sich in praktisch jeder Objektalgebra; Unterschiede existieren z.B. hinsichtlich der Anwendung von Funktionen
etwa in Selektionsprädikaten, dem Vorhandensein von Restrukturierungsope-
rationen oder der Verfügbarkeit einer expliziten Objekterzeugungsoperation.

6.4   Vollständigkeit objekt-orientierter Sprachen

In diesem Abschnitt skizzieren wir einige Grundzüge der Theorie von Sprachen für objekt-orientierte Datenbanken und versuchen aufzuzeigen, auf welche
Weise formale Untersuchungen in diesem Bereich auf früher im Zusamenhang
mit dem Relationenmodell bzw. seinen Erweiterungen durchgeführten aufbau-
en bzw. diese erweitern.

Ein zentrales Ziel ist auch bei objekt-orientierten Datenbanken eine formale Präzisierung des Begriffes einer Anfrage, in Analogie zu dem oben diskutierten für relationale Datenbanken. Der Begriff der Anfrage (als Funktion) ist
zum Begriff der *Datenbank-Transformation* erweiterbar, welcher auch Updates
einschließt. Eine Sprache zur Formulierung (deterministischer) Transformationen hat im allgemeinen die neue Eigenschaft, Werte *erfinden* zu können, d.h.
neue Wertebereichselemente (zumindest in Zwischenergebnissen von Berechnungen) einführen und verwenden zu können. Im Kontext relationaler Sprachen stellt dies eine Möglichkeit dar, eine Sprache vollständig zu machen. In der
Sprechweise objekt-orientierter Datenbanken bedeutet Werte-Erfindung, angewandt auf Identitäten, jetzt Objekt-Erzeugung, und, wie bereits bei Algebren
erwähnt, ist die Fähigkeit, Objekte in Endergebnissen zu erzeugen, von Bedeutung für objekt-orientierte Datenbanken. Wir gehen daher auf das Konzept
der Datenbank-Transformation im Zusammenhang mit dem hier betrachteten
Typ von Datenbanken etwas näher ein.

Es sei dazu D eine Menge von Konstanten und O eine Menge von Objekt-
Identitäten. Ein *DO-Isomorphismus* ist dann ein Isomorphismus auf $D \cup O$,
welcher D auf D und O auf O abbildet. Analog ist ein *O-Isomorphismus* ein
DO-Isomorphismus h mit $h(x) = x$ für jedes $x \in D$. DO-Isomorphismen auf
Objektbank-Instanzen können nun als binäre Relationen aufgefaßt werden, so
daß es möglich wird, auch *nicht-deterministische* Anfragen zu betrachten; in
Gegenwart von Objekt-Erzeugung ist dies sogar notwendig, da die Erzeugung
im allgemeinen nicht von außen gesteuert werden kann. Konkreter wird eine
binäre Relation γ auf Instanzen als *Datenbank-Transformation* bezeichnet, falls
sie die folgenden Bedingungen erfüllt:

(i) $(\exists\, S, S')\ \gamma \subseteq \text{inst}(S) \times \text{inst}(S')$, d.h. γ ist wohl-getypt,

(ii) γ ist rekursiv aufzählbar (d.h. effektiv berechenbar),

(iii) $(I, J) \in \gamma$ impliziert $(h(I), h(J)) \in \gamma$ für jeden DO-Isomorphismus h, d.h. γ ist generisch,

(iv) $(I, J_1), (I, J_2) \in \gamma$ impliziert, daß es einen O-Isomorphismus h' gibt, so daß $h'(J_1) = J_2$ gilt, d.h. die Ausgabe darf neue Objekt-Identifikatoren enthalten.

Eigenschaft (iv) macht eine Transformation zu dem, was in der Literatur als *determiniert* bezeichnet wird, und stellt eine mögliche Beschränkung des erlaubten Nicht-Determinismus dar: Wenngleich eine solche Transformation nicht-deterministisch ist, stimmen die möglichen Ergebnisse der Transformation, wenn sie auf eine gegebene Eingabe angewandt wird, bis auf eine Umbenennung neuer Wertebereichselemente überein. Mit anderen Worten vollzieht sich die Objekt-Erzeugung bei einer determinierten Transformation „fast deterministisch": Der O-Isomorphismus h' soll auf I die identische Abbildung sein. Der Nicht-Determinismus wird so auf die neu erzeugten Objekte beschränkt.

Der Begriff der determinierten Anfrage stellt damit eine mögliche Antwort auf die Frage dar, wie der Begriff der Anfrage in dem oben diskutierten Sinne auf objekt-orientierte Datenbanken übertragen werden kann. Eine „vollständige" Sprache muß dann alle determinierten Anfragen ausdrücken können. Die Sprache IQL (vgl. die bibliographischen Hinweise) ist in diesem Sinne vollständig, jedoch nur bis auf die Elimination von Kopien; ihre Unvollständigkeit rührt daher, daß der Begriff der Determiniertheit nicht berücksichtigt, wie IQL neue Objekte erzeugt. Eine Erweiterung von IQL zu einer vollständigen Sprache erfordert daher die Einführung eines (komplexen) Mechanismus zur Elimination von Kopien.

Es sei darauf hingewiesen, daß hier *Kopien* von *Duplikaten* zu unterscheiden sind; als Duplikate werden doppelte Elemente in Anfrageergebnissen bezeichnet, welche dann vorliegen, wenn mit unterschiedlichen Identifikatoren versehene Objekte, insbesondere innerhalb *einer* Menge, denselben Wert repräsentieren. Ein Vorschlag zur Lösung des Kopien-Eliminationsproblems sind die *konstruktiven* Anfragen. Die konstruktiven Anfragen stellen ein gegenüber den determinierten Anfragen eingeschränktes Konzept dar, was jedoch in diesem Zusammenhang angemessener erscheint. Insbesondere ist IQL vollständig in bezug auf die konstruktiven Anfragen, und das gleiche gilt für eine Reihe von zu IQL äquivalenten Sprachen.

Eine Verallgemeinerung von Determiniertheit ist der *Semi-Determinismus*, bei welchem der O-Isomorphismus die (gesamte) Eingabe invariant zu lassen hat, d.h. er muß ein DO-Automorphismus sein. Man läßt hierbei gewisse streng nicht-deterministische Anfragen bzw. Transformationen zu; viele davon involvieren Auswahlen basierend auf den in der Eingabe vorhandenen Symmetrien (Automorphismen).

6.5 Bibliographische Hinweise

Grundlagen der Relationenalgebra werden z.B. von Abiteboul et al. (1995), El-masri und Navathe (1994), Ullman (1988) oder Vossen (1994) behandelt. Eine Übersicht über Vollständigkeitsbegriffe für relationale Sprachen mit zahlreichen Literaturhinweisen gibt Vossen (1995). Algebraische Konzepte für geschachtel-te Relationen gehen zurück auf Jäschke und Schek (1982); man vergleiche dazu auch Schek und Scholl (1986) sowie Thomas und Fischer (1986). Unsere Dis-kussion über algebraische Operationen auf Objektbanken bezieht Anregungen z.B. von Heuer (1992) sowie Brunk (1994); man vergleiche hierzu z.B. auch Beeri (1994), Freytag et al. (1994) oder Kim (1990). An konkreten Algebren seien hier die folgenden erwähnt:

Algebra	Quelle
Abraxas	Heuer (1992)
Cool	Schek und Scholl (1990)
Encore	Shaw und Zdonik (1990)
Excess	Vandenberg und DeWitt (1991)
Reloop	Cluet et al. (1990)
Straube-Algebra	Straube (1990)

In diesen Arbeiten werden unter anderem zahlreiche weitere algebraische Ope-rationen vorgeschlagen bzw. diskutiert, z.B. Multimengen-Operationen (bei Excess), Funktionsanwendung, ein „map"-Operator (bei Straube) oder ver-bundartige Operationen, die objekterhaltend wirken (bei Cool und Abraxas). Ein neuerer Vorschlag, welcher auf Optimierbarkeit abzielt und als Implemen-tierungsvehikel für die Sprache OQL der ODMG diskutiert wird, findet sich bei Cluet und Moerkotte (1995). Auch zu Vollständigkeit objekt-orientierter Spra-chen verweisen wir auf Abiteboul et al. (1995); hierzu vergleiche man ferner Van den Bussche (1993). Die Sprache IQL wird von Abiteboul und Kanellakis (1989) beschrieben.

Kapitel 7

Objekt-Orientierung und Regeln

Sprachen relationaler Datenbanken erlauben eine mengenorientierte Verarbeitung von Relationen auf einem hohen Abstraktionsniveau. Sie besitzen jedoch nicht die Mächtigkeit üblicher allgemeiner imperativer Programmiersprachen, so daß eine Einbettung erforderlich wird, die in der Regel einen Verlust des Abstraktionsniveaus zur Folge hat. Ein Ansatz, die Verarbeitungsmächtigkeit von Sprachen relationaler Datenbanken zu erhöhen und weiterhin eine Verarbeitung auf hohem Abstraktionniveau zu ermöglichen, besteht in der Erweiterung der Datenmanipulationssprachen um deduktive Regeln. Deduktive Regeln sind Formeln der Prädikatenlogik 1. Ordnung in einer intuitiven syntaktischen Form. Sie erlauben die Formulierung von Rekursion und bewirken so eine höhere Mächtigkeit.

Sprachen auf einem hohen Abstraktionsniveau sind attraktiv, da man sich bei ihnen beim Programmieren auf das *Was* eines Problems beschränken kann. Die Realisierung des (algorithmischen) *Wie* bleibt der Maschine überlassen. Insbesondere wird die Maschine in die Lage versetzt, die von den Benutzern erstellten Programme automatisch zu optimieren. Sprachen mit hohem Abstraktionsniveau befreien den Prozeß des Programmierens von vielen Details, die für die eigentliche Lösungsfindung nur sekundär sind, letztlich die eigentliche Problemstruktur verschleiern und somit für die Erstellung undurchsichtiger, fehleranfälliger Programme mitverantwortlich zeichnen. Ein weiterer Vorteil ist, daß im Vergleich zu dem Einsatz klassischer imperativer Sprachen erheblich kompaktere Programme möglich werden.

Aus diesen Gründen ist der Versuch naheliegend, die Vorteile der regelbasierten Programmierung mit den Vorteilen der Objekt-Orientierung zu verbinden. In den folgenden Abschnitten erläutern wir zunächst, was wir unter einer Regel verstehen und wie mit Regeln gerechnet werden kann. Wir beschränken uns hierbei auf einen „relationalen" Rahmen, in dem Aspekte der Objekt-Orientierung nicht berücksichtigt werden. Daran anschließend stellen wir einen speziellen Ansatz zur Integration von Objekt-Orientierung und Regeln etwas ausführlicher vor.

7.1 Regeln

In Abschnitt 1.4 haben wir bzgl. den Relationen `Firma`, `Niederlassung`, `NdrlssgAng` und `Angestellter` den folgenden SQL-Ausdruck betrachtet:

```
SELECT AngNr
FROM Firma, Niederlassung, NdrlssgAng, Angestellter
WHERE Firma.Name = 'Ford'
   AND Firma.FirmenID = Niederlassung.FirmenID
   AND Niederlassung.Ort = 'Gent'
   AND Niederlassung.FirmenID = NdrlssgAng.FirmenID
   AND Niederlassung.NameNdlg = NdrlssgAng.NameNdlg
   AND Ndrlssg.Ang = Angestellter.AngNr
   AND Angestellter.Name = 'Lacroix';
```

In diesem Ausdruck wird festgestellt, ob in der Genter Niederlassung der Firma Ford ein Angestellter mit dem Namen „Lacroix" arbeitet.

Zur Einführung in dieses Kapitel und zum Aufbau eines intuitiven Verständnisses einer Regel soll obiger SQL-Ausdruck als Regel geschrieben werden. Eine Regel besteht im wesentlichen aus einer Folgerung, dem *Kopf* der Regel, und einer Bedingung, dem *Rumpf* der Regel, die durch ein Implikationssymbol „⟵" getrennt sind. In einer Regel wird für eine Relation definiert, welche Tupel in ihr enthalten sein sollen; dies sind gerade diejenigen Tupel, für die die Bedingungen des Rumpfes erfüllt sind. Intuitiv ist eine Regel eine *wenn–dann*–Vorschrift: *wenn* der Rumpf erfüllt werden kann, d.h. die Bedingungen im Rumpfes sind *wahr*, *dann* soll auch der Kopf gelten. In unserem Beispiel erhalten wir:

$$
\begin{aligned}
\text{Resultat(Z)} \longleftarrow\ &\text{Firma(X,'Ford',\_,\_,\_),} \\
&\text{Niederlassung(X,Y,\_,'Gent',\_),} \\
&\text{NdrlssgAng(X,Y,Z),} \\
&\text{Angestellter(Z,'Lacroix',...)}
\end{aligned}
$$

`Resultat` ist hier eine Relation zur Aufnahme der Nummer des Angestellten „Lacroix", sofern er die gewünschten Eigenschaften besitzt. Der Angestellte „Lacroix" besitzt die gewünschten Eigenschaften, wenn es Tupel in den Relationen des Rumpfes `Firma`, `Niederlassung`, `NdrlssgAng` und `Angestellter` gibt, so daß die erste Komponente des Firmen-Tupels gleich der ersten Komponente des Niederlassungs-Tupels bzw. der ersten Komponente des Tupels der Relation `NdrlssgAng` ist, die zweite Komponente des Tupels der Relation `Firma` den Wert 'Ford' besitzt usw. Man beachte, daß der Rumpf der Regel eine

Folge von Ausdrücken, sogenannten *Atomen*, der Form $R(a_1, \ldots, a_k)$ ist, wobei R der Name der betreffenden Relation ist und $a_1, \ldots, a_k$ entsprechend der Stelligkeit von R viele Konstanten oder Variablen sind. Die einzelnen Vorkommen von „_" stehen dabei für paarweise unterschiedliche Variablen, die sonst nirgendwo mehr auftauchen. Um zu testen, ob ein gewünschtes Tupel in der Relation R enthalten ist, binden wir die Variablen durch Konstante; besteht der Rumpf aus mehreren Atomen, so muß dieser Test für alle Atome simultan durchgeführt werden, so daß gleiche Variablen in allen Atomen bzgl. derselben Bindung betrachtet werden. Atome mit Variablen können als Anfragen an die angegebene Relation betrachtet werden.

Regeln drücken somit in der Tat eine *wenn-dann*-Vorschrift aus: *wenn* es Tupel gibt, für die die Bedingungen rechts von „⟵" wahr sind, dann können aus den Komponenten dieser Tupel neue Tupel gebildet werden, deren Struktur die Form links von „⟵" besitzt; für diese Tupel ist dann auch der Kopf der Regel wahr.

Diese Zusammenhänge wollen wir als nächstes genauer beschreiben. Wir betrachten zuerst die Syntax von Regeln. Sei **R** eine Menge von *Relationsnamen* $\mathbf{R} = \{R_1, \ldots, R_n\}$, wobei jedem R aus **R** eine Stelligkeit $k \geq 1$ zugeordnet ist. Sei **D** die Menge der atomaren Werte vom Typ `integer`, `string`, `float`, `boolean` und **V** eine Menge von Variablen.

Eine *Regel* ist eine Formel ρ der Form

$$\forall X_1 \ldots \forall X_n (H \longleftarrow (G_1 \wedge \ldots \wedge G_m)),$$

wobei H und $G_1, \ldots, G_m$ Atome sind, $m \geq 0$, und $X_1, \ldots, X_n$ gerade sämtliche Variablen der Regel sind. Ein *Atom* ist hierbei ein Ausdruck der Form $R(a_1, \ldots, a_k)$, wobei R ein Relationsname aus **R** ist und die a_i, $1 \leq i \leq k$, Konstanten aus **D** oder Variablen aus **V** sind. Eine Menge von Regeln nennen wir ein *Regelprogramm* $\mathcal{P}$.

Wir verwenden hier Relationsnamen anstatt Prädikatsnamen, da wir Regeln zur Steigerung der Mächtigkeit von Sprachen relationaler Datenbanken betrachten wollen. „⟵" steht für eine Implikation und $\wedge$ für eine Konjunktion. H wird auch der *Kopf* der Regel genannt und $(G_1 \wedge \ldots \wedge G_m)$ der *Rumpf*. Da jede Variable einer Regel immer $\forall$-quantifiziert ist, lassen wir den Quantorenpräfix einschließlich der äußeren Klammerung weg. Des weiteren ersetzen wir die Konjunktionen im Rumpf jeweils durch ein Komma und lassen die Klammerung des Rumpfes weg. Regeln schreiben wir damit so:

$$H \longleftarrow G_1, \ldots, G_m$$

Ein interessanter Spezialfall ist eine Regel mit leerem Rumpf, d.h. $m = 0$, für die zusätzlich der Kopf H variablenfrei ist; anstatt $(R(a_1, \ldots, a_k) \longleftarrow)$ schreiben wir kürzer $R(a_1, \ldots, a_k)$ und reden von einem *Fakt*. Schließlich nennen wir einen Ausdruck „grund", wenn er variablenfrei ist.

Regeln in der hier definierten Form bezeichnet man auch als *Horn*-Regeln; charakteristisch für Horn-Regeln ist, daß weder im Rumpf noch im Kopf einer

Regel eine Negation verwendet werden darf. Für die folgenden Diskussionen ist eine Beschränkung auf Horn-Regeln ausreichend. Sei $\mathcal{P}$ ein gegebenes Regelprogramm. Eine Relationsname R heißt *Eingabename* von $\mathcal{P}$, wenn in keiner Regel aus $\mathcal{P}$ der Name R im Kopf auftritt.

Regeln definieren den Inhalt von Relationen, ohne daß eine konkrete Berechnungsvorschrift angegeben würde: *Wenn* alle Variablen so durch Konstante gebunden werden können, daß alle Atome des Rumpfes der Regel wahr sind, *dann* soll auch entsprechend der Kopf der Regel wahr sein. Wir wollen diese Zusammenhänge der Semantik eines Regelprogramms präzisieren. Hierzu sei $\mathcal{I}$ eine Abbildung, die jedem Relationsnamen R aus $\mathbf{R}$ eine Relation r entsprechender Stelligkeit über $\mathbf{D}$ zuordnet. Ist k die Stelligkeit von R, so gilt $r \subseteq \mathbf{D}^k$. $\mathcal{I}$ nennen wir eine *Interpretation* der Relationsnamen aus $\mathbf{R}$.

Eine *Substitution* ist im folgenden eine Menge Θ von Variablenbindungen, geschrieben $[X_1/a_1, \ldots, X_m/a_m]$, wobei die X_i unterschiedliche Variablen und die a_i Konstante aus $\mathbf{D}$ sind. Sei G ein Atom und Θ eine Substitution der Variablen in G. Θ angewendet auf G, geschrieben $G\Theta$, ist ein Grundatom, das aus G entsteht, indem jede Variable X in G gemäß Θ durch eine Konstante ersetzt wird.

Sei $\mathcal{I}$ eine Interpretation.

- Ein Grundatom $G = R(a_1, \ldots, a_k)$ ist *wahr* unter $\mathcal{I}$ genau dann, wenn $(a_1, \ldots, a_k) \in \mathcal{I}(R)$.

- Eine Regel $\rho = H \longleftarrow G_1, \ldots, G_m$ ist *wahr* unter $\mathcal{I}$ genau dann, wenn für jede Substitution Θ der Variablen, so daß die Grundatome $G_1\Theta, \ldots, G_m\Theta$ unter $\mathcal{I}$ wahr sind, auch $H\Theta$ unter $\mathcal{I}$ wahr ist.

Sei $\mathcal{I}_e$ eine Interpretation, die den Eingabenamen zu $\mathcal{P}$ eine beliebige Relation zuweist und allen anderen Relationsnamen die leere Menge. $\mathcal{I}_e$ heißt *Eingabe*. Eine Interpretation $\mathcal{M}$ heißt *Modell* für ein Regelprogramm $\mathcal{P}$ bzgl. einer Eingabe $\mathcal{I}_e$, wenn für jedes $R \in \mathbf{R}$ gerade $\mathcal{M}(R) \supseteq \mathcal{I}_e(R)$ gilt und jede Regel aus $\mathcal{P}$ unter $\mathcal{M}$ wahr ist. $\mathcal{M}$ heißt *minimales Modell* für $\mathcal{P}$ bzgl. der Eingabe $\mathcal{I}_e$, wenn für jedes andere Modell $\mathcal{M}'$ bzgl. $\mathcal{I}_e$ für alle Relationsnamen $R \in \mathbf{R}$ $\mathcal{M}(R) \subseteq \mathcal{M}'(R)$ gilt.

Es ist ein bekanntes Resultat aus der Literatur, daß für Programme aus Horn-Regeln ein eindeutiges minimales Modell existiert. Das eindeutige minimale Modell eines Regelprogramms betrachten wir als seine *Bedeutung*.

Beispiel 7.1

Sei das Schema einer Relation `Angestellter` wie folgt definiert:

```
CREATE TABLE Angestellter
    (AngNr INT NOT NULL,
     Name VARCHAR NOT NULL,
     Chef INT NOT NULL,
```

```
          PRIMARY KEY (AngNr),
          FOREIGN KEY (Chef)
              REFERENCES Angestellter (AngNr)
      );
```

Wir betrachten zu diesem Schema die Relation:

Angestellter		
AngNr	Name	Chef
100	abc	200
101	def	200
200	ghi	300
201	jkl	300
300	mno	400
400	pqr	400

Sollen jetzt zu jedem Angestellten alle direkten und indirekten Vorgesetzten bestimmt werden, so kann eine entsprechende Relation **Vorgesetzter** durch die folgenden beiden Regeln definiert werden:

$$\text{Vorgesetzter(X,Y)} \longleftarrow \text{Angestellter(X,U,Y)}$$
$$\text{Vorgesetzter(X,Y)} \longleftarrow \text{Angestellter(X,U,Z), Vorgesetzter(Z,Y)}$$

Die erste Regel definiert, daß jeder *direkte* Vorgesetzte ein Vorgesetzter ist; die zweite Regel definiert die *indirekten* Vorgesetzten. Man beachte, daß die zweite Regel rekursiv ist, da die Relation **Vorgesetzter** sowohl im Kopf als auch im Rumpf auftritt.

Sei obige Relation die Eingabe zu dem Regelprogramm. Die Bedeutung des Programms ergibt sich dann durch das minimale Modell der folgenden Form:

Angestellter		
AngNr	Name	Chef
100	abc	200
101	def	200
200	ghi	300
201	jkl	300
300	mno	400
400	pqr	400

Vorgesetzter	
AngNr	Chef
100	200
101	200
100	300
101	300
100	400
101	400
200	300
201	300
200	400
201	400
300	400
400	400

□

Wir wollen jetzt aufzeigen, wie das minimale Modell zu einem Regelprogramm berechnet werden kann. Hierzu erläutern wir zunächst, was wir unter der *Anwendung* einer Regel auf die in ihrem Rumpf erwähnten Relationen verstehen. Betrachten wir hierzu die erste Regel des Beispiels:

$$\text{Vorgesetzter(X,Y)} \longleftarrow \text{Angestellter(X,U,Y)}$$

Da alle Variablen der Regel implizit $\forall$-quantifiziert sind, besagt die Regel, daß für jede Substitution der Variablen X,U,Y mit der Eigenschaft, daß das jeweils resultierende (X,U,Y)-Tupel ein Tupel der Relation Angestellter ist, ein Tupel (X,Y) in der Relation Vorgesetzter existieren soll. Die Anwendung der Regel geht dann so vonstatten, daß zunächst *alle* solchen (X,U,Y)-Tupel bestimmt werden und daran anschließend, unter Verwendung der X- und Y-Komponenten eines jeden solchen Tupels, ein entsprechendes Tupel der Relation Vorgesetzter gebildet wird.

Übertragen wir diese einfache Vorgehensweise auf die zweite Regel:

$$\text{Vorgesetzter(X,Y)} \longleftarrow \text{Angestellter(X,U,Z), Vorgesetzter(Z,Y)}$$

Da wiederum alle Variablen der Regel implizit $\forall$-quantifiziert sind, sagt die Regel hier, daß für jede Substitution der Variablen X,U,Z,Y mit der Eigenschaft, daß zum einen das jeweils resultierende (X,U,Z,Y)-Tupel ein Tupel der Relation Angestellter und zum anderen das entsprechend resultierende Tupel (Z,Y) ein Tupel der Relation Vorgesetzter ist, auch ein Tupel (X,Y) in der Relation Vorgesetzter existieren soll. Die Anwendung der Regel geht jetzt so vonstatten, daß zunächst alle solchen (X,U,Z,Y)-Tupel durch Berechnung des natürlichen Verbundes zwischen den Relationen Angestellter und Vorgesetzter gebildet werden; zur Berechnung des Verbundes werden die Variablen wie sonst die Attribute der Relationen behandelt. Anschließend werden aus den X- und Y-Komponenten der Tupel der durch den Verbund berechneten Relation die jeweils entsprechenden Tupel der Relation Vorgesetzter gebildet.

Durch Anwendung von Regeln können somit in der skizzierten Weise Relationen berechnet werden. Die durch die Anwendung einer Regel berechnete Relation hängt immer von den jeweils betrachteten konkreten Relationen des Rumpfes der Regel ab. Da diese Relationen im allgemeinen selbst durch Regeln definiert sein können, beispielsweise im Falle einer rekursiven Regel, wird eine iterative Vorgehensweise erforderlich, in der wir die einzelnen Regeln solange anwenden, bis keine neuen Tupel der durch die Regeln definierten Relationen mehr berechnet werden können. Da in den berechneten Relationen die Tupel lediglich aus den Konstanten in den Tupeln der Relationen des Rumpfes gebildet werden können, ist es garantiert, daß dieser Iterationsprozeß terminiert und das minimale Modell zu dem betrachteten Regelprogramm berechnet wird.

Beispiel 7.2

Wir wollen die Anwendung der Regeln des vorangehenden Beispiels präzisieren. Wir betrachten dazu sogenannte *Runden* der Iteration der Regelanwen-
dungen. In jeder Runde werden alle Regeln simultan auf alle zu Beginn der
Runde existierenden Relationen angewendet. Da zu Beginn dieser Betrachtung die Relation zu **Vorgesetzer** leer ist, ergibt sich das folgende Runden-
protokoll, in dem wir lediglich die sich verändernde Relation **Vorgesetzter**
aufführen; wir beschränken uns des weiteren auf die Angabe der in der jeweiligen Runde *neu* berechneten Tupel:

Rundenprotokoll	
Runde	Vorgesetzter
0	∅
1	(100, 200), (101, 200), (200, 300),
	(201, 300), (300, 400), (400, 400)
2	(100, 300), (101, 300), (200, 400), (201, 400)
3	(100, 400), (101, 400)

Die Vereinigung der in den einzelnen Runden neu berechneten Tupel ergibt
dann die durch die Regel definierte Relation, d.h. insbesondere zusammen
mit der Eingabe das minimale Modell (vgl. Beispiel 7.1).   □

Die am Beispiel vorgestellte Technik zur Berechnung von durch Regeln definierte Relationen ist für beliebige Regelprogramme anwendbar. Diese Technik wird
auch *Vorwärtsverkettung* von Regeln bzw. *Bottom-up*-Berechnung genannt. Für
eine umfassendere Diskussion dieser Technik und insbesondere für eine Diskussion von Regeln, die nicht die Form von Horn-Regeln besitzen, müssen wir auf
die angegebene Literatur verweisen; für die folgenden Ausführungen genügt
das hier vermittelte Verständnis.

7.2 Objekt-Orientierung

Wir wollen jetzt untersuchen, ob Regeln in der bisher eingeführten Weise in der
Lage sind, auch komplexe Objekt-Strukturen zu verarbeiten. Wir kehren hierzu
zu unserem Beispiel zurück, jetzt aber in einer objekt-orientierten Formulierung
(vgl. Abschnitt 1.4):

```
Firma: [
        Name: String,
        Hauptsitz: [ Strasse: String,
                     Ort: String ],
        Niederlassungen: { Niederlassung },
        Praesident: Angestellter ]
```

```
Niederlassung: [
      Name: String,
      Sitz: [ Strasse: String,
             Ort: String ],
      Manager: Angestellter,
      Angestellte: { Angestellter } ]

Angestellter: [
      Name: String,
         ...   ]
```

Sollen Regeln über solchermaßen komplexe Objektstrukturen definiert werden, so tauchen mehrere Schwierigkeiten auf. Eine naheliegende Idee ist, an die Stelle der bisherigen Relationsnamen die Klassennamen zu setzen. Ein Atom wäre dann ein Ausdruck der Form $K(a_1, \ldots, a_k)$, wobei K ein Klassenname ist und die $a_1, \ldots, a_k$ Konstanten oder Variablen sind. Die Frage ist jetzt allerdings, wie ein geeigneter Wertebereich aussieht, der einerseits die Verarbeitung komplexe Werte, z.B. Tupelwerte für Adressen oder auch Mengenwerte, erlaubt und zum anderen gleichzeitig den Zugriff zu den Komponenten solcher Werte, wie z.B. den Ort einer Adresse oder auch ein Element einer Menge, zuläßt. Des weiteren muß ein solcher Wertebereich auch Objekt-Identitäten enthalten. Diese und andere Aspekte sollen als nächstes am Beispiel einer konkreten Regelsprache der Reihe nach diskutiert werden. Wir lehnen uns hierbei weitgehend an *Frame-Logik* an, beschränken uns jedoch im wesentlichen auf die mit der Strukturierung der Objekte verbundenen Aspekte.

7.2.1   Komplexe Objekte

Der zugrunde liegende Wertebereich **D** sei hier, wie bisher, die Menge aller atomaren Werte, d.h. Werte vom Typ `integer`, `float`, `boolean` oder `string`. Zusätzlich zu ihrer eigentlichen Rolle, Eigenschaften von Objekten zu repräsentieren, können die Werte aus **D** jetzt auch als Objekt-Identitäten verwendet werden, die wir im Falle von Zeichenketten auch *Objekt-Namen* nennen, wenn dies angemessener erscheint. Konstanten in der Rolle einer Objekt-Identität kennzeichnen wir durch ein vorangestelltes „#"-Zeichen, wie auch bereits früher geschehen. Man beachte, daß komplexe Werte nicht in **D** enthalten sind. Diese Rahmenbedingung erlaubt eine formal einfache Behandlung komplexer Objekte und vermeidet semantische Probleme, die ein Wertebereich, der auch komplexe Werte enthält, verursachen könnte (vgl. hierzu auch die unten angegebene Literatur).

Komplexe Objekte nennen wir *Moleküle*. Ein Molekül ist ein Ausdruck der Form $O[\,Methoden\text{-}Aufrufe\,]$, wobei O ein *ID-Term* und *Methoden-Aufrufe* eine durch „;" getrennte Folge von skalaren oder mengenwertigen Ausdrücken der Form

$$ScalarMethod@Q_1, \ldots, Q_k \rightarrow T \quad \text{oder}$$
$$SetMethod@Q_1, \ldots, Q_k \rightarrow \{S_1, \ldots, S_m\}$$

ist mit $k, m \geq 0$. Ein ID-Term ist eine Konstante aus $\mathbf{D}$ oder eine Variable; später werden wir noch eine allgemeinere Form von ID-Termen benötigen. ID-Terme werden verwendet, um Objekte zu identifizieren. Konstanten an der Position von O haben somit die Rolle einer Objekt-Identität. Als Variablen wählen wir Großbuchstaben vom Ende des Alphabets bzw., wie bereits in früheren Kapiteln, kleingeschriebene Klassennamen. Letztere Variablen können lediglich durch Objekt-Identitäten gebunden werden, die sich in der Extension der entsprechenden Klasse befinden; solche Variablen heißen *Klassen-Variablen*.

Innerhalb eines Methoden-Aufrufs sind *ScalarMethod* und *SetMethod* Namen von Methoden, und $Q_1, \ldots, Q_k$, T und $S_1, \ldots, S_m$ sind ID-Terme. Die einzelnen Q_i sind die Parameter der Aufrufe und T bzw. die S_i sind die Ergebnisse. Werden Konstanten an diesen Positionen verwendet, so können diese in der Rolle einer Objekt-Identität oder eines „normalen" Wertes auftreten. Welche der beiden Rollen zutrifft, ergibt sich aus den zu den Methoden gehörenden Signaturen. Es soll nicht zwischen Attributen und Methoden unterschieden werden; Attribute werden wie Methoden ohne Parameter behandelt. Im Falle von parameterlosen Methoden lassen wir das Trennsymbol @ weg.

Beispiel 7.3

Als Beispiel für ein Molekül betrachten wir ein Objekt einer Klasse Firma:

```
#41[ Name        → 'VW';
     Hauptsitz   → #80;
     Niederlassungen → { #50,#51 };
     Praesident  → #60 ]
```

Man beachte, daß Adressen zu Hauptsitz hier, im Unterschied zu oben, durch Objekt-Identitäten repräsentiert und nicht direkt als komplexe Werte aufgeführt werden. Dies ist eine Konsequenz des formalen Rahmens, der keine komplexen Werte zuläßt.

Das folgende Molekül zu der Klasse Niederlassungen enthält Variablen:

```
X[ Name       → 'Süd';
   Sitz       → #83;
   Manager    → U;
   Angestellte → { Z } ]
```

Wir können dieses Molekül als eine Anfrage auffassen, in der nach der Identität, dem Manager und der Menge der Angestellten einer Niederlassung mit dem Namen „Süd" gefragt wird. Man beachte, daß wir syntaktisch nicht nach der Menge aller Angestellten der Niederlassung fragen, sondern lediglich nach einem Element. Die Menge aller Angestellten erhalten wir dann als die Menge aller möglichen Elemente dieser Menge. Auf die Verarbeitung von Mengen kommen wir später noch einmal zurück.   □

7.2.2 Regeln

Regeln sind wie bisher Ausdrücke der Form

$$H \longleftarrow G_1, \ldots G_m,$$

wobei jetzt jedoch H und $G_1, \ldots, G_m$ Moleküle sind, $m \geq 0$.

Beispiel 7.4

In der folgenden Regel bestimmen wir den uns schon bekannten Angestellten 'Lacroix'; Resultat ist hier wiederum ein Prädikat:

```
Resultat(Y) ⟵      firma[ Name → 'Ford';
                            Niederlassungen → {X} ],
                   X[ Sitz → _ [Ort → 'Gent' ];
                        Angestellte → { Y } ],
                   Y[ Name → 'Lacroix' ]
```

Variablen können auch hier durch „_" ersetzt werden, wenn ihre Bindung nicht von Interesse ist. Des weitern können wir uns in den Molekülen auf die interessierenden Methodenaufrufe beschränken. Zusätzlich können wir in Situationen

$$\ldots \longleftarrow \ldots, O[\ldots \to X], \ldots, X[\ldots], \ldots$$

auch kürzer

$$\ldots \longleftarrow \ldots, O[\ldots \to X[\ldots]], \ldots$$

schreiben. Obige Regel kann somit kompakter in der folgenden Weise geschrieben werden:

```
Resultat(Y) ⟵
     firma[ Name → 'Ford';
             Niederlassungen → {
                X[Sitz → _ [Ort → 'Gent'];
                   Angestellte → {Y[Name → 'Lacroix']}]}]
```

Wir erhalten in diesem Beispiel einen Regelrumpf, der lediglich aus einem Molekül besteht. Ein solcher Rumpf ist verwandt zu einem Pfad-Ausdruck.

□

Als nächstes wollen wir uns der Semantik zuwenden. Hierzu müssen wir Moleküle in ihre atomaren Bestandteile zerlegen. Ein *M-Atom* ist ein Ausdruck der folgenden Form:

$$O[ScalarMethod@Q_1, \ldots, Q_k \to T] \quad \text{oder}$$
$$O[SetMethod@Q_1, \ldots, Q_k \to \{S\}] \quad \text{oder}$$
$$O[SetMethod@Q_1, \ldots, Q_k \to \{\}],$$

wobei $O, Q_1, \ldots, O_k, S, T$ ID-Terme sind. Man beachte, daß bei mengenwertigen Methoden lediglich einelementige Mengen oder die leere Menge zulässig sind.

Die Menge der M-Atome zu einem Molekül G ergibt sich dann gerade wie folgt: Sei G von der Form $O[$ *Methoden-Aufruf*, ...; *Methoden-Aufruf* $]$, wobei *Methoden-Aufruf* ein skalarer oder mengenwertiger Ausdruck der Form

$$ScalarMethod@Q_1, \ldots, Q_k \to T \quad \text{oder}$$
$$SetMethod@Q_1, \ldots, Q_k \to \{S_1, \ldots, S_m\}$$

ist. Jeder skalare Methoden-Aufruf $ScalarMethod@Q_1, \ldots, Q_k \to T$ impliziert dann ein M-Atom zu G der Form:

$$O[ScalarMethod@Q_1, \ldots, Q_k \to T]$$

Jeder mengenwertige Methoden-Aufruf $SetMethod@Q_1, \ldots, Q_k \to \{S_1, \ldots, S_m\}$ impliziert dann die folgenden M-Atome zu G:

$$O[SetMethod@Q_1, \ldots, Q_k \to \{\}],$$
$$O[SetMethod@Q_1, \ldots, Q_k \to \{S_1\}], \ldots$$
$$O[SetMethod@Q_1, \ldots, Q_k \to \{S_m\}].$$

Unter einer Interpretation $\mathcal{I}$ verstehen wir in unserem objekt-orientierten Zusammenhang eine Menge von Grund-M-Atomen. Entsprechend sei $\mathcal{I}_e$ eine Menge von Grund-M-Atomen, die wir wiederum als *Eingabe* bezeichnen wollen. Substitutionen seien des weiteren definiert wie bisher mit dem Zusatz, daß Klassen-Variablen nur durch Objekt-Identitäten der entsprechenden Klassen gebunden werden dürfen. Wir können dann definieren:

- Ein Grund-M-Atom G ist *wahr* unter $\mathcal{I}$ genau dann, wenn $G \in \mathcal{I}$ gilt.

- Ein Grundmolekül G ist *wahr* unter $\mathcal{I}$ genau dann, wenn jedes seiner M-Atome unter $\mathcal{I}$ wahr ist.

- Eine Regel $\rho = H \longleftarrow G_1, \ldots, G_m$ ist *wahr* unter $\mathcal{I}$ genau dann, wenn für jede Substitution Θ der Variablen, so daß die Grund-M-Atome $G_1\Theta, \ldots, G_m\Theta$ unter $\mathcal{I}$ wahr sind, auch $H\Theta$ unter $\mathcal{I}$ wahr ist.

Modelle sind definiert wie bisher. Die Bedeutung eines Regelprogramms bzgl.
einer gegebenen Eingabe $\mathcal{I}_e$ ist dann das eindeutige minimale Modell, das die
Eingabe enthält. Ein solches minimales Modell kann auch hier mittels einer
Bottom-up-Berechnung erzeugt werden. Allerdings ist, wenn wir später allgemeinere ID-Terme zulassen werden, die Terminierung dieser Berechnung nicht
immer garantiert.

Beispiel 7.5

Die folgenden beiden Regel definieren zu den einzelnen Angestellten jeweils
die Menge ihrer Vorgesetzten. Hierzu betrachten wir ein Objekt mit Namen
Resultat und einer mengenwertigen Methoden **Vorgesetzte**, die als Argument gerade die Objekt-Identität des betreffenden Angestellten besitzt.

```
Resultat [ Vorgesetzte @ angestellter → { X } ] ←
          angestellter [ Vorgesetzter → X ]
Resultat [ Vorgesetzte @ angestellter → { X } ] ←
          Resultat [ Vorgesetzte @ angestellter → { Y } ],
          Y [ Vorgesetzter → X ]
```

Man beachte, daß in diesem Beispiel **angestellter** eine Klassen-Variable ist,
die ausschließlich durch Objekt-Identitäten der Klasse **Angestellter** gebunden werden darf.
Eine Bottom-up-Auswertung der Regeln geht jetzt analog zu Beispiel 7.1 vonstatten. Nach drei Runden erhalten wir als Ergebnis bzgl. der in Beispiel 7.1
gegebenen Zusammenhänge:

```
Resultat [ Vorgesetzte @ 100 → { 200, 300, 400 } ]
Resultat [ Vorgesetzte @ 101 → { 200, 300, 400 } ]
Resultat [ Vorgesetzte @ 200 → { 300, 400 } ]
Resultat [ Vorgesetzte @ 201 → { 300, 400 } ]
Resultat [ Vorgesetzte @ 300 → { 400 } ]
Resultat [ Vorgesetzte @ 400 → { 400 } ]
```

□

7.2.3   Objekt-Identitäten

Bisher haben wir Regeln lediglich dazu verwendet, entweder den Wahrheitswert
von Prädikaten zu definieren (vgl. Beispiel 7.4), oder die Ergebnisse von Methoden bzgl. eines fest vorgegebenen Objektes zu definieren (vgl. Beispiel 7.5).
Häufig möchte man jedoch in Abhängigkeit von einzelnen Objekten neue Objekte definieren, ohne daß als bekannt vorausgesetzt werden könnte, wieviele
und welche Objekte dies sein werden.

Beispiel 7.6

Es sollen zu jedem Paar `Firmen-Name`, `Angestellten-Name` ein eigenes Objekt definiert werden, zu dem zwei Methoden definiert sind, die jeweils die beiden Namen angeben. Problematisch ist jetzt, daß unbekannt ist, wieviele solche Objekte definiert werden müssen; es ist somit insbesondere unklar, welche Objekt-Identitäten benötigt werden:

```
? [Firmen-Name → X, Angestellten-Name → Y ] ⟵
    firma[ Name → X;
           Niederlassungen → {
               X[Angestellte → {_[Name → Y]}]}]
```

$\square$

Im vorangehenden Beispiel benötigen wir für jedes Namens-Paar ein eigenes Objekt und damit eine eigene Objekt-Identität. Um dies bewerkstelligen zu können, müssen wir unsere Techniken weiter ausbauen. Sei **F** eine Menge von Namen, die wir *Objekt-Konstruktoren* nennen wollen. Objekt-Konstruktoren erlauben uns, aus den Konstanten aus **D** und den Variablen aus **V** bei Bedarf genügend viele ID-Terme zu bilden. Wir definieren:

- Jede Konstante aus **D** und jede Variable aus **V** ist ein *ID-Term.*

- Seien $t_1, \ldots, t_l$, $l \geq 1$ ID-Terme und sei $f \in \mathbf{F}$. Dann ist auch $f(t_1, \ldots, t_l)$ ein *ID-Term.*

Sei **O(F)** die Menge aller Grund-ID-Terme. Jedes Element dieser Menge ist eine potentielle Objekt-Identität. Dies hat zur Konsequenz, daß wir bei der Anwendung von Regeln jetzt Variablen nicht mehr durch Konstanten aus **D**, sondern durch Grund-ID-Terme aus **O(F)** binden müssen.

Um unser vorangehendes Beispiel vervollständigen zu können, verwenden wir den Objekt-Konstruktor `Firm-Ang`. Wir können den Regel-Kopf dann schreiben als:

```
Firm-Ang(X,Y) [Firmen-Name → X, Angestellten-Name → Y ]
```

Da Regeln implizit ∀-quantifiziert sind, wird bei Anwendung der Regel, je nach der gerade relevanten Substitution, ein neues Objekt definiert. Aufgrund der Konstruktion der Objekt-Identität ist sichergestellt, daß für jedes Namens-Paar genau ein Objekt definiert wird.

Beispiel 7.7

Die folgenden zwei Regeln definieren Objekte „Firmenorte"; die erste Regel definiert ein einziges solches Objekt, auch wenn mehrere Firmen ihren Hauptsitz in diesem Ort haben. Die zweite Regel definiert für jede Firma ein Objekt unabhängig davon, ob eine andere Firme im selben Ort ihren Hauptsitz hat.

```
Fi-Ort(X)[Ort → X]  ←— firma[Hauptsitz → _[Ort → X]]

Ort-Fi(firma)[Ort → X]  ←— firma[Hauptsitz → _[Ort → X]]
```

Fi-Ort und Ort-Fi sind Objekt-Konstruktoren. Man beachte, daß durch entsprechende Wahl der Variablen wir bei der zweiten Regel in der Lage sind, Objekte voneinander zu unterscheiden, die bzgl. ihrer Methoden dieselben Werte besitzen. Dies heißt gerade, daß wir Duplikate von Objekten handhaben können.   □

7.2.4   Verarbeitung von Mengen

Eine charakteristische Eigenschaft der objekt-orientierten Regelsprache ist die Tatsache, daß nicht über Mengen quantifiziert werden kann, sondern lediglich über Elemente einer Menge. Diese Eigenschaft ist eine Konsequenz daraus, daß unser zugrunde gelegter Wertebereich **D** keine Mengen enthält. Wenn man nicht Mengen als Ganzes manipulieren kann, sind dann trotzdem noch alle praxisrelevanten Verarbeitungen von Mengen möglich? Um eine Antwort auf diese Frage zu bekommen, soll eine Reihe von Beispielen untersucht werden.
Betrachten wir zunächst die Definition von Mengen.

Beispiel 7.8

Eine typische Operation, um Mengen zu definieren, ist die *Gruppierung* bzw. *Schachtelung (Nestung)*. Hierunter versteht man, daß alle solchen Elemente zu einer Menge gehören sollen, die eine vorgegebene Bedingung erfüllen. Mit der folgenden Regel fassen wir alle Angestellten in einer Menge zusammen, die denselben direkten Vorgesetzten haben.

```
Genestet [ Gruppe @ X → { angestellter } ] ←—
          angestellter [ Vorgesetzter → X ]
```

Die durch Nestung gebildete Struktur kann wieder aufgelöst werden:

```
angestellter [  Vorgesetzter → X ] ←—
          Genestet [ Gruppe @ X → { angestellter } ]
```

                                                                                    □

Da in unserem Rahmen Mengen nur elementweise definiert werden können, ist noch nachzuweisen, daß überhaupt die Menge in ihrer Gesamtheit definiert wird. Daß dies in der Tat der Fall ist, kann man sich wie folgt klar machen. Betrachten wir die beiden M-Atome $a[m → \{1\}]$ und $a[m → \{2\}]$, wobei m eine mengenwertige Methode ist. Sei $\mathcal{I}$ eine Interpretation, so daß beide M-Atome wahr sind bzgl. $\mathcal{I}$. Da ein Grundmolekül genau dann wahr ist bzgl. einer Interpretation, wenn alle seine Grund-M-Atome wahr sind, folgt direkt der gewünschte Zusammenhang: $a[m → \{1, 2\}]$ ist wahr bzgl. $\mathcal{I}$.

Eine weitere interessante Frage ist, wie die Gleichheit von Mengen getestet werden kann, da ja Mengen nicht in ihrer Gesamtheit verglichen werden können. Hier können zwei Aspekte unterschieden werden.

Nehmen wir zunächst an, daß wir jede Menge als Objekt betrachten wollen; beispielsweise seien a, b Mengenobjekte in dieser Betrachtungsweise, d.h. wir haben $a[m \to \{\ldots\}]$ und $b[m \to \{\ldots\}]$. a und b repräsentieren nun genau dann dieselbe Menge, wenn $a = b$ gilt. Der Test auf Gleichheit zweier Mengen reduziert sich somit auf einen Test auf Gleichheit zweier Objekt-Identitäten.

Betrachten wir als nächstes mengenwertige Methoden. Ob zwei mengenwertige Methoden dieselben Mengen definieren, läßt sich im allgemeinen nur mittels Regeln feststellen. Diese Regeln verwenden Negation im Rumpf und sprengen somit unseren formalen Rahmen. Wir wollen diese Regeln jedoch der Vollständigkeit halber angeben. Man betrachte die beiden M-Atome $a[m \to \{\ldots\}]$ und $b[m \to \{\ldots\}]$. Die folgenden drei Regeln überprüfen, ob m bzgl. a und b dieselbe Menge definiert (*ungleich* und *gleich* sind hier aussagenlogische Größen); die dritte Regel darf hierbei erst nach Anwendung der ersten beiden Regeln angewendet werden.

$$ungleich \longleftarrow a[m \to \{X\}], \neg b[m \to \{X\}]$$
$$ungleich \longleftarrow b[m \to \{X\}], \neg a[m \to \{X\}]$$
$$gleich \longleftarrow \neg ungleich$$

Die üblichen Mengenoperationen lassen sich analog ausdrücken. Wir betrachten hier beispielsweise $\cup, \cap, \backslash$:

$$union(a, b)[m \to \{X\}] \longleftarrow a[m \to \{X\}]$$
$$union(a, b)[m \to \{X\}] \longleftarrow b[m \to \{X\}]$$

$$intersect(a, b)[m \to \{X\}] \longleftarrow a[m \to \{X\}], b[m \to \{X\}]$$

$$minus(a, b)[m \to \{X\}] \longleftarrow a[m \to \{X\}], \neg b[m \to \{X\}]$$

Die Regeln definieren in Abhängigkeit von den beteiligten Objekten a, b jeweils neue Objekte mit Identität $union(a, b), intersect(a, b)$ und $minus(a, b)$, für die die Methode m entsprechend definiert ist. $union, intersect, minus$ sind hier Objekt-Konstruktoren.

7.2.5 Klassen

Wir betrachten jetzt Objekte im Zusammenhang mit Klassen. Sei **K** eine Menge von Klassen(-namen). Objekte werden Klassen mittels *ISA-Termen* der Form $O : K$ zugeordnet, wobei O ein ID-Term und K eine Klasse aus **K** sind. Klassen sind in einer Hierarchie *isa* angeordnet.

Dieselben Objekte betreffende ISA-Terme und Moleküle können zu einem Ausdruck integriert werden. Sei $O[ScalarMethod@Q_1, \ldots, Q_k \to T]$ ein Molekül. Dann soll mit

$$O : K[Scalar Method@Q_1 : K_1, \ldots, Q_k : K_k \rightarrow T : K']$$

ausgedrückt werden, daß an der Position von $O, Q_1, \ldots, Q_k, T$ jeweils nur Objekte aus den Klassen $K, K_1, \ldots, K_k, K'$ auftreten dürfen. Beispielsweise wird in

```
X:Firma  [   Name  →  Y;
             Niederlassungen  →  {
                 Y:Niederlassung[Angestellte  →  { Z:Angestellter }]}]
```

festgelegt, daß X lediglich durch ID-Terme aus der Klasse Firma gebunden werden darf, Y lediglich durch ID-Terme aus der Klasse Niederlassung und Z lediglich durch ID-Terme aus der Klasse Angestellter.

ISA-Terme können in Regeln sowohl im Kopf, als auch im Rumpf auftreten. Betrachten wir als nächstes die Semantik für unseren so erweiterten Rahmen. Unter einer *Interpretation* verstehen wir jetzt eine Menge von Grund-M-Atomen und Grund-ISA-Termen. Die Definition des Wahrheitswertes erweitern wir dann wie folgt:

- Ein Grund-M-Atom bzw. Grund-ISA-Term G ist *wahr* unter $\mathcal{I}$ genau dann, wenn $G \in \mathcal{I}$ gilt.

- Ein Grundmolekül G ist *wahr* unter $\mathcal{I}$ genau dann, wenn jedes seiner M-Atome und ISA-Terme wahr unter $\mathcal{I}$ ist.

- Eine Regel $\rho = H \longleftarrow G_1, \ldots, G_m$ ist *wahr* unter $\mathcal{I}$ genau dann, wenn für jede Substitution Θ der Variablen, so daß die Grund-M-Atome bzw. Grund-ISA-Terme $G_1\Theta, \ldots, G_m\Theta$ unter $\mathcal{I}$ wahr sind, auch $H\Theta$ unter $\mathcal{I}$ wahr ist.

Die Zugehörigkeit von Objekten zu Klassen kann mittels Regeln definiert werden.

Beispiel 7.9

Für die Klasse Niederlassung haben wir bisher eine Methode Manager betrachtet, die zu einer Niederlassung ihren Manager liefert. Die folgenden Regeln definieren die inverse Beziehung, indem zu jedem Manager die Niederlassungen angegeben werden, in denen er Manager ist. Die erste Regel definiert eine mengenwertige Methode, die zweite Regel dagegen eine skalare Methode. Da nicht ausgeschlossen sein soll, daß unterschiedliche Niederlassungen denselben Manager haben, wird in letzterer Regel für jede Beziehung zwischen Manager und Niederlassung ein eigenes Objekt definiert. Resultat sei eine Klasse zur Aufnahme der durch die Regel jeweils definierten Objekte.

```
Ndlg-Man(X):Resultat [Man-Name → X; Ndlg-Name → { Y }] ⟵
    _:Niederlassung [Name → Y,
                 Manager → _:Angestellter [ Name → X ]]

Ndlg-Man(X,Y):Resultat [Man-Name → X; Ndlg-Name → Y] ⟵
    _:Niederlassung [Name → Y,
                 Manager → _:Angestellter [ Name → X ]]
```

□

Wird die Klassenzugehörigkeit von Objekten mittels Regeln definiert, so kann dieser Mechanismus als Analogon zu Sichten in relationalen Datenbanken betrachtet werden.

Beispiel 7.10

Die folgende Regel definiert, daß jeder Angestellte, der Manager einer Niederlassung ist, auch Instanz einer Klasse Man-Kla ist. Man beachte, daß im Unterschied zu den vorangehenden Beispiel hier keine neuen Objekte erzeugt werden, sondern daß für ein Objekt eine weitere Klassenzugehörigkeit definiert wird. Im Unterschied zu der Zugehörigkeit zu der betreffenden Basisklasse ist diese Zugehörigkeit lediglich „virtuell", da durch eine Regel definiert.

```
X:Man-Kla ⟵ _:Niederlassung [Manager → X:Angestellter]
```

□

7.3   Bibliographische Hinweise

Es existiert eine Reihe von Ansätzen, Objekt-Orientierung und Regeln zu integrieren, die sich im wesentlichen in der Art der Behandlung von Mengen und gegebenenfalls der Objekt-Identitäten unterscheiden. In *LDL* (Beeri et al. 1987) werden Mengen als Elemente des Wertebereichs zugelassen und die semantischen Implikationen ausführlich diskutiert. Insbesondere wird so der Rahmen einer Logik erster Ordnung verlassen. In Abiteboul und Grumbach (1991) wird die Regelsprache *COL* untersucht, die zur Behandlung von Mengen mengenwertige *data functions* einführt. Kuper (1990) stellt die Regelsprache *ELPS* vor, in der zur Behandlung von Mengen ∀-Quantoren im Rumpf von Regeln zugelassen sind. Sowohl in LDL als auch in COL oder ELPS müssen bei der Anwendung von Mengen definierenden Regeln Reihenfolgerestriktionen beachtet werden; dies ist vergleichbar zur Behandlung von Negation im Rumpf von Regeln (*Stratifizierung*). In IQL (Abiteboul und Kanellakis 1989) werden Regeln und Objekt-Identitäten und insbesondere das Problem der Entfernung von Kopien diskutiert.

Die von uns diskutierte Regelsprache greift einige interessante Konzepte von Frame-Logik auf. Frame-Logik (Kifer et al. 1995) basiert bzgl. der Behandlung von Mengen und Objekt-Identität auf O-Logik (Kifer und Wu 1993). Von uns nicht diskutierte weitere wichtige Konzepte sind datenabhängig definierte Klassenhierarchien mit (monotoner) Vererbung von Signaturen und (nicht monotoner) Vererbung von Werten. Des weiteren hat Frame-Logik eine Syntax höherer Ordnung mit einer Semantik erster Ordnung, die eine integrierte Verarbeitung von Daten und Metadaten erlaubt.

Zu objekt-orientierten Regelsprachen existieren einige Prototypen; wir beschränken uns hier auf eine Auswahl. *ConceptBase* (Jarke et al. 1995) ist ein regelbasierter Objektmanager, in erster Linie gedacht zur Verwaltung von Metadaten. *Chimera* (Ceri et al. 1996) integriert Objekt-Orientierung, deduktive Regeln und aktive Regeln, während in *Rock&Roll* (Barja et al. 1994) und *Coral++* (Srivastava et al. 1993) die Integration einer Regelsprache mit einer objekt-orientierten imperativen Sprache vorgenommen wird. In *QUIXOTE* (Yasukawa et al. 1992) steht hingegen die objekt-orientierte Repräsentation von Wissen im Vordergrund.

Literaturverzeichnis

Abiteboul S. und Grumbach S. (1991). A rule-based language with functions and sets. *ACM Transactions on Database Systems*, **16**, pp. 1–30

Abiteboul S., Hull R. und Vianu V. (1995). *Foundations of Databases*. Reading, MA: Addison-Wesley

Abiteboul S. und Kanellakis P.C. (1989). Object identity as a query language primitive. In *Proc. ACM SIGMOD International Conference on Management of Data*, pp. 159–173. New York: ACM

Abiteboul S. und Van den Bussche J. (1995). Deep equality revisited. Wird erscheinen in *Proc. 4th International Conference on Deductive and Object-Oriented Databases*. LNCS. Berlin: Springer-Verlag

Atkinson M., Bancilhon F., DeWitt D., Dittrich K., Maier D. und Zdonik S. (1989). The object-oriented database system manifesto. In *Proc. 1st International Conference on Deductive and Object-Oriented Databases*, pp. 40–57

Bancilhon F., Barbedette G., Benzaken V., Delobel C., Gamerman S., Lecluse C., Pfeffer P., Richard P. und Velez F. (1988). The design and implementation of O_2, an object-oriented database system. In Dittrich (1988), pp. 1–22

Bancilhon F., Delobel C. und Kanellakis P. (1992). *Building an Object-Oriented Database System — The Story of O_2*. San Francisco, CA: Morgan Kaufmann

Barja M.L., Paton N.W., Fernandes A.A.A., Williams M.H. und Dinn A. (1994). An effective deductive object-oriented database through language integration. In *Proc. 20th International Conference on Very Large Data Bases*, pp. 463–474. San Francisco, CA: Morgan Kaufmann

Beeri C. (1994). Query languages for models with object-oriented features. In *Advances in Object-Oriented Database Systems* (Dogac A., Özsu M.T., Biliris A. und Sellis T., Hrsg.). NATO ASI Series F: Computer and System Sciences, Vol. 130, pp. 47–71. Berlin: Springer-Verlag

Beeri C., Naqvi S., Shmueli S. und Tsur S. (1987). Sets and negation in a Logic Database Language (LDL). In *Proc. 6th ACM SIGACT-SIGMOD Symposium on Principles of Database Systems*, pp. 21–37. New York: ACM

Bertino E. und Martino L. (1991). Object-oriented database management systems: concepts and issues. *IEEE Computer*, **24**(4), pp. 33–47

Bertino E. und Martino L. (1993). *Object-Oriented Database Systems*. Wokingham: Addison-Wesley

Booch G. (1991). *Object Oriented Design with Applications*. Redwood City, CA: Benjamin/Cummings

Brodie M.L. und Stonebraker M. (1995). *Migrating Legacy Systems — Gateways, Interfaces & The Incremental Approach*. San Francisco, CA: Morgan Kaufmann

Brunk M. (1994). *Eine Anfragesprache und ein Sichtenkonzept für objektorientierte Datenbanksysteme*. Fortschritt-Berichte Reihe 10, Nr. 290. Düsseldorf: VDI-Verlag

Butterworth P., Otis A. und Stein J. (1991). The GemStone object database management system. *Communications of the ACM*, **34**(10), pp. 64–77

Cattell R.G.G., Hrsg. (1994a). *The Object Database Standard: ODMG-93, Release 1.1*. San Francisco, CA: Morgan Kaufmann

Cattell R.G.G. (1994b). *Object Data Management — Object-Oriented and Extended Relational Database Systems*, revidierte Auflage. Reading, MA: Addison-Wesley

Ceri S., Fraternali P., Paraboschi S. und Branca L. (1996). Active rule management in Chimera. In *Active Database Systems* (Widom J. und Ceri S., Hrsg.), pp. 151–176. San Francisco, CA: Morgan Kaufmann

Cluet S., Delobel C., Lecluse C. und Richard P. (1990). RELOOP, an algebra based query language for an object-oriented database system. *Data & Knowledge Engineering*, **5**, pp. 333–352

Cluet S. und Moerkotte G. (1995). *Nested Queries in Object Bases*. Aachener Informatik-Berichte 95-6, Fachgruppe Informatik, RWTH Aachen

Codd E.F. (1970). A relational model of data for large shared data banks. *Communications of the ACM*, **13**, pp. 377–387

Date C.J. (1995). *An Introduction to Database Systems* Vol. 1, 6. Auflage. Reading, MA: Addison-Wesley

Date C.J. und Darwen H. (1993). *A Guide to the SQL Standard*, 3. Auflage. Reading, MA: Addison-Wesley

Deux O. et al. (1990). The story of O_2. *IEEE Transactions on Knowledge and Data Engineering*, **2**, pp. 91–108

Dittrich K.R., Hrsg. (1988). *Advances in Object-Oriented Database Systems* (Proc. 2nd International Workshop on Object-Oriented Database Systems). LNCS 334. Berlin: Springer-Verlag

Dittrich K.R., Dayal U. und Buchmann A.P. (1991). *On Object-Oriented Database Systems*. Berlin: Springer-Verlag

Elmasri R.A. und Navathe S.B. (1994). *Fundamentals of Database Systems*, 2. Auflage. Redwood City, CA: Benjamin/Cummings

Freytag J.C., Maier D. und Vossen G., Hrsg. (1994). *Query Processing for Advanced Database Systems*. San Francisco, CA: Morgan Kaufmann

Frohn J., Lausen G. und Uphoff H. (1994). Access to objects by path expressions and rules. In *Proc. 20th International Conference on Very Large Data Bases*, pp. 273–284. San Francisco, CA: Morgan Kaufmann

Geihs K. (1995). *Client/Server-Systeme — Grundlagen und Architekturen*; Thomson's Aktuelle Tutorien (TAT) 6. Bonn: International Thomson Publishing

Gupta R. und Horowitz E. (1991). *Object-Oriented Databases with Applications to CASE, Networks, and VLSI CAD*. Englewood-Cliffs, NJ: Prentice-Hall

Heuer A. (1992). *Objektorientierte Datenbanken — Konzepte, Modelle, Systeme*. Bonn: Addison-Wesley

Jäschke G. und Schek H.J. (1982). Remarks on the algebra of non first normal form relations. In *Proc. 1st ACM SIGACT-SIGMOD Symposium on Principles of Database Systems*, pp. 124–138. New York: ACM

Jarke M., Gallersdörfer R., Jeusfeld M.A., Staudt M. und Eherer S. (1995). ConceptBase – a deductive object base for meta data management. *Journal of Intelligent Information Systems*, 4, Special Issue on Advances in Deductive Object-Oriented Databases, pp. 167–192

Kanellakis P., Lecluse C. und Richard P. (1992). Introduction to the data model. In Bancilhon et al. (1992), pp. 61–76

Kemper A. und Moerkotte G. (1993). Basiskonzepte objektorientierter Datenbanksysteme. *Informatik-Spektrum*, 16, pp. 69–80

Kemper A. und Moerkotte G. (1994). *Object-Oriented Database Management — Applications in Engineering and Computer Science*. Englewood-Cliffs, NJ: Prentice-Hall

Khoshafian S.N. (1993). *Object-Oriented Databases*. New York: John Wiley & Sons

Khoshafian S.N. und Abnous R. (1990). *Object Orientation — Concepts, Languages, Databases, User Interfaces*. New York: John Wiley & Sons

Kifer M., Kim W. und Sagiv Y. (1992). Querying object-oriented databases. In *Proc. ACM SIGMOD International Conference on Management of Data*, pp. 393–402. New York: ACM

Kifer M., Lausen G. und Wu J. (1995). Logical foundations of object-oriented and frame-based languages. *Journal of the ACM*, 42, pp. 741–843

Kifer M. und Wu J. (1993). A logic for programming with complex objects. *Journal of Computer and System Sciences*, 47, pp. 77–120

Kim W. (1990). *Introduction to Object-Oriented Databases*. Cambridge, MA: The MIT Press

Kim W., Hrsg. (1995). *Modern Database Systems — The Object Model, Interoperability, and Beyond*. Reading, MA: Addison-Wesley

Kim W. und Lochovsky F.H., Hrsg. (1989). *Object-Oriented Concepts, Databases, and Applications*. Reading, MA: Addison-Wesley

Kuper G.M. (1990). Programming with Sets. *Journal of Computer and System Sciences*, 41, pp. 44–64

Lamb C., Landis G., Orenstein J. und Weinreb D. (1991). The ObjectStore database system. *Communications of the ACM*, **34**(10), pp. 50–63

Lang S.M. und Lockemann P.C. (1995). *Datenbankeinsatz*. Berlin: Springer-Verlag

Lecluse C. und Richard P. (1989). The O_2 database programming language. In *Proc. 15th International Conference on Very Large Data Bases*, pp. 411–422. San Francisco, CA: Morgan Kaufmann

Lecluse C., Richard P. und Velez F. (1988). O_2, an object-oriented data model. In *Proc. ACM SIGMOD International Conference on Management of Data*, pp. 424–433. New York: ACM und *Proc. 1st International Conference on Extending Database Technology*. LNCS 303, pp. 556–562. Berlin: Springer-Verlag

Loomis M.E.S. (1995). *Object Databases — The Essentials*. Reading, MA: Addison-Wesley

Maier D., Stein J., Otis A. und Purdy A. (1986). Development of an object-oriented DBMS. In *OOPSLA '86 Proceedings*, pp. 472–482

Manola F. (1991). *Object Data Language Facilities for Multimedia Data Types*. Technical Report TR-0169-12-91-165. Waltham, MA: GTE Laboratories

Manola F. (1994). *An Evaluation of Object-Oriented DBMS Developments — 1994 Edition*. Technical Report TR-0263-08-94-165. Waltham, MA: GTE Laboratories

Melton J. und Simon A.R. (1993). *Understanding the New SQL: A Complete Guide*. San Francisco, CA: Morgan Kaufmann

Moss E., Hrsg. (1994). Special issue on emerging object query standards. *Bulletin of the Technical Committee on Data Engineering*, **17**(4). IEEE Computer Society

Object Management Group (1991). *The Common Object Request Broker: Architecture and Specification*. OMG Document Number 91.12.1, Revision 1.1

Object Management Group (1992). *Object Management Architecture Guide*. OMG Document Number 92.11.1, Revision 2.0

Orenstein J.A., Haradhvala S., Margulies B. und Sakahara D. (1992). Query processing in the ObjectStore database system. In *Proc. ACM SIGMOD International Conference on Management of Data*, pp. 403–412. New York: ACM

Penney D.J. und Stein J. (1987). Class modification in the GemStone object-oriented DBMS. In *OOPSLA '87 Proceedings*, pp. 111–117

Purdy A., Schuchardt B. und Maier D. (1987). Integrating an object server with other worlds. *ACM Transactions on Office Informations Systems*, **5**, pp. 27–47

Rumbaugh J., Blaha M., Premerlani W., Eddy F. und Lorensen W. (1991). *Object Oriented Modelling and Design*. Englewood Cliffs, NJ: Prentice-Hall

Schek H.J. und Scholl M.H. (1986). The relational model with relation-valued attributes. *Information Systems*, **11**, pp. 137–147

Schek H.-J. und Scholl M.H. (1990). A relational object model. In *Proc. 3rd In-

ternational Conference on Database Theory, LNCS 470, pp. 89–105. Berlin: Springer-Verlag.

Sciore E. (1994). Query abbreviation in the Entity-Relationship data model. *Information Systems*, **19**, pp. 491–511

Shaw G.M. und Zdonik S.B. (1990). An object-oriented query algebra. In *Database Programming Languages — The Second International Workshop* (Hull R., Morrison R. und Stemple D., Hrsg.), pp. 103–112. San Francisco, CA: Morgan Kaufmann

Simon A.R. (1995). *Strategic Database Technology: Management for the Year 2000.* San Francisco, CA: Morgan Kaufmann

Soloviev V. (1992). An overview of three commercial object-oriented database management systems. *ACM SIGMOD Record*, **21**(1), pp. 93–104

Srivastava D., Ramakrishnan R., Seshadri P. und Sudarshan S. (1993). Coral++: adding object-orientation to a logic database language. In *Proc. 19th International Conference on Very Large Data Bases*, pp. 158–170. San Francisco, CA: Morgan Kaufmann Publishers, Inc.

Straube D.D. (1990). *Queries and Query Processing in Object-Oriented Database Systems*. Ph. D. Dissertation (Techn. Report TR90-33). University of Alberta, Canada.

Thomas S.J. und Fischer P.C. (1986). Nested relational structures. In *Advances in Computing Research* Vol. 3: *The Theory of Databases* (Kanellakis P.C. und Preparata F.P., Hrsg.), pp. 269–307. Greenwich, CT: JAI Press

Ullman J.D. (1988). *Principles of Database and Knowledge-Base Systems* Vol. I. Rockville, MD: Computer Science Press

Unland R. (1995). *Objektorientierte Datenbanken — Konzepte und Modelle.* Thomson's Aktuelle Tutorien (TAT) 4. Bonn: International Thomson Publishing

Van den Bussche J. (1993). *Formal Aspects of Object Identity in Database Manipulation.* Dissertation, Universitaire Instelling Antwerpen

Van den Bussche J. und Vossen G. (1993). An extension of path expressions to simplify navigation in object-oriented queries. In *Proc. 3rd International Conference on Deductive and Object-Oriented Databases.* LNCS 760, pp. 267–282. Berlin: Springer-Verlag

Vandenberg S.L. und DeWitt D.J. (1991). Algebraic support for complex objects with arrays, identity, and inheritance. In *Proc. ACM SIGMOD International Conference on Management of Data*, pp. 158–167. New York: ACM

Velez F., Bernard G. und Darnis V. (1989). The O_2 object manager: an overview. In *Proc. 15th International Conference on Very Large Data Bases*, pp. 357–366. San Francisco, CA: Morgan Kaufmann

Vossen G. (1993). Bibliography on object-oriented database management (3rd and final edition). Bericht Nr. 9301, Arbeitsgruppe Informatik, Universität Gießen

Vossen G. (1994). *Datenmodelle, Datenbanksprachen und Datenbank-Management-Systeme*, 2. Auflage. Bonn: Addison-Wesley

Vossen G. (1995). *Datenbank-Theorie*. Thomson's Aktuelle Tutorien (TAT) 5. Bonn: International Thomson Publishing

Vossen G. und Groß-Hardt M. (1993). *Grundlagen der Transaktionsverarbeitung*. Bonn: Addison-Wesley

Yasukawa H., Tsuda H. und Yokota K. (1992). Objects, properties, and modules in QUIXOTE. In *Proc. International Conference on Fifth Generation Computer Systems*, pp. 257–268, ICOT, Tokyo

Zaniolo C. (1983). The database language GEM. In *Proc. ACM SIGMOD International Conference on Management of Data*, pp. 207–218. New York: ACM

Zdonik S.B. und Maier D., Hrsg. (1990). *Readings in Object-Oriented Database Systems*. San Francisco, CA: Morgan Kaufmann

Index

www.ingramcontent.com/pod-product-compliance
Lightning Source LLC
Chambersburg PA
CBHW081536190326
41458CB00015B/5566